www.ingramcontent.com/pod-product-compliance
Lightning Source LLC
Chambersburg PA
CBHW051830230426
43671CB00008B/898

L'Évêque Gozlin,

ou

LE SIÉGE DE PARIS

Par les Normands,

CHRONIQUE DU NEUVIÈME SIÈCLE.

TOME DEUXIÈME.

PARIS,
CHEZ DUFÉY ET VÉZARD, LIBRAIRES,
RUE DES MARAIS SAINT-GERMAIN, N° 17.

L'ÉVÊQUE GOZLIN,

ou

Par les Normands;

CHRONIQUE DU NEUVIÈME SIÈCLE.

TOME DEUXIÈME.

PARIS,
CHEZ DUFÉY ET VEZARD, LIBRAIRES,
RUE DES MARAIS SAINT-GERMAIN, N° 17.

L'Évêque Gozlin,

OU

LE SIÉGE DE PARIS.

IMPRIMERIE DE FIRMIN DIDOT FRÈRES,
RUE JACOB, N° 24.

L'Évêque Gozlin,

OU

LE SIÉGE DE PARIS.

CHAPITRE XXI.

GODIVA L'ORPHELINE.

Rumor ait crebro nostram peccare puellam.
Nunc ego me surdis auribus esse velim.
Crimina non hæc sunt nostro sine jacta dolore.
Quid miserum torques, rumor acerbe? Tace.

TIBULLI *Eleg.* 4, 14.

« Un bruit court : on prétend que la jeune fille a bien des fautes à se reprocher... Que ne puis-je être sourd à ces propos ! je ne les entends jamais sans chagrin... Oh! pourquoi ces soupçons injurieux ! Taisez-vous, médisants. »

TIBULLE.

EGILL, après avoir envoyé de tous côtés, comme on l'a vu plus haut, des guerriers à la recherche

d'Adalbert, s'était retiré dans le château du Lover, où il lui avait été impossible de prendre une heure de repos. Toute la nuit il avait veillé, prêtant l'oreille au moindre bruit, tant il était impatient de recevoir des nouvelles de son cher élève !

Il se promenait tristement dans la longue galerie du château, se livrant aux plus sombres pensées, lorsqu'il vit entrer Adalbert, et que, presque aussitôt, il se sentit pressé dans ses bras.

« Cruel jeune homme, disait le scalde d'une voix entrecoupée, que tu m'as fait souffrir ! que t'est-il donc arrivé ? »

Adalbert lui raconta ses périlleuses aventures de la nuit : à chaque détail, le scalde pâlissait, frémissait. Quand il eut fini de parler :

« — Avouez, mon cher Adalbert, qu'en cette occasion vous avez manqué de prudence. Quand vous avez reconnu que ces femmes voulaient vous séduire, ne deviez-vous pas les fuir avec horreur, vous, l'amant d'Adelinde ?....

— Oh ! Egill, quand vous verrez la belle, l'incomparable Godiva, vous trouverez ma faute moins grave. »

Egill secoua la tête, comme pour témoigner qu'il resterait toujours dans la même opinion. Puis, il lui dit :

« Qu'allez-vous faire de cette nouvelle amie ?

Sans doute vous lui devez beaucoup ; mais avant de se repentir elle a été long-temps coupable. C'est pour elle et par elle qu'ont péri quelques-uns de nos plus braves guerriers. »

Cette dernière réflexion du scalde pénétra, comme un trait brûlant, dans l'âme d'Adalbert. Il n'avait songé jusque-là qu'à la généreuse action de Godiva, et on lui montrait en elle un monstre d'inhumanité. Il devint pensif, triste ; puis, il dit :

« — Il me répugnerait trop de lui ôter l'estime qu'elle m'avait inspirée ; nous l'entendrons avant de la juger. Aujourd'hui même je veux la conduire à Judith, à ma mère ; il faudra qu'elle confesse sa vie entière. Si elle est criminelle !... Oh ! quand même elle le serait, je ne permettrai point qu'elle périsse, mais je défendrai qu'elle paraisse jamais devant mes yeux ; nous la reléguerons dans quelque contrée lointaine.

— C'est bien, dit Egill ; vous reprenez votre raison. Vous ferez d'autant mieux de partir pour le Mont-Valérien, qu'il est très-possible qu'on y ait été informé de votre absence du camp, et que l'on y soit dans de mortelles inquiétudes. Marc-Loup était venu me trouver cette nuit ; à peine a-t-il été informé que vous n'aviez point reparu au camp, qu'il est parti d'auprès de moi comme un trait, sans m'entendre, sans me dire

où il allait. Je tremble que, par excès de zèle, il ne soit allé porter l'alarme à l'ermitage. »

Adalbert fit aussitôt préparer une litière pour Godiva, et donna ordre qu'on la conduisît au Mont-Valérien. Elle eut pour escorte, dans ce court voyage, Adalbert lui-même et quelques autres guerriers normands.

Lorsque nos voyageurs furent arrivés au pied du mont, Adalbert, afin d'embrasser plus tôt Judith, donna de vifs coups d'éperon à son cheval, et devança l'escorte de quelques centaines de pas. Que l'on juge de son étonnement, quand il ne trouva à la porte de l'ermitage, ni un garde, ni même un serviteur; qu'il n'y entendit pas une voix, ni le moindre bruit. C'est que Marc-Loup, après avoir informé Judith de la disparition de son fils, avait pris avec lui tout ce qu'il y avait d'hommes dans la maison, et même Nitard, pour courir à sa recherche : il les avait conduits, par des sentiers qu'il connaissait bien, dans tous les lieux où il soupçonnait que l'on avait pu tendre des embûches à Adalbert.

Notre jeune homme monta donc, sans rencontrer personne, jusqu'à la salle où se réunissaient ordinairement les femmes. La porte en était entr'ouverte; et, avant qu'on l'aperçût, il put voir Odille qui, à genoux devant une image de la Vierge, priait avec ferveur; Adelinde, assise de-

vant une table, la tête cachée dans ses deux mains, semblait pleurer amèrement; Judith se promenait, les bras croisés sur la poitrine, et plongée dans de profondes réflexions.

Adelinde, la première, le vit entrer, et jeta un cri en se levant brusquement. Elle voulait voler à sa rencontre; mais elle retomba sur son siége. Sans doute, la joie était aussi dans l'âme de Judith; mais, en femme toujours maîtresse d'elle-même, elle ne manifesta ses sentiments par aucun signe extérieur. Elle se contenta de lui dire :

« — Adalbert, on assure que vous avez couru des dangers. Votre devoir est, sans doute, de combattre; mais il ne faudrait pas vous exposer sans motif.

— Je n'ai point combattu, ma mère, et pourtant j'ai vaincu. J'amène ici, ajouta-t-il en riant, aux pieds d'Adelinde une prisonnière. Elle et vous, Judith, vous aurez à décider de son sort. Ma prisonnière est là, qui attend des ordres pour comparaître à votre tribunal.

— Une femme! dit Adelinde; et c'est vous qui l'amenez, Adalbert?

— Oui, trop soupçonneuse amie, et je suis même sûr que vous lui pardonnerez d'être belle, quand vous saurez.... Mais il faut qu'elle-même vous le dise. Je l'entends qui arrive; vous l'allez voir. »

Il sortit aussitôt pour aller recevoir Godiva qui descendait de la litière. Quelques instants après, il reparut, la tenant avec respect par la main, et il la présenta à sa mère. La pauvre fille, troublée, interdite, tenait les yeux baissés ; elle sentait tout son corps chanceler. Tombant à genoux devant Judith, elle put à peine prononcer ce peu de mots :

« — Ayez pitié de l'orpheline !

— Rassurez-vous, jeune fille, répondit Judith en la relevant ; qu'avez-vous à craindre ? mon fils vous protége.

— Et je dois la protéger, répliqua Adalbert ; sans elle, ma mère, vous n'auriez plus de fils. »

Pendant cette courte scène, Adelinde sentait sa poitrine oppressée : un mal qu'elle avait ignoré jusque-là venait de la saisir, l'agitait. Elle était pâle ; des larmes roulaient dans ses yeux. Sans doute, elle ne pouvait s'empêcher de trouver Godiva ravissante ; mais qu'elle eût su gré à quiconque eût pu lui faire remarquer dans cette jeune fille quelque défaut, soit dans les traits, soit dans la taille, soit dans le langage !

« — Ma mère, dit Adalbert, je désirerais sans doute que, dès à présent, notre prisonnière pût se faire connaître, et de vous et d'Adelinde, je pourrais ajouter, et de moi, car je ne sais rien d'elle, sinon qu'elle s'est montrée pour moi aussi

sensible et généreuse qu'elle est belle. Mais, après toutes les cruelles angoisses qu'elle a éprouvées la nuit dernière, je crains qu'elle n'ait pas la force de faire un long récit. Il n'y a pas plus de trois heures que je l'ai vue dans un état voisin de la mort.

— Eh bien! mon fils, nous attendrons que votre protégée ait retrouvé, dans le repos, la présence d'esprit, le calme qui lui sont nécessaires. Odille, je vous charge de donner des soins à cette malheureuse fille. Conduisez-la dans la cellule de l'ermitage la plus isolée, la plus éloignée de tout bruit. Ordonnez à deux Neustriennes de nos esclaves de pourvoir à tous ses besoins. »

Odille prit aussitôt, avec un air de bienveillance et d'intérêt, le bras de la prisonnière pour la conduire dans une autre cellule. Godiva, lorsqu'elle fut près de la porte, tourna un peu la tête pour remercier sa bienfaitrice. Son regard était si soumis, exprimait si bien la reconnaissance, que Judith en fut émue, attendrie, et qu'Adelinde même cessa un moment de la haïr.

Adalbert, resté seul avec sa mère et son amie, leur raconta les dangers qu'il avait courus dans le souterrain du Mont-de-Mars. A chaque détail, l'effroi se peignait dans les yeux de ces deux femmes. Il n'avait pas dit tout l'intérêt que

lui avait inspiré, dès la première vue, l'attrayante Godiva, il avait même affirmé qu'il n'avait voulu que la soustraire au joug de l'infâme sorcière; mais Adelinde soupçonna qu'il cachait quelques incidents : elle tomba dans une rêverie profonde. Pauvre fille! elle sentait la première atteinte du mal qu'on nomme jalousie.

Le soir arriva. Tous les gens de l'ermitage qui étaient allés à la recherche d'Adalbert étaient rentrés. Nitard, au comble de la joie d'avoir appris le retour de son ancien maître, racontait comment Marc-Loup les avait promenés tout le jour dans des lieux déserts. Pas une chapelle, pas un couvent abandonné dans les environs qu'ils n'eussent visités. « Fatigué enfin de cette course inutile, ajouta-t-il, Marc-Loup nous a congédiés, et a repris le chemin de Paris, espérant de recueillir, dans les propos de ses habitants, quelques renseignements propres à le mieux guider dans les recherches ultérieures qu'il se propose de faire. Il veut surtout, nous disait-il, fouiller le souterrain qu'habite certaine sorcière qu'il soupçonne de trahison. »

Nitard en était là de son récit lorsqu'Odille vint demander si la prisonnière pouvait se présenter. Elle assura que cinq à six heures d'un sommeil profond avaient calmé l'agitation de ses sens. Judith permit de l'introduire, et l'as-

semblée se rangea en cercle, autour de la table, pour écouter ce qu'elle allait dire.

Elle entra : sa démarche était modeste. Elle était pâle encore, mais paraissait calme et résignée. Judith la fit asseoir ; tous les yeux étaient fixés sur elle. Voici comme elle parla :

HISTOIRE DE GODIVA L'ITALIENNE.

« Je suis née en Italie, sur les bords de l'Arno. Ma mère habitait une maisonnette, à quelques milles de Pise, au pied des charmantes collines qui divisent le territoire des Pisans de l'état de Lucques. Tout près de notre habitation étaient d'antiques bains d'eaux thermales, où, dans la belle saison, affluaient des étrangers de tous les pays. Mais ma mère alors sortait rarement de sa maison, évitait leur présence : elle était belle pourtant, et devait désirer de plaire.

« Dans notre solitude, nous n'avions, pour nous servir, qu'une seule femme, que ma mère avait emmenée de France à son retour d'un voyage qu'elle y avait fait quelque temps avant ma naissance. Cette femme ne me parlait jamais que sa langue ; ce qui fit que, dès ma plus tendre enfance, je sus et parlai la langue des Francs, avec autant de facilité au moins que le

mauvais latin que parlent encore les Italiens de notre temps.

« Ma mère (elle s'appelait *Ginevra* : je n'ai jamais su ses autres noms) m'aimait avec idolâtrie : ma vivacité, mon enjouement la charmaient; et pour que mon nom, disait-elle, fût conforme à mon caractère, elle m'appela *Godiva*, nom que je n'ai point cessé de porter. Avec quelle tendresse elle me caressait ! comme elle aimait à passer ses mains dans les longs cheveux, naturellement bouclés, qui dès lors couvraient ma tête ! Puis, me regardant fixement, elle disait : « Comme elle lui ressemble ! c'est tout lui. » Et ses yeux brillaient d'un vif éclat; et peu après, je les voyais se remplir de larmes.

« Ginevra avait reçu l'éducation que, de nos jours, les femmes bien nées reçoivent pour l'ordinaire dans les petits états de l'Italie. Elle était instruite dans plusieurs genres de sciences, et possédait quelques talents agréables. Dès que je fus en âge de pouvoir profiter de ses leçons, elle m'apprit tout ce qu'elle savait des pays voisins de l'Italie. Quand elle me parlait de la France, elle soupirait.

« Un jour, disait-elle, tu iras dans ce beau, dans ce cruel pays où commencèrent tous mes malheurs ! Tu y trouveras (ô mon Dieu ! laissez-

moi du moins l'espérer, ajoutait-elle en levant les yeux au ciel) un père bon, généreux, ton véritable père, Godiva, qui sera fier d'avoir une telle fille. Mais il faut te rendre digne de lui. Il aime les arts : combien de fois je l'ai vu m'écouter dans un ravissement inexprimable, lorsque je chantais en m'accompagnant de la lyre! La nature t'a donné une voix douce et flexible; tu le séduiras par tes accents, comme je l'enchantais par les miens. »

« Et elle m'enseignait alors à moduler des sons, et elle plaçait mes doigts sur les cordes de sa lyre. Je fis dans l'art du chant de rapides progrès.

« C'est au milieu de ces occupations, et de plus en plus chérie de ma mère Ginevra, que, sans soucis, sans crainte de l'avenir, je parvins doucement à la dixième année de mon âge. Je m'aperçus alors que la mélancolie ordinaire de Ginevra augmentait chaque jour ; elle paraissait plus inquiète, plus rêveuse, ne s'éloignait que de quelques pas de notre maison. Mes jeux, la naïveté de mon langage enfantin la faisaient à peine sourire.

« — Ma fille, me disait-elle quelquefois, nous ne sommes plus en sûreté ici : notre asile est découvert... Mais où fuir ?...

— Ma mère, répondais-je, nous n'avons jamais fait de mal à personne ; qui pourrait nous en vouloir?...

— Un monstre que la jalousie aveugle, dont l'orgueil blessé ne peut pardonner... Dix ans passés dans le repentir et les larmes n'auraient-ils pas dû effacer ma faute?... Non, il lui faut du sang. Si, du moins, il ne voulait prendre que moi pour victime!... » Puis, elle me pressait fortement dans ses bras, et ajoutait : « Godiva, ô ma chère enfant, rappelle-toi bien ce que je vais te dire : si quelque jour tu voyais des hommes furieux s'introduire dans notre maison, me demander, me chercher, n'essaie point de les attendrir, de les désarmer par tes larmes ; fuis, non dans mes bras, mais dans ceux de notre bonne servante ; elle sait comment, elle et toi, pourrez vous sauver. Elle a toute ma confiance, elle te conduira dans une contrée où tu seras, du moins, à l'abri de tout danger. »

« J'écoutais ma mère avec surprise ; je ne voyais nulle raison de nous mettre en garde contre des périls qui me semblaient imaginaires. J'avais tort. Peu de mois après, je ne sus que trop combien les craintes de ma mère étaient fondées.

« L'an 876 commençait. De Rome, où il avait été couronné empereur, Charles-le-Chauve re-

tournait en France : sa suite était nombreuse et brillante ; on accourait de tous côtés pour le voir, le saluer. Il résolut de s'arrêter quelques semaines à Pise, pour y essayer si les eaux de nos thermes lui rendraient la vigueur d'esprit et de corps que, depuis long-temps, il avait perdue. Chaque matin, accompagné d'un nombreux cortége de seigneurs français et italiens, il sortait de la ville, et venait se plonger dans les eaux salutaires de nos sources thermales. Je désirais vivement de voir, au moins une fois, cette brillante élite de chevaliers rassemblés tous les jours dans nos environs ; mais ma mère refusait sans cesse de me laisser sortir de notre petit enclos. Les portes en étaient plus rigoureusement fermées que de coutume. Une fois pourtant, elle céda à mes pressantes sollicitations, et surtout à celles de notre Française, qui ne voulait pas mourir (c'est ce qu'elle disait) sans avoir revu quelques compatriotes.

« Accompagnée de notre servante, j'allai donc, un matin, m'asseoir sur un petit tertre qui dominait une vaste prairie, où cent courtisans, au moins, se promenaient ou se livraient à divers jeux, tandis que l'empereur était dans le bain. Une foule de villageois couvrait le tertre, et, comme nous, ils admiraient les grâces, l'adresse, les manières franches et vives, l'éclat des costu-

mes de tous ces étrangers. Un de ces courtisans, d'un âge mûr, qui se promenait à l'écart, et semblait prendre assez peu de part aux exercices de ses compagnons, jeta par hasard les yeux sur le tertre, m'aperçut, s'arrêta : « Le bel enfant! » s'écria-t-il; et il demanda à la servante qui me tenait par la main, quels étaient mon nom, mes parents. Charmé d'entendre qu'on lui répondait en langue gallo-romaine, il témoigna le désir de connaître la mère de la jeune fille aux longs cheveux (c'est ainsi qu'il me désignait); et chargea sa compatriote de demander à ma mère s'il lui conviendrait de recevoir chez elle Robert d'Andoc, l'un des favoris de l'empereur Charles : ce fut ainsi qu'il se qualifia.

« Contre mon espérance, ma mère, à qui nous rendîmes compte de tout ce que nous avait dit Robert d'Andoc, consentit, et même avec empressement, à voir cet étranger. Notre Française l'alla trouver le lendemain, et le conduisit dans notre asile. Dès en entrant, il reconnut ma mère, qu'il se rappela avoir vue avec son mari, *Lamberti*, duc de Spolète, il y avait dix ans au moins, à la cour du roi de France. Quand il lui demanda où était le duc, et pourquoi elle vivait ainsi seule, loin des cours où elle avait paru autre-

fois avec tant d'éclat et de succès, elle rougit, baissa les yeux, soupira.

« Quand on m'a annoncé, répondit-elle, que Robert d'Andoc était du nombre des courtisans qui entourent le roi Charles, et qu'il désirait me visiter dans ma solitude, j'ai tressailli de joie, et j'ai aussitôt formé le projet de le rendre confident de tous mes secrets, de mes infortunes; car je n'avais point perdu le souvenir de sa loyauté, de son indulgente bienveillance pour les malheureux. Mais je ne dois point m'expliquer ici: il ne faut pas encore que cette enfant, dit-elle, en me désignant de la main, connaisse les secrets (et elle dit plus bas à l'oreille même de Robert), les fautes de sa mère. Venez avec moi, généreux Français, venez entendre de cruels aveux, et me donner quelques consolations. Je ne sais quel pressentiment m'annonce que vous serez, sinon le sauveur de l'infortunée duchesse de Spolète, du moins l'appui, le protecteur de sa tendre Godiva, de son intéressante fille. »

« Et elle l'invita à la suivre sous un groupe d'amandiers et de cédrats qui ornait notre petit enclos.

« Ils s'entretinrent long-temps à l'écart, et quand le noble Français prit congé d'elle, je le vis lui baiser la main avec respect. Il me caressa beaucoup en sortant, et me dit :

« Aimable enfant, je ferai ton bonheur; compte sur ma parole ! »

« Le lendemain, et plusieurs jours après, il vint converser, et toujours en secret, avec ma mère qui nous paraissait moins triste, moins inquiète; elle semblait renaître à l'espérance, à la vie. Un matin, elle dit à la Française et à moi :

« Après demain, nous partons pour la France. Robert a obtenu la permission de nous emmener avec lui à la suite de l'empereur. Préparons tout ce qui nous sera nécessaire pour ce grand voyage. Ah ! que ne suis-je déjà sur cette terre chérie ! Là, du moins, je n'aurai pas à craindre les persécutions d'un barbare, les poignards des assassins. »

« La Française rayonna de joie à l'idée de revoir sa terre natale; avec quel empressement elle fit tous les préparatifs du départ ! Moi, je ne savais si je devais me réjouir : je ne me voyais pas, sans quelque regret, forcée de quitter la contrée, les champs que j'avais toujours habités.

« La veille du jour fixé pour le départ, Robert d'Andoc vint, comme à l'ordinaire, à notre ermitage. Voyant ma mère occupée de divers préparatifs, il me prit par la main, et me proposa une promenade avec lui autour de l'enclos. Il voulait, disait-il, jeter un dernier coup d'œil

sur les beaux sites des environs. Nous sortîmes, et par un oubli que je me suis souvent reproché, nous laissâmes ouverte la petite porte de l'enclos.

« Nous avions gravi au haut d'un monticule qui dominait la plaine; et Robert contemplait avec ravissement l'Arno qui la traversait dans toute son étendue, et dont les bords étaient ornés de palais de marbre, de jardins, de bois de chênes toujours verts, lorsque nous crûmes entendre partir de notre maison des cris perçants.

« Dieu! s'écria Robert, les assassins dont Ginevra se croyait menacée l'auraient-ils surprise? Courons. » Aussitôt il vole vers l'enclos, l'épée à la main. Je ne pouvais le suivre.

« Hors d'haleine, ne pouvant plus courir, ni même marcher, je tombai au pied d'un arbre, à trois cents pas de notre maison. J'en vis sortir, en toute hâte, et s'enveloppant dans leurs longs manteaux, deux hommes qui, en fuyant, regardaient sans cesse derrière eux. A l'or qui couvrait le manteau de l'un des deux, et à sa toque de velours surmontée d'un panache rouge, je reconnus qu'il était le maître. L'un et l'autre disparurent dans un taillis, où des chevaux sans doute les attendaient; car lorsque je me relevai pour tâcher de regagner la maison, je les vis tous deux galoper sur la grande route, montés sur de rapides coursiers.

II. 2

« Je me traînai, non sans de grands efforts, jusqu'à la porte extérieure de notre enclos, et je traversai la cour. Oh! quel spectacle s'offrit à ma vue, lorsque j'entrai dans la maison! Notre servante étendue morte et baignée dans son sang, qui coulait à gros bouillons sur le pavé de la salle; plus loin, ma mère renversée sur un lit de repos, et le sein percé d'un poignard qui était resté dans la plaie, poussait encore de faibles gémissements. Robert soutenait sa tête, tâchait de la ramener à la vie.

« Je me jetai sur son corps; je l'inondai de larmes. A mes cris étouffés, à mes sanglots, elle sembla reprendre ses sens; ses yeux se rouvrirent à demi; ses mains cherchèrent les miennes.

« Elle vit donc encore! ils ne l'ont pas tuée! Je te remercie, mon Dieu!.... Et Robert, ce brave Français, où est-il? Que son absence nous a été fatale! »

« Robert alors approcha sa tête de la sienne; elle put le reconnaître :

« Excellent ami, lui dit-elle, je le sens, je n'ai que peu d'instants à vivre! »

« Et, s'apercevant que Robert essayait de tirer doucement le poignard de son sein :

« Non! non! Robert, ne l'ôtez pas; mon âme sortirait avec ce fer. Je ne pourrais plus vous rendre dépositaire de mes dernières pensées....

Mon époux qui, depuis dix ans, comme je vous l'ai dit, me cherchait dans toute l'Italie pour m'arracher le jour, avait, depuis quelque temps, découvert ma retraite. Je le savais : j'ai cru un moment que je pourrais échapper à sa fureur jalouse. Le ciel vengeur ne l'a pas permis. Je meurs sa victime. C'est lui-même, c'est son bras qui a enfoncé le poignard.... J'étais coupable, et j'en suis punie. Il voulait aussi égorger ma fille : Dieu n'a pas permis, du moins, que l'innocence succombât. Robert, ô mon unique ami, je vous lègue le seul trésor que je possède au monde ; que ma fille trouve en vous un protecteur. Elle en aura peut-être un autre encore dans l'homme que j'ai tant aimé, et à qui elle doit le jour. Présentez-lui ma fille, Robert; vous lirez son nom dans les tablettes qui sont cachées dans mon sein, tout près du poignard qui me déchire ; vous y lirez l'histoire de mes erreurs, de mon crime. Un jour, quand ma fille aura atteint l'âge des passions, vous lui remettrez ces tablettes pour qu'elle apprenne, par mon exemple, dans quel abîme de malheurs peut entraîner un amour réprouvé par les lois divines et humaines.... Mais, je m'affaiblis; mes yeux vous aperçoivent à peine; vous ne m'apparaissez plus que comme des ombres.... Généreux Robert, et toi, ma fille, pressez-moi encore les mains ! que je vous touche.... vous sente auprès

de moi, si je ne puis plus distinguer vos traits...»

« Elle dit encore quelques mots sans suite; ses lèvres remuaient, elle croyait parler; mais aucun son ne parvenait jusqu'à notre oreille. Peu après, la pâleur de la mort se répandit sur son visage; son cœur cessa de battre.

« Adieu pour toujours, belle et malheureuse femme! dit Robert en se relevant. Quoique tu ne puisses plus m'entendre, reçois le serment que je fais d'adopter ta fille. » Et, en même temps, il tira du sein de ma mère des tablettes souillées de sang, détacha de l'une de ses mains un anneau qu'il passa dans l'un de mes doigts, et que je possède encore. Le voilà.

« Puis, me prenant dans ses bras : « Fuyons, ajouta-t-il, de ce lieu funeste. Viens, ma pauvre enfant, vivre dans une plus douce patrie. »

« Il me porta anéantie, demi morte, sur un de ses bras, jusqu'à la ville, quoique nous en fussions éloignés de plus de trois milles; de l'autre bras, il s'appuyait sur son épée.

« Quel malheur! disait-il en marchant, je suis arrivé un moment trop tard; le crime était commis. Quand ils m'ont vu entrer, un fer à la main, ils ont fui, les lâches! je n'ai pu les atteindre... Oh! barbare duc de Spolète! comme je vais animer Charles contre toi! tu paieras cher ton forfait!... »

« Bientôt le bruit de la fin tragique de Ginevra se répandit dans Pise et dans toute la contrée voisine. On apprit en même temps que, seule, j'avais été sauvée, moi que le duc de Spolète avait particulièrement vouée à la mort. On accourait de toutes parts pour me voir, et pour féliciter le chevalier qui m'avait sauvée, adoptée. L'empereur Charles lui-même exigea que je lui fusse présentée ; et bien qu'il fût déjà tombé dans une espèce de dissolution physique et morale, il m'accueillit avec une sorte de bienveillance et promit de s'occuper de mon sort, dès qu'il serait de retour dans ses états.

« Cette promesse, il n'a jamais pu l'effectuer. A peine rentré en France, il lui fallut prendre de nouveau le chemin de l'Italie, pour secourir le pape que l'assassin de Ginevra, Lamberti duc de Spolète, avait attaqué dans Rome même ; et Charles n'était encore arrivé qu'au pied des Alpes, lorsqu'il périt dans un misérable village, d'un poison très-subtil, que lui donna, dit-on, le juif Sédécias.

« Robert, qui m'emmenait partout avec lui, avait suivi l'empereur dans cette nouvelle expédition. Il se faisait une joie de retourner en Italie, pour y combattre l'infâme duc de Spolète, qui m'avait si lâchement privée de ma mère. La mort de Charles dérangea tous ces projets. Mon

protecteur vit déchoir tout le crédit dont il avait joui jusqu'alors dans l'empire. Il ne voulut point se résigner à chercher de nouveau la faveur du roi qui succédait à Charles. Déjà avancé en âge, il résolut de s'exiler de la cour, d'aller finir ses jours dans les terres immenses qu'il possédait non loin de Paris, à *Conflans**, sur les bords de la Seine.

« Il m'avait toujours gardée près de lui, pendant ses voyages à la suite de Charles, et s'était plu à cultiver ma jeune intelligence, mes dispositions naturelles. Il se faisait une fête de me présenter à sa famille, dans son vaste château de Conflans.

« Godiva, me disait-il, avec quelle joie te recevra ma bonne *Hélène*, ma femme bien-aimée ! Le ciel ne nous a donné que des fils, et elle désirait tant une fille ! » Puis, il ajoutait : « Laissons s'écouler quelques années encore ; et, parmi mes trois garçons, je te dirai : Godiva, choisis pour ton époux celui d'entre eux dans lequel tu auras remarqué les qualités les plus aimables, qui aura su t'inspirer de tendres sentiments. C'est ainsi que je remplirai le vœu de ta mère

---

* En latin, *Confluentum*, parce que ce village est situé près de l'embouchure de l'Oise dans la Seine. C'est aujourd'hui Conflans-Sainte-Honorine.

mourante, que j'aurai bien véritablement fait de toi ma fille. »

« Que j'étais reconnaissante de tant de bienveillance ! Je respectais mon protecteur à l'égal d'un père. Nous traversâmes ensemble la France presque entière, pour nous rendre du pied des Alpes à Conflans. Il voyageait à cheval; et moi, j'étais assise en croupe derrière lui. Pendant cette longue route, je lui rendis les soins d'une fille envers son père. Je tâchais de le distraire de sa mélancolie habituelle par des chants, par mes propos enjoués, par des questions naïves, bizarres, auxquelles il répondait toujours avec bonté. J'étais si heureuse quand je l'avais vu seulement sourire !

« Je lui dis un jour : « Il me semble, mon cher tuteur, que vous n'avez guère songé à chercher pour moi je ne sais quel autre père, que je dois avoir en France. »

« Un nuage obscurcit son front; ses sourcils se rapprochèrent; il me regarda avec compassion.

« Pauvre Godiva, me dit-il, tu ne dois guère espérer de te faire jamais reconnaître par l'ambitieux personnage à qui tu dois le jour. Je t'exposerai, le plus tard qu'il sera possible, à des refus, à des mépris. Ta mère avait conservé une idée trop favorable de l'homme qu'elle avait aimé. Il est insensible et fier ; c'est tout ce que

je puis te dire. Reste donc avec nous ; vis dans ma famille. Ne songe à nous quitter, à chercher d'autres protecteurs de ta jeunesse que dans le cas où les projets que j'ai formés pour ton bonheur ne pourraient s'exécuter. Alors, mais seulement alors, je consentirai à t'éloigner de moi, et je te fournirai les moyens d'attendrir, peut-être d'intéresser à ton sort, ton puissant, mais impitoyable père. Jusque-là, Godiva, ne parlons jamais de lui ! »

« Je baissai la tête, et, depuis lors, je ne me permis plus de ramener nos conversations sur un pareil sujet.

« Le lendemain de ce jour, il me parut moins soucieux : dans ses yeux brillait quelque joie. « Nous approchons, dit-il, du terme. Nous voilà déjà sur mes terres. Combien de fois j'ai chassé dans cette forêt ! Que j'ai pêché d'excellentes anguilles dans cet étang ! » Une heure après, il s'écria : « Godiva, voilà Conflans ! Le château qui domine cet amas de maisons et cette église, c'est mon château ! Le distingues-tu au milieu des hauts arbres du parc qui l'entoure de tous côtés ? »

« Je partageais bien sincèrement son bonheur ; car, et moi aussi, je sentais le besoin du repos.

« Il descendit, et me fit descendre à la porte du parc. Puis, prenant son cheval par la bride.

il marcha avec moi dans une longue avenue qui conduisait au château. Il voulait, disait-il, me faire admirer la beauté de la campagne qui environnait son domaine. Chemin faisant, nous trouvions, de temps à autre, des villageois qui semblaient revenir du château; ils avaient tous un air de préoccupation, telle qu'à peine ils nous regardaient, et continuaient leur chemin sans nous saluer, sans nous rien dire.

« Un vieillard surtout fixa notre attention : sa tête chauve, sa barbe entièrement blanche, annonçaient la décrépitude. Il marchait lentement, le corps courbé, s'appuyant sur un bâton, poussait de gros soupirs, et essuyait d'une main les larmes qui tombaient abondamment le long de ses joues. Robert s'arrêta :

« — Bon vieillard, quelle est la cause de votre chagrin?

— Hélas! brave étranger, je n'ai plus que cinq ans à vivre; après avoir feuilleté ses livres, elle m'a prédit que je mourrais subitement dans cinq ans au plus. »

« Robert eut peine à s'empêcher de rire : « Dans cinq ans! répéta-t-il; mais c'est toujours quelque chose. Au reste, il arrive souvent que les prédictions ne s'accomplissent pas à point nommé.

« Elle ne se trompe jamais, dit le vieillard. »

« En quittant cet homme qui tenait tant à la

vie, Robert ne put s'empêcher de dire : « L'insensé !... Mais je vois qu'il s'est établi quelque sorcière dans mes domaines : je saurai mettre ordre à cela. »

« Plus loin, nous rencontrâmes un homme qui considérait avec attention une fiole de verre à demi remplie d'une liqueur couleur de safran ; il la posait devant ses yeux :

« Comme elle est claire, cette liqueur ! disait-il ; oh ! le charme opérera, j'en suis sûr... Mais est-ce bien avant ou après que j'aurai versé la liqueur dans la marmite, qu'il faudra y jeter la verveine et les queues de souris ? Elle a bien dit *avant*, si je ne me trompe. Je devrais peut-être retourner... » Et il s'arrêta ; puis reprit sa route, en se parlant toujours, sans rien voir de ce qui l'entourait.

« A cet homme succéda un villageois, qui tenait un de ses bras passé autour du corps d'une femme fraîche et jolie, à qui il donnait, presque à chaque pas, un baiser :

« Je te l'avais bien dit, Brigide ; notre premier enfant sera un garçon : baise-moi donc pour cette bonne prédiction-là. Un garçon !... oh ! je ne regrette pas d'avoir fait le voyage. »

« En vérité, dit Robert, je crois que cette maudite sorcière a fait perdre l'esprit à tout le can-

ton. Les uns s'en retournent pleurant, les autres joyeux. Pauvres gens ! » Et puis il répétait son refrain : « Je chasserai cette enjôleuse, qui vit sans doute aux dépens d'une foule d'imbéciles. »

« Quand nous fûmes arrivés près du château, un énorme chien s'élança vers nous, furieux, aboyant, comme s'il allait nous dévorer ; mais tout à coup il s'arrêta, se tut, remua la queue, puis vint, en rampant, jusque sous les jambes de Robert : il lui léchait les pieds, exprimait sa joie par de petits cris. « Ah ! celui-là, du moins, m'a reconnu ! » dit Robert ; et, à son tour, il lui rendit caresses pour caresses.

« L'aboiement du chien avait appelé sur la porte le vieux concierge. Lui, aussi, reconnut son maître, et lui témoigna sa joie, en disant :

« Mon cher maître, je vous revois donc, après dix ans d'absence ! je mourrai content. Dame Hélène l'avait bien prédit : Nous sommes à la veille d'un grand événement, répétait-elle hier encore. Oh ! que votre présence est ici nécessaire !... »

« Robert l'interrompit : « — Bon vieux serviteur, je ne veux plus tous vous quitter.... mais, je brûle de revoir et ma femme et mes fils... où sont-ils ?

— Vos fils sont, si je ne me trompe, à la chasse,

ou peut-être pillent-ils, en ce moment, le château de votre voisin, Albéric de Holles*, qui s'est avisé de céder, à prix d'argent, une de ses terres à des Normands établis à Charlevanne. Quant à la dame Hélène, elle est dans sa tour. C'est aujourd'hui vendredi, son jour d'inspiration...

— Sa tour! dit Robert avec inquiétude, quelle tour?

— Tenez, vous la voyez là, dit le vieillard en montrant, de la main, un petit édifice très-bizarrement construit sur le haut d'un rocher. C'est de cette tour que notre maîtresse observe les astres; c'est là qu'elle compose ces liqueurs enchantées qui donnent ou qui ôtent l'amour... Oh! elle est bien savante, dame Hélène; de dix lieues à la ronde on vient prendre ses conseils...

— Eh! qui lui a enseigné cette science?

— Le révérend père Panurge, homme extraordinaire, qui sait tous les métiers, toutes les sciences, qui chante et boit comme personne au monde. Toute une année, pendant plus de trois heures, chaque jour, enfermé avec ma

---

* Probablement de *Houilles*. C'est un village, dans une péninsule assez voisine de *Celles* (Charlevanne), où s'étaient établis des Normands, même avant qu'une autre bande de leurs compatriotes vînt faire le siége de Paris.

maîtresse, il lui montrait l'anato.... non! la chiroman... non! l'astrologie; c'est cela. »

« Mon tuteur était rouge de colère; mais je vis qu'il se contenait.

« — C'est assez, bon vieillard, dit-il froidement; avertis Hélène que son époux l'attend ici.

— L'avertir! dit le concierge; vous ne savez pas qu'il est défendu à tous les serviteurs d'approcher de la tour à plus de cent pas!... Cependant, ajouta-t-il en paraissant réfléchir mûrement, je pense que, vu la circonstance, je pourrais... j'appellerai... je crierai de loin... Oh! elle me pardonnera, sans doute, cette infraction à ses ordres. »

« Il sortit, et courut vers la tour, aussi vite qu'à son âge il pouvait courir.

« Robert, sans même songer à moi, tout préoccupé de ses idées, arpentait à grands pas la salle où nous étions. Je l'entendais qui disait :

« Ma femme, ma douce Hélène, une sorcière!.. Qui s'y serait attendu?.. Voilà ce qu'on gagne à quitter ses foyers, à s'associer aux folles entreprises des rois!.... »

« Il méditait encore, lorsque nous vîmes descendre gravement du rocher qui soutenait l'observatoire de la sorcière, une grande femme vêtue de noir. C'était Hélène. Ses cheveux, sans aucun ornement, séparés en deux parts sur le

sommet de sa tête, retombaient, à droite et à gauche de son visage, sur son cou qu'entourait un gros collier de corail d'un rouge de sang. Elle tenait à la main un large parchemin déroulé, sur lequel elle portait souvent un ou deux doigts, comme si elle eût voulu mesurer des distances. C'est ainsi qu'elle traversa, sans hâter le pas, la partie du parc qui nous séparait d'elle. Quand elle fut entrée dans la salle, elle jeta sur son mari un regard où l'on pouvait lire quelque satisfaction ; mais, sans le serrer dans ses bras, elle lui dit :

«Je vous attendais depuis trois jours : je ne me suis trompée que de six heures sur votre arrivée. » Puis, m'apercevant, assise dans un coin, muette, interdite, elle parut agréablement surprise. « Ah ! reprit-elle, je l'avais aussi vue ! » Et elle s'approcha plus près de moi, fixa ses yeux scrutateurs sur toute ma personne, passa ses doigts dans mes longs cheveux : « Oui, c'est bien cela. Une comète à longue chevelure, qui roulait dans le signe du Capricorne !... »

« Robert, les bras croisés, debout au milieu de la chambre, la considérait d'un air de compassion, sans rien dire. Il se décida enfin à rompre le silence.

«—Hélène, quel accueil après tant de longues années d'absence !

—Ah! Robert, répondit-elle, sois sûr que je te revois avec joie; mais si tu savais quels sont à présent mes goûts, quel plaisir on éprouve à lire dans l'avenir, à prédire des événements qui ne manquent jamais d'arriver.... Robert! Robert! je t'initierai dans la science que je possède; tu ne formeras plus un projet, tu ne commenceras pas une entreprise que, d'avance, tu n'en connaisses le succès ou heureux ou défavorable.

— C'est bien, dit Robert; mais, pour aujourd'hui, fais trêve à tes hautes spéculations. Nous sommes fatigués, ma jeune compagne et moi, et, surtout, nous avons besoin de réparer nos forces par un bon repas. Fais-nous servir des mets substantiels; et, tout en mangeant, je t'apprendrai comment je suis parvenu à me procurer cette orpheline, dont sans doute tu vas devenir la protectrice, la mère..»

« Hélène, aussitôt et sans rien répondre, appela ses domestiques, leur donna des ordres; et, quelques instants après, nous pûmes nous asseoir autour d'une table abondamment servie.

« Pendant le repas, Hélène écouta avec distraction le récit que fit mon tuteur des événements qui l'avaient porté à me prendre sous sa protection. Cependant elle ne cessait de me considérer attentivement, et je ne doutai plus que je ne lui inspirasse quelque intérêt, quand je la vis pren-

dre des mesures pour que je ne manquasse de rien dans le château. Elle déclara même qu'elle se chargeait seule de continuer mon éducation....»

Là, notre historienne s'arrêta un moment. Puis, s'adressant directement à Judith et à son fils :

« — Je crains bien, dit-elle, ô mes généreux hôtes, mes bienfaiteurs, que vous ne trouviez trop longue l'histoire de l'orpheline ; que vous n'ayez à me reprocher d'être entrée dans trop de détails sur les premières années de ma vie. Oh! dites, dites franchement; dois-je supprimer une partie des événements que j'ai encore à raconter? Faut-il passer tout de suite à la triste circonstance qui m'a conduite dans l'affreux séjour où l'on m'a trouvée?

— Non, non, dit Judith ; notre intérêt, notre désir est de vous bien connaître. Que votre confession soit entière ; ici, vous trouverez intérêt et bienveillance, eussiez-vous quelques reproches à vous faire.

— Ah! croyez-moi, je vous en conjure; j'ai toujours abhorré le crime. Mon esprit est léger, insouciant peut-être ; mais mon âme est pure...

— C'est l'idée que j'avais prise de vous, dit Judith, d'après ce que vous nous avez déjà ra-

conté.... Mais vous devez être lasse de parler. Suspendez, pour une heure ou deux, votre récit. Ce soir, vous continuerez de satisfaire notre curiosité. »

Godiva remercia Judith du délai qu'elle voulait bien lui accorder. Elle en avait besoin pour mettre un peu d'ordre dans ses idées.

CHAPITRE XXII.

UNE FURIE.

> ... *Notumque furens quid fémina possit.*
>
> « On sait tout ce que peut une femme en fureur. »
>
> *At tibi pro scelere... pro talibus ausis,*
> *Di (si qua est cœlo pietas, quæ talia curet)*
> *Persolvent grates dignas, et præmia reddant*
> *Debita...*
>
> VIRGIL., *Æneid.*, lib. II, v. 535.
>
> « Puissent les dieux, s'il en est, dans le ciel, qui voient avec horreur de tels forfaits, t'en payer le juste salaire ! »
>
> VIRGILE.

Le soir arrivé, Godiva, sur l'invitation que lui en fit Judith, continua son récit.

SUITE DE L'HISTOIRE DE GODIVA L'ITALIENNE.

« Ce ne fut que le lendemain du jour de notre arrivée dans le château d'Andoc que je vis les trois fils de Robert. Ils étaient grands et bien faits ; le plus jeune pouvait avoir quinze ans au plus. Mais qu'ils me parurent incultes et gros-

siers ! Qu'ils étaient différents, à mes yeux, de ces Toscans, que je regardais comme mes compatriotes ; dont les mœurs étaient douces et polies ; qui, en cultivant la poésie, la musique, les arts du dessin, oubliaient qu'ils avaient perdu leur indépendance, qu'ils avaient pour maîtres des étrangers, des conquérants de leur douce patrie.

« Chasser ou se battre, s'enivrer ou déshonorer les filles de leurs malheureux serfs, c'étaient là les seules occupations, les seuls plaisirs que connussent ces jeunes gens. Leur père qui, dans ses voyages, avait contracté des goûts plus purs, et acquis des connaissances utiles, gémissait d'avoir de tels fils, mais sentait l'impossibilité de réformer leurs penchants vicieux, de les ramener à d'autres mœurs. Pour distraire ses chagrins, il se livra tout entier aux travaux de l'agriculture.

« Quant à Hélène, chaque jour elle me témoignait plus d'amitié. Elle m'emmenait avec elle dans sa tour. Elle se délassait de ses observations astrologiques en m'écoutant chanter sur la lyre, instrument chéri de ma patrie, les chansons que m'avait apprises la Française, compagne de ma mère. Je l'aidais aussi à composer ses philtres ; elle voulait même m'apprendre quelques-uns des mystères de la science qu'elle ne cessait d'étu-

dier ; mais je montrais peu de dispositions : ses préceptes me paraissaient incertains, ses explications obscures. Cependant, je l'avouerai, Hélène faisait quelquefois des prédictions que les événements justifiaient. Aussi, m'inspirait-elle une grande vénération mêlée de crainte. J'étais soumise, en esclave, à toutes ses volontés. Je la regardais comme un être surnaturel, auquel je devais obéir, sous peine d'encourir la vengeance du ciel ou de l'enfer.

« Telle fut ma vie dans ce château, pendant plus de cinq années ; et, si j'avais alors quelques chagrins, c'était uniquement de voir que mon tuteur, qui m'était si justement cher, n'était heureux, ni par sa femme, ni par ses enfants.

« J'étais devenue grande et, du moins on le disait, belle. Deux des fils de Robert s'en aperçurent pour mon malheur. Tous deux m'aimèrent, ou plutôt voulurent me posséder. Mais quels moyens ils employaient l'un et l'autre pour me séduire ! Tantôt l'aîné m'apportait la dépouille sanglante ou la tête d'un loup qu'il avait tué dans la forêt ; le second venait ensuite me raconter que, dans une rencontre, appuyé de quelques-uns de ses serfs, il avait renversé dix guerriers normands ; et il en faisait porter à mes pieds les casques et les épées. Tous deux m'inspiraient du dégoût, de l'horreur.

« Bientôt la jalousie les dévora l'un et l'autre : ils se détestèrent entre eux. L'aîné ne pouvait voir de sang froid son second frère s'asseoir auprès de moi ; ils s'accablaient mutuellement de reproches et d'injures.

« Un jour, le plus jeune voulait baiser ma main ; l'aîné le surprit et lui donna un violent soufflet. L'offensé, rouge de colère et de honte, somme aussitôt son frère de sortir de la salle. Je les vis tous deux, un poignard à la main, courir l'un sur l'autre. Je jetai des cris aigus, et, m'élançant entre eux, je reçus une blessure, mais légère. A mes cris, les domestiques accoururent, mais ce ne fut pas sans peine qu'on parvint à séparer ces furieux.

« Robert, qui revenait de visiter ses champs, arriva dans ce moment même. Eh ! que vit-il en entrant dans sa maison ? chacun de ses fils, retenu par les bras vigoureux de ses domestiques, se menaçant encore des yeux et de la voix ; et moi couchée, à demi évanouie, au milieu de la salle, essuyant de mes mains le sang qui sortait de ma blessure.

« Sa présence termina cette cruelle scène. Par ses discours calmes, mais sévères, il fit rougir les deux frères de leur fureur : chacun d'eux jeta loin de lui son poignard, et se retira en baissant la tête et se couvrant les yeux. Le plus

jeune, surtout, semblait vivement se repentir, regretter d'avoir affligé son vieux père. On ne les vit ni l'un ni l'autre aux repas du midi et du soir.

« Le lendemain, Robert me fit appeler. Il était dans sa chambre, assis près d'une table sur laquelle étaient les tablettes qu'il avait prises dans le sein de ma mère. Son visage était triste, abattu : à la rougeur de ses yeux, je vis qu'il avait versé des larmes.

« Godiva, ma bien-aimée, me dit-il, le ciel
« semble prendre plaisir à renverser tous les pro-
« jets que j'avais formés pour ton bonheur, ou
« plutôt pour le mien. J'espérais trouver en toi
« la consolation, le charme de ma vieillesse, et
« il me faut malgré moi t'éloigner de ma maison.

« Tu ne le sais que trop, chère et douce or-
« pheline, ta beauté a allumé dans le cœur de
« deux de mes fils une passion aveugle, furieuse.
« Ils sont rivaux, se détestent, et bientôt s'égor-
« geraient l'un l'autre. Tu serais l'innocente cause
« de ce crime. En vain voudrais-je calmer ces
« caractères fougueux, indomptables : écoute-
« raient-ils, ou comprendraient-ils la voix de la
« sagesse et de l'expérience, les prudents avis de
« leur père ? Ton devoir, ton intérêt est de fuir.
« Que mes fils ignorent l'asile où tu seras ca-
« chée, et même l'instant de ton départ du châ-

« teau. Les insensés! ils pourraient employer
« tout, jusqu'à la violence, pour te retenir près
« d'eux.

« Voici ce que nous avons décidé, Hélène et
« moi. Elle désirait, depuis long-temps, de s'ab-
« senter quelques mois, pour aller donner,
« comme elle dit, au comte de Paris, des conseils
« importants, lui révéler des dangers imminents
« pour la Neustrie. Vous partirez secrètement
« ensemble. Je vais lui remettre ces tablettes,
« dans lesquelles j'ai renfermé une lettre à Goz-
« lin, le favori du comte de Paris, et qui gou-
« verne, au nom de ce comte, tout l'État. Je te
« recommande à lui avec chaleur. Il décidera s'il
« doit te révéler le secret de ta naissance; mais
« sois toujours sûre qu'il te prendra sous sa pro-
« tection, qu'il te placera dans quelque saint mo-
« nastère, en attendant qu'il te trouve un époux
« digne de toi....

« Je t'avouerai que je vous vois l'une et l'autre
« quitter ce château avec moins de regrets, de-
« puis que l'on m'a appris que les Normands, à
« qui une imprévoyante politique a permis de
« s'établir, et même d'élever un fort non loin de
« nous, de l'autre côté du fleuve; que ces Nor-
« mands, dis-je, armaient en secret, et se pré-
« paraient à quelque nouvelle excursion. Mes
« imprudents fils n'ont laissé échapper aucune

« occasion de les offenser, de les provoquer. Les
« hommes du Nord ne pardonnent jamais les in-
« jures : ils se vengeront cruellement ; je m'at-
« tends chaque jour à les voir ravager nos do-
« maines ; et qui sait s'ils épargneront même le
« château que nous habitons ! Ce sera pour moi
« une grande satisfaction de savoir que ma femme
« et ma pupille chérie sont à l'abri de leurs fu-
« reurs. »

« Je ne lui répondais que par des larmes ; il
les essuyait.

« Godiva, disait-il, du courage ! cède au sort,
« à la nécessité. Ne crains pas, au reste, que
« jamais je t'oublie, ni t'abandonne. Partout où
« tu seras, mes bienfaits iront te chercher. »

« Il m'embrassa, et je le quittai le désespoir
dans l'âme.

« Le soir, Hélène ne me laissa point coucher
au château ; elle m'entraîna dans sa tour, en disant qu'elle voulait me faire voir un phénomène
céleste qui me ravirait d'admiration. Pendant la
nuit, elle me déclara que nous partirions dans
trois jours ; que les domestiques même ignore-
raient la route que nous aurions prise. Elle paraissait charmée de trouver une occasion de se
montrer à la cour du comte de Paris, où elle comp-
tait bien faire admirer son rare savoir dans l'art

de prophétiser. Cet espoir la préoccupait, la remplissait tout entière.

« Elle m'avait fait coucher près d'elle, sur le même lit. Je la vis se lever plusieurs fois pendant la nuit, et, à la lueur d'une lampe, feuilleter un grand livre en parchemin, et méditer profondément sur chaque passage qu'elle avait lu. Je me hasardai à lui demander doucement quel était l'ouvrage qui attirait à tel point son attention.

« C'est, répondit-elle, l'ouvrage du plus grand génie qui ait existé, d'un homme qui exerçait sa puissance sur tout le genre humain, sur la nature entière, à qui les éléments même étaient soumis; enfin ce sont les *Prophéties de* Merlin.

— Et trouvez-vous là quelque prophétie qui ait rapport à notre situation, aux résultats qu'aura notre voyage?

— Sans doute. Écoute celle-ci :

« *Comme elle s'agite au milieu du fleuve, la*
« *nef à la large proue! Les aigles sont là qui*
« *l'observent. Ils attendent que les flots jettent sur*
« *le rivage des cadavres pour en faire leur pâture.*
« *Ils crient, crient! Aigles, taisez-vous; fuyez.*
« *Elle arrive à tire-d'aile, la colombe aux plu-*
« *mes éclatantes : dans son bec, elle tient le ra-*
« *meau du salut; le même rameau vert qu'elle*

« *apporta à Noé, pour lui annoncer que le monde*
« *allait renaître à la vie.* »

« Mais, répliquai-je, je ne comprends rien à tout cela... »

« Elle m'interrompit : « Tu n'y comprends rien, je le crois ; tu ne peux rien y comprendre, tu n'as point appris la sublime science. Mais moi, j'entends, j'interprète chacun de ces mots... Les syllabes, les lettres même qui les composent, ont pour moi une signification. »

« Le lendemain, je couchai encore auprès d'elle dans la tour. En ouvrant les yeux le matin, je la vis debout, près du lit, qui m'observait attentivement et tenait une de mes mains dans les siennes.

« Godiva, me dit-elle, il fallait que tu fisses tout à l'heure un rêve bien pénible, car tu as jeté un cri perçant. Raconte-moi ce rêve ; je pourrai l'expliquer. »

« En effet, un rêve avait occupé mon esprit dans mon dernier sommeil, et m'agitait encore quand je m'éveillai. Je répondis à la question d'Hélène :

« Je devrais être inquiète du rêve dont je viens
« de sortir, si, depuis mon enfance, depuis le jour
« où j'ai vu ma mère égorgée, je n'étais obsédée
« presque toutes les nuits par des images ter-
« ribles. Il y a toujours du sang dans mes rêves.

« Cette nuit encore, je croyais être au milieu
« d'une de nos campagnes si riantes de la Toscane;
« il y croissait en abondance des chênes verts et
« d'élégants peupliers; il y coulait de limpides
« ruisseaux. Tout à coup, l'eau de ces ruisseaux
« a changé de couleur, est devenue rouge comme
« du sang; les glands des chênes étaient comme
« les rouges fruits de l'églantier, et une foule de
« faisans dorés qui voltigeaient dans les peupliers
« ressemblaient à autant de flammes rouges qui,
« comme des éclairs, frappaient un moment mes
« yeux pour disparaître aussitôt. Étonnée de ce
« prodige, je cherchai quelqu'un qui pût m'en
« expliquer la cause. A quelques pas de moi, j'ai
« aperçu une femme d'une taille haute, majes-
« tueuse, qui semblait occupée à remuer, avec
« une baguette d'or, quelque chose dans une
« vaste chaudière posée sur des charbons ardents.
« Je me suis approchée. Oh! quelle horreur m'a
« saisie lorsque, jetant les yeux sur la chaudière,
« je l'ai vue remplie de têtes, de bras, de lam-
« beaux de chair palpitants. Je voulais fuir; mais
« la grande femme m'avait arrêtée par ma robe;
« et, me mettant en main sa baguette, elle vou-
« lait me forcer à remuer, à mon tour, le san-
« glant mélange.... C'est alors que je me suis ré-
« veillée. »

« N'en doute point, Godiva, me dit Hélène,

ce songe est prophétique; il annonce de grands, de tristes événements.... J'y réfléchirai.

« La nuit suivante était celle qui avait été fixée pour notre fuite. Hélène me dit :

« Couche-toi toute vêtue, Godiva; repose-toi quelques heures. Pendant ce temps, je préparerai tout pour le départ. Je t'éveillerai quand il en sera temps. »

« J'obéis et m'endormis profondément; mais bientôt après, je sentis qu'Hélène me secouait vivement le bras; elle me disait à demi voix :

« Godiva! un bruit d'armes frappe mes oreilles, lève-toi. »

« J'entendis en effet, au milieu de cris confus qui partaient du château, un cliquetis de sabres, de lances qui se choquaient. Nous nous élançons, Hélène et moi, à la petite fenêtre de la tour. L'obscurité de la nuit nous empêche de distinguer ce qui se passe dans le château, dont nous n'étions, comme je l'ai dit, séparées que par un groupe d'arbres que dominait le rocher de la tour.

« Le bruit s'accrut. A la lueur de quelques torches qui se montraient, de temps à autre, autour du château, nous vîmes des gens effarés demi vêtus, qui cherchaient leur salut dans la fuite. Des guerriers armés de lances les poursuivaient; et, quand ils parvenaient à les atteindre, les égorgeaient impitoyablement.

« Dieu! s'écria Hélène, ce sont les Normands! ils sont implacables dans leurs vengeances. S'ils découvrent cette tour, il faudra, Godiva, ou périr, ou devenir leurs esclaves. »

« A peine elle finissait de parler que nous vîmes de longues flammes sortir des toits du château, au milieu de noirs tourbillons de fumée.

« C'en est fait, ajouta Hélène; dans quelques heures, nous n'aurons plus d'asile. Puissent, du moins, Robert et ses fils avoir échappé à ce grand désastre ! »

« Je pleurais en regardant brûler le château où j'avais trouvé un asile et quelques années de paix.

« Le tumulte avait cessé; nous n'entendions plus que le craquement des poutres du château qui finissaient de se consumer, et un retentissement de pas d'hommes qui venaient frapper d'assez loin nos oreilles.

« Remercions le ciel, dit Hélène, ils nous ont oubliées! Je vois qu'ils s'éloignent avec leur butin. Nous sommes sauvées! »

« Le crépuscule parut enfin. Un morne silence régnait autour de nous. Pas un être vivant ne se montrait à nos yeux; quelques oiseaux seulement saluaient l'aurore par leurs chants accoutumés.

« Godiva, me dit Hélène, es-tu assez coura-

geuse pour me suivre? Allons sur le théâtre du carnage.

— Je ne prise plus la vie, lui répondis-je ; allons où vous voudrez. »

« Elle prit alors une bourse d'or qu'elle réservait pour notre voyage et notre séjour à Paris, le livre des prophéties, et les tablettes qui devaient lui servir de recommandation auprès de l'évêque Gozlin; et nous descendîmes le rocher.

« En approchant des cours de notre ancienne demeure, nous vîmes, avec horreur, sur la terre de nombreuses taches de sang. Le vestibule et quelques salles du château existaient encore : leurs voûtes en pierre avaient arrêté les progrès de l'incendie. Mais, pour entrer sous le vestibule, il nous fallut passer sur le corps du vieux concierge : une lance, qui était restée dans sa poitrine, l'avait percé de part en part ; le corps d'un autre serviteur était près de lui.

« Nos lâches serviteurs, s'écria Hélène, auront tous fui, tous! excepté notre fidèle concierge; ils n'auront pas même tenté de défendre leurs maîtres... Qu'attendre, au reste, de vils esclaves qui n'ont d'autre propriété que leur vie! »

« Mais quel spectacle pour nous, lorsque, en faisant quelques pas plus avant, nous découvrîmes, sur le plancher de la grande salle qui sui-

vait le vestibule, les corps sanglants de Robert et de ses trois fils!

« Je m'élançai sur mon malheureux protecteur; je voulais, par mes larmes et mes cris, le rappeler à la vie. Hélas! je ne pressais dans mes bras qu'un cadavre froid, insensible. Ses trois fils étaient tombés autour de lui, et sans doute en le défendant, car leurs sabres, qu'ils tenaient encore à la main, étaient teints de sang; mais aucun n'avait échappé aux Normands furieux. C'était surtout contre eux que s'était exercée leur rage : ils étaient couverts d'innombrables blessures.

« Le ciel m'a-t-il donc fait naître pour me rendre sans cesse témoin de crimes et de désastres ! Ne m'avait-il donné une âme aimante, douce, amie des plaisirs innocents et purs, que pour me repaître sans cesse du spectacle des plus effroyables scènes! Eh! ce n'est là ni la dernière, ni la plus terrible de celles où j'ai été entraînée, comme la victime dans les anciens sacrifices.

« Hélène était restée debout, au milieu de la salle, les bras croisés sur sa poitrine, l'œil sec, mais hagard : elle paraissait méditer profondément :

« Ils ne sont plus! dit-elle d'une voix sombre.

Au reste, qu'est-ce que la vie?... Eh! ne l'avaient-ils pas cherchée leur triste fin, ces jeunes imprudents, lorsqu'ils provoquaient des barbares, dont ils ne connaissaient ni la puissance, ni la force? Je l'avais prédit. Je leur répétais souvent, d'après le plus grand des prophètes : « Qui frappe « du glaive, périra par le glaive. » Mais ce malheureux vieillard, si juste, si bon, et généreux, qu'avait-il fait pour être immolé dans ses foyers domestiques?... Oh! il sera vengé; il doit l'être!... Robert, écoute le serment que je fais à ton ombre : tout le pouvoir de mon art, je l'emploierai à la destruction des Normands. Je leur jure une haine éternelle, implacable. Si le fer dans la main d'une femme est rarement à craindre, elle a d'autres armes dont elle peut se servir avec avantage. La ruse supplée à la force... »

« Elle me considéra, en ce moment, avec attention; et, après avoir réfléchi quelques instants, je l'entendis qui disait :

« Le ciel semble me l'avoir envoyée tout exprès : elle sera, comme dit Merlin, *la sirène qui appellera l'imprudent voyageur sur les écueils de la mort.* »

« Puis, me saisissant le bras avec force :

« Il serait imprudent de rester dans ces lieux funèbres. Fuyons, Godiva, fuyons. Nous n'avons plus d'asile, plus de toit sous lequel nous puis-

sions reposer nos têtes.... Nous en trouverons ailleurs, non loin d'ici... Gozlin, je n'en doute pas, pourvoira à tous nos besoins. Il te protégera, t'aimera... il le doit. Viens, fille adoptive de mon mari; toi que j'adopte à mon tour, viens!»

« Je ne pouvais lui répondre ; les sanglots m'étouffaient. Je la suivis.

« Elle me conduisit par des sentiers écartés, par des bois solitaires, dont elle connaissait bien toutes les routes, jusqu'à un hameau composé de quelques maisons. Je succombais à la fatigue, et peut-être plus encore, à la douleur. En vain, Hélène voulait ranimer mon courage et mes forces; je me sentais à chaque instant défaillir.

« Nous voici, dit Hélène, tout près d'*Erboletum**. C'est dans ce hameau, dans la première de ces maisons, qu'on avait dû conduire secrètement, par mes ordres, des chevaux destinés à nous transporter à Paris. Mais je ne puis espérer que, dans cette nuit de désastres, on ait songé à m'obéir. Le hameau me paraît désert. Tous les habitants auront fui sans doute, lorsqu'ils auront appris que les Normands brûlaient notre château. N'importe : entrons toujours dans cette maison. Godiva, tu t'y reposeras quelques heures. »

---

* Herblay, à 5 lieues de Paris.

« La porte était ouverte; mais la maison était sans meubles : ses maîtres, en fuyant, avaient tout emporté avec eux. Je me couchai sur la terre; une soif ardente me dévorait. Hélène courut vainement dans toutes les autres maisons pour y chercher de l'eau; elles étaient aussi désertes, aussi vides que celle où nous étions entrées. Heureusement, elle trouva, près d'une source, une large coquille de pélerin, dans laquelle elle puisa un peu d'eau, qu'elle m'apporta. J'en bus avec avidité, et je me sentis ranimée; mais j'étais toujours trop faible pour entreprendre de partir à pied pour Paris, dont nous étions encore éloignées de treize à quatorze milles. Hélène se désespérait.

« Nous ne sommes point en sûreté dans ce hameau qui fait partie des domaines de Robert, s'écriait-elle; nos ennemis peuvent y venir, dans le vain espoir d'y trouver à piller. Que deviendrions-nous ? »

« En ce moment même, nous entendîmes le hennissement d'un cheval. Hélène tressaillit, et prêta de nouveau l'oreille. Le cheval hennit encore.

« L'animal, dit-elle, est tout près de la maison; l'aurait-on oublié en fuyant ? Voyons. »

« Elle sortit; et, quelques instants après, je la vis rentrer, rayonnante d'espoir. « Oh! Godiva,

dit-elle, vois-tu ce groupe d'arbres épais, tout près de la maison? Là, j'ai trouvé, attachés à un vieux tronc, deux chevaux tout harnachés. Ce sont sans doute ceux qui nous étaient destinés, et que leurs conducteurs auront laissés là, pour aller se cacher dans les rochers, ou pour monter dans quelque barque, et s'éloigner de ces champs de désolation. Viens, Godiva; ne perdons pas un instant. Profitons du bienfait que la Providence nous offre pour notre salut. »

« A cette nouvelle, je sentis mes forces renaître. Nous courons vers les arbres, nous montons sur d'excellents chevaux; et nous voilà, courant à toute bride, sur la route d'Erboletum à Paris.

« Quatre heures après, nous étions arrivées dans cette ville.

« Nous descendîmes aux portes même du palais où Gozlin expédiait les affaires du pays au nom du comte. Dès qu'il eut appris que des étrangères, échappées des mains des Normands, demandaient à l'entretenir, il nous fit entrer; et, après lui avoir, en peu de mots, raconté la ruine et l'incendie du château de Conflans, ainsi que la fin tragique de ses fils et de son mari, Hélène lui présenta les tablettes que Robert lui avait confiées.

« Gozlin lut d'abord la lettre de mon malheu-

reux protecteur, et ensuite quelques pages de l'histoire écrite par ma mère dans les tablettes. Nous le vîmes pâlir, soupirer, puis serrer soigneusement ces tablettes dans son sein. Il s'approcha ensuite plus près de moi, me considéra avec intérêt, affection.

« Elle a, dit-il, et les cheveux et les yeux de sa mère... Elle a sans doute son âme sensible et ardente... Pauvre orpheline, si jeune encore, tu as éprouvé bien des malheurs ! »

« Puis, s'adressant à Hélène : « Il faut, ajouta-t-il, me laisser cette pauvre jeune fille ; je la placerai dans un monastère, où, du moins, elle pourra vivre dans un saint repos... »

« Hélène l'interrompit : « Moi, me séparer de Godiva ! Elle est désormais toute ma famille. J'ai bien d'autres projets sur elle. D'ailleurs, ajouta-t-elle avec plus de calme, ma vie tient à la sienne. Mon art m'a appris que, dès que cette jeune fille me serait ôtée, je serais tout près de ma fin...

— Votre art ! dit Gozlin surpris ; expliquez-vous.

— Est-ce que la célébrité de mon nom, reprit-elle, n'est point parvenue jusqu'à Paris ? Si vous ignorez ce qu'est Hélène d'Andoc, Gozlin, ceux que vous gouvernez le savent. Combien de fois

des Parisiens ne sont-ils pas accourus à Conflans pour entendre mes avis et mes prédictions!»

« A ce nom d'*Hélène d'Andoc*, Gozlin parut se recueillir un moment.

« En effet, dit-il, je dois me féliciter de voir dans nos murs une femme que nos Parisiens vénèrent comme une puissante magicienne. Votre projet est sans doute de vous établir dans notre ville pour y proférer vos oracles? S'il en est ainsi, vous pouvez être utile au gouvernement. Le comte, ni moi, ne sommes aimés dans le pays. Nous avons des ennemis secrets; il y a aussi des hommes qui soupirent après quelques nouvelles excursions des Normands pour se joindre à eux; dans les confidences que vous feront ceux qui viendront vous consulter, vous parviendrez à découvrir quelques trames secrètes contre l'État. Je vous crois assez bonne Française pour être certain que vous viendrez aussitôt me les dévoiler.... Mais ce n'est point en ce moment que je puis vous confier tout ce que j'attends de vous et de votre art. Restez quelques jours dans ce palais; j'aurai avec vous des entretiens particuliers où je vous ferai part de mes projets. »

« Et, en même temps, il donna ordre à un serviteur de nous conduire dans une des tours du palais.

« Pendant les quatre jours que nous passâmes au palais du comte de Paris, je ne vis Hélène qu'aux heures des repas. Chaque matin, elle allait d'abord conférer, une heure ou deux, avec Gozlin, et ensuite elle s'occupait à faire diverses dispositions dans une habitation qu'elle avait choisie sur le Mont-de-Mars, et qui, me disait-elle, était on ne peut plus convenable pour l'exercice de son art.

« Quand j'entrai pour la première fois dans cette demeure qu'elle m'avait tant vantée, mon cœur se serra :

« Quoi ! m'écriai-je, dois-je donc m'ensevelir ici vivante ?... Passer mes jours dans un souterrain ? »

« Elle sourit. « Ne te désespère pas ainsi, dit-elle ; tu n'as pas tout vu. »

« Le souterrain qu'elle avait fait préparer pour notre demeure était une partie considérable des substructions d'une antique *villa* bâtie par les Romains sur le sommet même de la montagne, mais qui avait été négligée, et s'était presque entièrement écroulée. Ces substructions avaient été, dans les temps anciens, décorées avec le plus grand soin. Quoique désertes, délaissées depuis cinq siècles peut-être, elles n'étaient point trop dégradées. C'étaient des grottes fort étendues, dont les parois étaient presque par-

tout revêtues de marbre blanc, et ornées de sculptures, de peintures, où l'on voyait représentés des repas, des fêtes, souvent même des scènes de volupté. Elles étaient divisées en diverses pièces, plus ou moins grandes, qui communiquaient par des couloirs.

« J'admirai tout; mais je répétais sans cesse :

« — Dans ce beau lieu, nous ne serons jamais éclairées que par la lumière des lampes, et je ne pourrais vivre sans voir le soleil.

— Allons, dit Hélène, je vois qu'il faut te satisfaire; viens jouir du soleil. »

« Elle ouvrit une petite porte, et me fit monter par un escalier tournant, taillé dans le tuf, jusque sur le sommet de la montagne. Là, au milieu des décombres, on avait construit, avec les anciens matériaux de l'antique villa, une maisonnette composée de deux ou trois chambres. Cette maisonnette était entourée d'une aire assez spacieuse, qu'on avait formée en concassant et unissant ensuite des débris de marbre et de ciment; ce qui offrait une promenade d'où l'on planait sur toutes les plaines environnantes. C'était là notre véritable habitation ; car le souterrain ne devait servir qu'aux opérations magiques. Dans la chambrette qui m'était destinée, je trouvai, outre des meubles très-propres, élégants même, une lyre et des laines de diverses

couleurs, car j'aimais à broder; c'était un art que m'avait appris ma mère Ginevra.

« — Oh! m'écriai-je alors, dans un transport de joie, je consens volontiers à passer ici ma vie. Quelle charmante retraite!

— Rends grâce à Gozlin, dit Hélène; c'est lui qui t'a fait arranger cette chambre. Il a voulu que l'on n'oubliât rien de ce qui pouvait te plaire. Aime-le, Godiva ; car il veut ton bonheur; il veut remplacer ton père, qui, d'après ce qu'il m'a dit, pourra quelque jour t'avouer pour sa fille.»

« La renommée eut bientôt répandu dans tout le pays que la fameuse Hélène d'Andoc avait fixé sa résidence sur le Mont-de-Mars. De toutes parts affluèrent à notre grotte des personnes de tout sexe et de toute condition, avides de connaître l'avenir. Tous se montraient émerveillés de ce qu'Hélène leur disait ou leur faisait voir. Je lui étais très-utile, lorsque, pour faire mieux croire à ses prophéties, il fallait qu'elle s'appuyât sur des apparitions. D'après les instructions qu'elle me donnait à l'avance, je me retirais, par un couloir secret, dans une grotte mystérieuse, où l'on ne pouvait entrer qu'après avoir traversé une effrayante salle qui contenait de monstrueuses et bizarres figures, et tous les ustensiles qui lui servaient dans ses opérations

magiques. Là, je n'apparaissais qu'éclairée par une lumière douteuse, et sous divers déguisements. Le curieux dont il fallait fasciner les yeux était-il chrétien, avait-il une dévotion spéciale pour tel ou tel habitant du paradis, je figurais tantôt la Vierge sainte, tantôt sainte Élisabeth, sainte Anne, sainte Monique, sainte Geneviève. Était-il, au contraire, de ces Gallo-Romains qui, malgré les efforts et même les persécutions des prêtres chrétiens, croient encore aux dieux de leurs anciens vainqueurs (et de ces hommes obstinés qui ont conservé et pratiquent en secret l'absurde paganisme, il en est, à Paris même, en bien plus grand nombre que vous ne pouvez le croire), je me montrais alors en Vénus, en Junon, en Diane ; ou je devenais, tantôt une nymphe des bois, tantôt une nymphe des fontaines. Ils s'en allaient tous convaincus de la puissance surnaturelle de la sorcière Hélène.

« Le métier était lucratif. Il n'était pas un seul de nos clients qui ne laissât, en s'en allant, comme témoignage de sa reconnaissance et de son admiration, quelque offrande plus ou moins précieuse.

« Gozlin, qui alors n'était point encore évêque, mais qui le devint peu de mois après l'époque de notre établissement sur le Mont-de-Mars,

venait souvent la nuit, sous divers déguisements, nous visiter dans notre retraite. Il aimait à me voir, disait-il; aussi m'apportait-il toujours un petit présent, me prodiguait-il des caresses. Je lisais dans ses yeux une tendre pitié pour l'orpheline; et il m'inspirait autant d'affection que de respect.

« Après s'être occupé de moi pendant quelques instants, Gozlin m'invitait à rentrer dans ma chambre, et restait seul avec Hélène. Leurs entretiens étaient longs. Je supposais bien qu'elle découvrait à Gozlin tout ce qu'avaient pu lui apprendre d'important les imprudentes confidences de ceux qui venaient la consulter; mais, d'autres soupçons, que je n'oserais avouer, même en ce moment, s'étaient, malgré moi, glissés dans mon âme.

« Je suis naturellement curieuse : c'est un de mes nombreux défauts. Il me fut impossible de résister au désir d'entendre quelque chose des conversations secrètes auxquelles on me défendait de prendre part. Je me postai, une nuit, furtivement près de la porte de la chambre d'Hélène, et voici ce que j'entendis :

« La sœur du comte Eudes, disait Gozlin, a
« disparu le jour même où devaient se célébrer
« ses noces. Le vulgaire, d'après une vision qu'a
« racontée un moine exalté, croit qu'elle a été
« portée au ciel par je ne sais quelle sainte; son

« frère Eudes, au contraire, qu'elle a été enlevée
« par un comte, son implacable ennemi ; mais
« moi, d'après quelques notions que j'ai re-
« cueillies, j'ai toutes raisons de penser que les
« Normands, voulant se procurer un otage pré-
« cieux, sont parvenus, grâces à quelque ruse
« que je n'ai pu encore découvrir, à nous ravir
« cette fille intéressante, et qu'elle est aujour-
« d'hui dans leur camp. Voilà, Hélène, un des
« principaux mystères qu'il vous faudra tâcher de
« pénétrer. Nous songerons ensuite aux moyens
« de leur reprendre leur proie. Dans quelques
« jours peut-être, ce mont va être entouré de
« Normands ; je sais qu'ils approchent en grand
« nombre. Ne pourriez-vous point, en votre
« qualité de sorcière, et en feignant de vous
« ranger du parti des assiégeants, obtenir l'auto-
« risation de rester au milieu d'eux ? »

« Par la réponse d'Hélène, je jugeai qu'elle se
croyait presque certaine de n'être point obligée
de quitter sa grotte.

« Ce sera alors, reprit Gozlin, qu'il faudra
« mettre en œuvre toutes les ressources de votre
« génie et de votre art pour contribuer à la perte
« de nos ennemis. J'entrevois comment vous
« pourrez y parvenir...»

« Gozlin, en développant ses idées, parla si
bas, que je ne pus saisir presque aucune de ses

paroles. Je l'entendis seuleme nt dire à Hélène en finissant :

« C'est ainsi qu'ils trouveront la mort en aspirant à la volupté. Mais vous sentez-vous assez de force pour exécuter tout ce que je viens de prescrire ?

— Moi ! s'écria Hélène ; oh ! n'en doutez pas. Puissé-je immoler de ma main jusqu'au dernier des Normands en holocauste aux ombres de mon époux et de mes fils. Jamais, Gozlin, vous ne me verrez reculer, quand il s'agira de faire périr de tels assassins. Ma vengeance est trop légitime.

— Je m'attendais à cette réponse, dit Gozlin; mais rappelez-vous bien que c'est sur les chefs seuls qu'il faut diriger vos coups; ménagez les vulgaires ennemis. Ces troupes de barbares ne seraient point dangereuses, s'ils n'avaient des chefs instruits et d'un grand talent dans l'art de la guerre. Oh! si vous pouviez attirer dans vos lacs un chef tel que Rollon!

— Pourquoi non ? » reprit Hélène.

« Gozlin recula le siége sur lequel il était assis, et je vis qu'il s'apprêtait à partir.

« Demain, lui dit-il, je vous enverrai des ouvriers qui prépareront le piége. Mais, avant de nous quitter, il faut convenir des moyens de correspondre entre nous. Je ne pourrai plus venir ici, dès que les Normands occuperont le pied

de cette montagne, et vous ne pourriez, sans vous compromettre, prendre même le chemin de la ville. Mais faites comme les moines de Saint-Denis, qui m'ont promis de correspondre avec moi en... »

« Ici, il baissa, de nouveau, tellement la voix, qu'il ne parvint d'autres mots à mon oreille que ceux de *chapelle délabrée... dans la plaine...* Pour n'être pas surprise aux écoutes, je me hâtai d'aller me jeter sur mon lit, et de feindre de dormir.

« Dès le lendemain, un bruit inaccoutumé de pieux, de pelles qui retentissaient dans le souterrain, m'apprit que l'on faisait quelque changement dans la grotte où nous rendions nos oracles. Il m'avait été expressément ordonné de rester ce jour-là dans ma chambre; je n'osai donc descendre pour examiner quels étaient ces travaux. Le lendemain, même bruit; et ma curiosité redoubla. Heureusement, de la petite place formée autour de notre maison, et où il m'était permis de me promener tous les jours, j'aperçus, dans la plaine de Saint-Denis, Hélène qui, en feignant de cueillir des herbes, s'approchait peu à peu d'une petite chapelle isolée.

« Je profitai de son absence pour descendre dans la grotte. On travaillait dans la salle où je faisais ordinairement mes apparitions. Je m'y

rendis par un passage secret; et, cachée derrière une colonne, près de l'issue même du couloir, je vis, à la lueur des lampes qui y étaient allumées, que, vers le milieu, on avait creusé un trou assez profond. Les ouvriers étaient occupés en ce moment à rejeter dans le trou les pierres et la terre qu'ils en avaient tirées.

« — Je te le disais bien, disait l'un, qu'en peu de temps nous aurions percé cette voûte. Vois quel énorme gouffre elle couvrait! Que de temps les pierres mettent à tomber jusqu'au fond!

— Je savais aussi, répondait l'autre, que cette montagne renfermait de profondes cavernes, tant il en avait été extrait de matériaux pour bâtir à la surface; mais je n'aurais jamais pu croire que nous y trouverions un gouffre où tout Paris pourrait facilement s'engloutir... Que diable veut faire de ce gouffre la sorcière?

— C'est sans doute pour loger plus près d'elle tous les diables de l'enfer. »

« Quand il n'y eut plus de terre à rejeter dans le gouffre, ils posèrent sur l'ouverture une trappe en bois très-artistement faite, dont un côté s'élevait dès qu'on appuyait un peu sur l'autre. Pour essayer la machine, ils la firent jouer plusieurs fois, et parurent satisfaits de la précision de ses mouvements.

« J'avais passé plus d'une heure en observa-

tion. Je sentis qu'il était prudent de remonter à ma chambre. La vue du grand trou et de la trappe avait fait une vive impression sur moi; une seule idée me saisit : c'était qu'après m'avoir fait apparaître plusieurs fois dans cette salle en divinité qui descendait de la voûte, il ne prît fantaisie à Hélène de me faire sortir de terre en déesse des ténèbres; et j'en frissonnais.

« Hélène, lorsqu'elle fut de retour, vit avec plaisir que les travaux étaient terminés dans la grotte : elle monta ensuite à ma chambre, et me défendit, *sous peine de mort* (ce furent ses expressions), d'entrer jamais sans elle dans la salle des apparitions. Je compris facilement, et elle ne s'en doutait pas, quel était le motif d'une défense si sévère; et certes, je n'avais nullement le désir de l'enfreindre.

« Cependant les armées des guerriers du Nord étaient arrivées; un de leurs camps se trouvait placé entre la montagne et Paris. Hélène sentit qu'il était temps d'obtenir l'autorisation nécessaire pour rester si près d'eux : elle eut le courage d'aller elle-même à un de leurs chefs, et l'obtint, j'ignore par quels moyens; mais il fallait aussi obtenir l'assentiment d'un autre chef, de Sigefroi. Elle réussit à lui inspirer le désir de nous visiter, et me recommanda de chercher à

l'intéresser à notre sort : j'y parvins sans peine. Il confirma, sur ma demande, la permission que nous avait accordée son collègue.

« Dès lors Hélène put circuler, en toute liberté, dans le camp des Normands. Elle attira d'abord dans notre grotte un grand nombre de simples guerriers ; et ils n'eurent pas lieu de s'en repentir. Elle leur prédisait toujours du bonheur, des succès dans leurs entreprises. Nous les fêtions de notre mieux. C'était moi qui leur servais la bière fumeuse, le pétillant hydromel ; ils s'en allaient tout charmés de la sorcière, et surtout de sa fille. Deux ou trois devinrent amoureux de la pauvre Godiva, qui eut beaucoup de peine à se dérober à leurs poursuites.

« Après les soldats vinrent les chefs. Pour ceux-ci, nous les traitions avec plus d'égards encore. Les vins les plus exquis leur étaient prodigués, et je ne paraissais devant eux que sous des costumes élégants et voluptueux. Je rougissais intérieurement de moi-même ; je me trouvais avilie d'être obligée de prendre, pour ainsi dire, chaque jour des formes nouvelles pour séduire ces étrangers, auxquels je n'avais nulle envie de plaire. Mais Hélène avait sur moi un tel ascendant, que je n'osais même témoigner la moindre répugnance. Je vous avouerai même, dussé-je vous paraître un esprit faible et pusillanime,

que je ne doutais nullement que la sorcière ne possédât quelques secrets magiques d'où provenait son pouvoir sur tout ce qui l'approchait : oui, je croyais qu'elle aurait pu m'anéantir, si elle l'eût voulu, d'un mot, d'un signe.

« Un jour elle me dit :

« Godiva, nous aurons, ce soir, à souper, un « hôte distingué, un chef des Normands, que j'ai « rencontré hier, dans la plaine. C'est devant lui « qu'il faudra déployer tes talents. Sois aimable et « gaie jusqu'à la folie. Pour remuer, exciter l'âme « apathique de ces guerriers du Nord, il faut « cent fois plus d'efforts et d'art qu'il n'en fau- « drait pour séduire les hommes si vifs, si bouil- « lants de nos heureux climats. Je te donnerai des « leçons.... »

« En effet elle m'en donna, des leçons ; mais je rougirais de vous les répéter. Et cependant, je les suivis presque en tout point, tant je redoutais ses reproches !

« Le convive que je vis arriver, le soir, avec elle, était grand et d'une figure noble et calme. Ses longs cheveux blonds flottaient sur ses larges épaules. Son aspect n'avait rien de barbare. Moi, j'avais pris le costume des simples bergères des bords de la Seine ; et, ce soir-là, je devais, d'après les instructions d'Hélène, me montrer,

jusque vers la fin du repas, modeste et pudique.

« Le guerrier me considérait avec ravissement. Quand il eut goûté aux mets succulents dont la table était couverte, et vidé, plus d'une fois, la coupe qu'Hélène ne cessait de remplir aussitôt, ses yeux s'animèrent ; il me prit les mains, les baisa avec passion. Pour le charmer encore plus, je chantai une pastorale tendre, amoureuse. Mais il était encore timide, presque respectueux près de moi.

« Voici, dit Hélène, une liqueur qui inspirera du courage à notre jeune convive. »

« Et en même temps, elle versa dans sa coupe tout ce que contenait une fiole qu'elle avait choisie parmi plusieurs autres qui étaient sur la table. Peu d'instants après que le guerrier eut bu, je m'aperçus, non sans surprise, qu'il faisait de vains efforts pour résister au sommeil. Il ne pouvait qu'avec peine soulever ses paupières, et disait qu'il ne nous voyait plus que comme des ombres qui passaient devant lui. Ses yeux se fermèrent entièrement, sa tête tomba sur son sein, et il resta, comme anéanti, le corps appuyé sur le dos de son siége.

« Le visage d'Hélène rayonnait de joie ; mais, reprenant bientôt un ton sérieux, elle m'ordonna froidement de remonter à notre demeure.

« Je ne veux pas, dit-elle, qu'il te retrouve à son réveil; ta vertu pourrait avoir à souffrir de ses tentatives... Moi, je saurai m'en débarrasser sans peine. »

« Elle me conduisit alors dans la chambre où je me vêtais chaque jour, pour remplir tel ou tel rôle; chambre dans laquelle aboutissait l'escalier tournant de notre habitation supérieure, et où s'ouvrait aussi le couloir qui conduisait à la salle des apparitions. Je montai lentement le petit escalier, me demandant à moi-même : « Mais que fera-t-elle de cet homme endormi? quel résultat se propose-t-elle des scènes qu'elle m'ordonne de jouer? » Arrivée à ma chambre, je fatiguai long-temps mon esprit à chercher un motif de sa conduite : ce fut en vain, et je m'endormis profondément.

« Le lendemain, je ne trouvai plus l'hôte dans le souterrain, et je n'osai demander à Hélène ce qu'il était devenu.

« Quelques jours après, un second chef de Normands vint encore se prendre dans les filets de la sorcière. Je craindrais de vous ennuyer, de vous scandaliser, peut-être, en vous retraçant les ruses qu'il me fut imposé d'employer pour lui inspirer de l'amour, ou plutôt des désirs. D'abord je parvins à lui faire quitter son épée, ce qui m'avait été expressément enjoint par Hélène;

je lui présentai ensuite, moi-même, la liqueur traîtresse qui, comme je le croyais, ne devait que l'endormir. Mais, cette fois, l'effet ne fut pas le même. Elle n'appesantit pas entièrement ses facultés ; il se plaignait de sentir un feu qui le consumait intérieurement. Hélène m'ordonna de monter dans ma chambre, et j'en pris le chemin, non sans témoigner par mes regards de l'intérêt pour le guerrier malade, et l'inquiétude que je ressentais. Cette fois, ne pouvant résister à ma curiosité, je restai dans la chambre des travestissements, l'oreille clouée près de la porte. J'entendis, pendant une demi-heure au moins, les longs et plaintifs gémissements du malheureux guerrier. De temps en temps Hélène, qui se promenait dans la salle, disait d'une voix sombre : « Quand finira-t-il ?... Sans doute, la dose était trop faible.... » Que j'étais émue ! Mais, entendant les pas d'Hélène, qui passait près de la porte, je craignis d'être découverte, et je remontai rapidement l'escalier. Cette nuit-là, je ne pus dormir. Des soupçons horribles remplissaient mon esprit, et le matin j'osai demander à Hélène si le guerrier avait long-temps souffert. Elle me regarda avec surprise, et me répondit froidement :

« Ce n'était rien ; il ne se plaignait plus quand il lui a fallu descendre la montagne. »

« Je ne tardai pas à découvrir le véritable sens de ces paroles. Un troisième guerrier me fut amené par Hélène, comme une proie, une victime. Celui-ci était d'une grandeur démesurée, d'une force prodigieuse, et je tremblai à son aspect. J'étais ce soir-là vêtue comme ces femmes d'Italie qui vont de ville en ville, de château en château, chanter de longues aventures des temps passés; femmes qui, pour de l'or, cèdent facilement, m'a-t-on dit, aux propositions des hommes.

« Dès que ce guerrier m'aperçut, il vint à moi pour me serrer dans ses bras. Hélène parvint à calmer un peu son impatience, en affirmant qu'il me posséderait bientôt, mais après le repas seulement. Que cet homme était grossier, brutal! comme il buvait avec excès! Je l'avais en horreur; et cependant il me fallut chanter pour lui; exécuter, sous ses yeux, avec les cymbales des bacchantes, les danses lascives des anciens Romains; paraître, comme elles, hors de sens, presque furieuse, ivre de vin et de désirs. Hélène, je m'en étais aperçue, lui avait donné une triple dose de la liqueur soporifique, et cependant, il ne s'assoupissait point; il attribuait seulement à l'effet des vins la difficulté qu'il éprouvait à me poursuivre dans le vestibule, car j'évitais qu'il m'approchât de trop près. Hélène parvint heureusement à le distraire un moment, et elle me

fit signe en même temps de fuir au plus vite. C'est ce que j'aurais fait, quand même je n'en eusse pas reçu l'ordre. Mais je désirais savoir quelle serait la fin de cette scène, qui me paraissait dangereuse pour la sorcière elle-même; et je me mis, comme une autre fois, aux écoutes. Dès que le guerrier s'aperçut que je n'étais plus là, dans sa fureur il renversa d'un coup de pied la table, et s'élança sur Hélène qu'il voulait étrangler; mais il tomba lourdement sur le plancher; et, sans doute, Hélène profita du moment pour le poignarder, car je l'entendis jeter un grand cri, auquel succéda un grand silence, qui ne fut interrompu que par ces paroles d'Hélène : « Va, misérable Normand, rejoindre tes camarades!..» Quelques instants après, elle ajouta :

« Voilà donc trois chefs de moins dans l'armée!... Seras-tu content, Gozlin?... Une femme en a plus fait, seule, que tous tes Parisiens armés de lances.... Mais, traînons encore celui-ci où sont les autres. »

« Et je l'entendis, quelques minutes après, ouvrir la longue salle où étaient ses instruments magiques, et je ne doutai plus qu'elle ne se rendît par là à la salle des apparitions, dans cette salle où j'avais vu ouvrir un précipice. Pour mieux m'en assurer encore, je me glissai par le couloir secret qui conduisait à cette salle, et me postai

derrière la colonne d'où j'avais vu, naguère, travailler les ouvriers. Hélène entra, quelque temps après, par l'autre bout de la salle, attelée pour ainsi dire au corps du guerrier : elle le traînait après elle, au moyen de longues cordes passées sous les épaules du mort. Dans ses dents, elle tenait le poignard tout sanglant qu'elle venait de lui plonger dans le sein. Je croyais voir une furie échappée de l'enfer, et je frémissais de tous mes membres. Quand le corps fut posé, la tête tournée vers la trappe mobile qui couvrait le précipice, elle le poussa sur la trappe, qui céda aussitôt sous le poids, et j'entendis le corps qui tombait, avec un bruit sourd, dans les abîmes intérieurs de la montagne.

« Je fus tellement épouvantée de ce spectacle que je ne parvins pas sans peine à remonter vers ma chambre, où je m'enfermai avec soin, car je ne croyais plus mes jours en sûreté près d'Hélène.

« Le lendemain, elle fut étonnée de l'altération de mes traits, de ma tristesse; elle m'en demanda la cause. Sentant la nécessité de dissimuler, je bégayai je ne sais quelle réponse; je prétextai une indisposition subite. Elle y crut ou feignit d'y croire. Quand elle fut sortie, je descendis dans le vestibule ou salle des banquets. En vain elle avait cherché à enlever les traces

de sang qui en souillaient le pavé; il me sembla les voir encore fumantes, les entendre me crier : *Vengeance!*

« Oh! oui, j'aurais voulu venger à l'instant même la mort des trois braves si cruellement immolés; je ne pouvais plus voir la perfide sorcière qu'avec horreur. Mille projets de fuite se présentèrent à mon esprit; mais je finissais bientôt par reconnaître qu'ils étaient inexécutables. C'est dans ces incertitudes, dans ces angoisses que je passai plusieurs jours.

« Un matin, cette femme eut encore l'audace de me dire qu'elle espérait m'amener, ce jour-là même, le plus beau des chefs de l'armée normande. Je parus recevoir cette nouvelle avec joie, et lui promis bien de prendre le costume le plus séduisant, d'employer près de lui tout l'art des courtisanes. Il faut vous dire que, de tous les projets pour m'échapper, que j'avais roulés dans mon esprit, voici le seul auquel je m'étais arrêtée : c'était d'avertir du danger qui la menaçait la première victime qui me serait encore présentée, de me mettre sous sa sauvegarde, d'en faire mon sauveur.

« Il est devant vous; le voilà, le jeune et généreux guerrier qui me fut présenté! Il vous aura sans doute raconté comment je suis parve-

nue à l'arracher au plus grand des dangers.
Oh! si, insensible à mes prières, à mes cris, je
l'avais vu s'avancer, un pas de plus, vers le
gouffre ouvert sous ses pas, j'étais décidée, je
le jure, à m'y élancer la première.

«Maintenant, noble mère d'un héros, prononcez sur mon sort. Faut-il accompagner la coupable Hélène au supplice, je suis prête. J'ai fait le mal, sans le vouloir, il est vrai; mais, enfin, j'ai participé à des crimes, et je n'attends plus, dans la vie, ni repos, ni bonheur. »

Elle avait cessé de parler. L'assemblée resta quelques moments muette, et n'exprimait à Godiva que par des mouvements pleins d'intérêt, la pitié qu'elle inspirait. Judith, enfin, prit la parole.

« Belle et malheureuse fille, dit-elle, une fa-
« tale destinée semble avoir influé, jusqu'à ce
« jour, sur tous les événements de votre vie.
« Vous êtes née d'une mère proscrite par son
« époux; et, dans tous les pays où le sort vous
« a jetée, vous n'avez guère vécu que dans le
« sang. N'allez pas vous croire pour cela l'objet
« de la colère céleste. Les âmes faibles, pusil-
« lanimes, admettent seules ces idées supersti-
« tieuses, et perdent le courage que doit tou-
« jours donner la vertu. Votre cœur est, je n'en

« doute pas, aussi pur que vos mains. Je vous
« protégerai. Vous resterez parmi nous. »

A ces mots, Adelinde pâlit; une larme furtive
s'échappa de ses yeux. Sans doute elle reconnaissait aussi l'innocence de Godiva; sans doute
elle eût voulu que, pour avoir sauvé son amant,
on lui accordât la plus brillante des récompenses; mais Godiva était belle! Adalbert, le
reconnaissant Adalbert, pourrait la voir, lui
parler tous les jours!... Cette idée la déchirait.

Judith, qui s'était tue un instant pour réfléchir, s'adressa de nouveau à Godiva :

« — Savez-vous si Gozlin a rendu à Hélène les
tablettes de votre mère?

— Il m'a dit plusieurs fois, répondit l'orpheline, qu'il en était, qu'il voulait en rester dépositaire.

— C'est bien là ce qu'il devait répondre,
reprit Judith; mes soupçons à présent se changent en certitude.... Partout je retrouverai donc
cet infâme prêtre abusant du pouvoir que lui
donnent, sur un sexe aimant, ses beaux traits
et son éloquence, couvrant ses vices du masque
de la vertu, rachetant ses faiblesses par des
crimes! toujours il m'apparaîtra comme un ingrat, un hypocrite, un perfide. »

Puis, se tournant vers Adalbert :

« — Mon fils, il est important que la sorcière me

révèle quelques secrets que je ne puis qu'entrevoir. Pourrez-vous faire différer son jugement et son supplice?

— J'essaierai, ma mère : j'irai au camp ; et, à moins que sa tête ne soit déjà tombée sous le fer des bourreaux, je ferai conduire ici cette indigne femme, pour qu'elle ait avec vous un entretien. »

Godiva se leva, alla baiser la main de Judith, et lui demanda la permission de rentrer dans sa chambre. Odille, en la voyant passer, dit tout bas à Nitard :

« Elle est innocente, je veux bien le croire; mais, pourtant, si elle eût été une bonne chrétienne, se serait-elle montrée toute nue?.... fi! j'aurais mieux aimé mourir.... »

Nitard répondit en souriant :

« Est-ce un si grand mal? Notre première mère ne se promenait-elle pas sans chemise dans le paradis terrestre? »

CHAPITRE XXIII.

UNE PROPHÉTIE.

Prophetias nolite spernere.
S. PAULI Epist. I ad Thessal., cap. V, v. 20.

« Ne méprisez pas les prophéties. »
S. PAUL.

Beatus qui legit et audit verba prophetiæ hujus, et servat ea quæ in ea scripta sunt. Tempus enim prope est.
Apocalypsis beati JOANNIS, 1, 3.

« Heureux est celui qui lit les paroles de cette prophétie ; heureux ceux qui les écoutent, mais surtout ceux qui n'oublieront point les choses qui y sont écrites ; car il n'est pas loin le temps où elle s'accomplira. »
S. JEAN.

ADALBERT s'empressa de revenir au camp. Tous les guerriers attendaient impatiemment le jugement de la sorcière. Ils lui dirent que, pendant la nuit, elle n'avait cessé de vomir d'horribles imprécations contre les Normands. Peu s'en était fallu que ceux que l'on avait préposés à sa garde,

irrités de tant d'audace, n'eussent, en la poignardant, devancé l'heure du supplice.

Egill, à qui Adalbert fit part du désir que sa mère aurait eu d'interroger en secret cette femme, lui représenta l'impossibilité de la soustraire, pour un seul jour, à la fureur de l'armée, qui demandait à grands cris sa mort.

« D'ailleurs, dit Egill, votre mère voudrait en vain obtenir d'elle quelques révélations. Je l'ai interrogée ; elle ne répond à toutes les questions que par de longs discours inintelligibles, pleins d'images incohérentes et bizarres, par des sarcasmes et des malédictions. On dirait qu'elle a perdu la raison. »

En ce moment même, on vint annoncer que les chefs de l'armée et les scaldes, devant lesquels devait comparaître la sorcière, étaient réunis, et attendaient Egill et Adalbert.

Le tribunal était placé, hors du camp, sur le bord de la Seine. Douze énormes pierres en formaient l'enceinte ; au pied de chaque pierre étaient des siéges pour les juges. Cinq scaldes occupèrent les siéges du côté droit ; cinq guerriers, les siéges du côté gauche. Adalbert et Egill prirent leurs places sur les deux siéges du milieu qu'on leur avait réservés.

De bruyantes acclamations annoncèrent que la sorcière approchait. Les gardes qui la condui-

saient ne pouvaient percer qu'avec peine la foule qui se précipitait sur son passage, et l'accablait d'injures. Elle ne paraissait nullement abattue, et jetait autour d'elle des regards dédaigneux. Quand elle fut arrivée près du tribunal, on lui ôta les cordes qui lui liaient les mains, et on la fit avancer au milieu de l'enceinte, devant ses juges.

Egill se levait pour lui reprocher ses crimes, lorsqu'il entendit le son d'un cor, qui partait du camp; et, bientôt après, on vint lui annoncer que trois envoyés du comte Eudes et de l'évêque de Paris demandaient à parler, sans délai, au chef de l'armée. Egill, se doutant qu'ils étaient chargés de quelque message relatif à la sorcière, ordonna qu'on les introduisît dans l'enceinte même du tribunal; qu'ils y parleraient en présence des juges et de l'armée.

Les envoyés ne tardèrent pas à paraître. Quand ils furent dans l'enceinte, l'un d'eux, qui portait à la main un drapeau blanc, s'avança de quelques pas; et, s'adressant au scalde Egill, il s'exprima en ces termes:

« L'évêque Gozlin, qui connaît la prudence
« et l'esprit de justice du sage Egill, nous a dé-
« putés vers lui, pour offrir, en échange des deux
« prisonnières qui sont tombées entre ses mains,
« cent Normands renfermés dans nos prisons de

« Paris, et, de plus, cent marcs d'or, que nous
« pouvons compter à l'instant même. Je prie les
« chefs des Normands de considérer que ces
« femmes n'ont tendu des embûches aux guer-
« riers normands, que parce qu'il était de leur
« devoir, comme Françaises, de chercher à dimi-
« nuer le nombre des ennemis de leur patrie;
« qu'elles ne sont pas plus coupables qu'une
« foule d'autres prisonniers à qui les Normands
« se contentent d'ôter la liberté, et qu'ils con-
« sentent souvent à nous rendre par échange.
« Sans doute, elles ne vous combattaient pas,
« l'arc ou la lance à la main; mais la ruse et
« l'artifice étaient leurs armes. Toute ruse est
« permise à la guerre. Pourquoi punirait-on plus
« sévèrement ceux qui se servent de ces armes
« de la faiblesse, que les braves qui se défendent
« par la lance et le javelot? Mais si vous croyez
« qu'il est de votre politique de ne pas nous
« céder une femme qui, par l'art qu'elle pro-
« fesse, et dans lequel elle s'est rendue célèbre,
« pourrait encore devenir funeste à votre ar-
« mée, vous n'avez rien de semblable à craindre
« de la jeune fille avec qui elle habitait, et dont
« elle n'est point la mère. C'est cette intéressante
« créature que nous venons, surtout, réclamer,
« au nom d'un père qui la chérit, et qui vit
« parmi nous. Si vous la rendez à sa famille,

« nous nous engageons à payer pour sa rançon
« autant d'or que le plus vigoureux des Nor-
« mands pourra en soulever de ses deux mains. »

Adalbert se leva vivement de son siége.

« Envoyés de Paris, s'écria-t-il, c'est moi qui
« répondrai d'abord à votre dernière proposition.
« La jeune fille que vous réclamez est dans mes
« mains, ou plutôt dans celles de ma mère; elle
« n'en sortira jamais. Tout l'or qui couvre votre
« évêque, tout l'or qui brille dans vos temples
« et sur les châsses de vos saints, ne suffirait pas
« pour la racheter. Dites, au reste, à son père,
« qui a bien tardé à se faire connaître, qu'il
« peut être rassuré sur son sort : tant qu'un
« souffle de vie animera le fils de Rollon, Godiva
« n'aura rien à craindre, ni pour ses jours,
« ni pour sa liberté. » Adalbert se rassit.

Le scalde Egill, s'adressant ensuite aux envoyés, leur dit :

« Les juges de la sorcière Hélène, de cette
« femme que vous venez redemander, vont pro-
« noncer devant vous; s'ils croient que l'on puisse
« accepter pour elle une rançon, vous l'emmé-
« nerez avec vous dans les murs de Paris. »

Un guerrier se leva, et dit :

« Par une ruse infernale, elle nous a ravi trois
« des braves chefs de l'armée; elle doit périr.
« Mais, qu'aucun Normand ne souille ses mains

« du sang d'une femme. Qu'elle meure du sup-
« plice des lâches ; qu'elle soit noyée ! »

Tous les autres guerriers répétèrent : « Qu'elle
« meure ! »

Un des scaldes dit à son tour :

« Odin n'a pu voir, sans colère, par quels pres-
« tiges cette chrétienne entraînait les guerriers du
« Nord à leur perte, et cherchait à rivaliser de
« pouvoir avec nos prêtres et nos véritables pro-
« phétesses : elle doit être sacrifiée à Odin. »

Tous les autres scaldes répétèrent : « Qu'elle
« soit sacrifiée ! »

Hélène alors s'écria :

« Scaldes et guerriers, j'avais prévu votre arrêt. En mourant, je n'aurai qu'un regret : vous
avez égorgé mes trois fils et mon époux ; et moi,
je n'ai pu faire périr que trois de vos chefs : il
me manque une victime. Mais un espoir entre
dans mon âme... Dieu ! que je vois de sang
couler ! Je serai vengée, au-delà même de mes
vœux. Normands, Français, voulez-vous entendre votre avenir?... Je me sens inspirée ! un
feu brûlant me dévore ; des fantômes sans nombre
errent autour de moi. Voulez-vous entendre
les dernières prédictions d'Hélène ? »

Les veines de son visage étaient gonflées, ses
yeux enflammés, ses cheveux hérissés ; on ne
pouvait la contempler sans effroi. Aucune voix

ne lui imposa silence; l'assemblée entière resta muette, attentive. Hélène proféra, ou plutôt cria ces paroles énigmatiques :

« Qu'ils écoutent ceux qui ont des oreilles!

« Il m'apparaît l'Esprit dans toute sa splen-
« deur; il déchire, à mes yeux, un voile im-
« mense.

« Un voile qui couvrait une grande terre, tout
« un pays, où, d'un côté, croît l'olivier aux feuilles
« argentées ; de l'autre, le pommier aux fruits
« colorés.

« Deux mers, un grand fleuve et des monta-
« gnes que couronnent des neiges éternelles en-
« vironnent cette terre, qui nourrit plusieurs
« peuples différents par leur teint, par leurs
« mœurs, même par leur langage.

« Que de villages, que de villes, que de pa-
« lais sont sous mes yeux! Parmi ces villes, il
« en est une que je distinguais à peine, mais
« qui s'accroît, grandit.... Où finira-t-elle ?

« Oh! combien d'habitants elle renferme dans
« ses murs! que d'or resplendit sur leurs habits!
« Mais, combien d'autres, en plus grand nom-
« bre, cachent leur nudité sous d'ignobles hail-
« lons! Serait-ce là une autre Babylone ?

« Deux fantômes s'avancent; appartiennent-
« ils à l'espèce humaine, ou ne sont-ce point des
« monstres ?

« La figure de l'un des deux change à chaque
« instant : tantôt c'est un lion, tantôt un tigre ;
« ce n'est presque jamais un animal bienfaisant.

« Son estomac est d'un volume énorme ; il en-
« gloutit, seul, la subsistance de plus d'un mil-
« lion d'hommes. Ses mains sont des serres de
« vautour ; mais ses pieds sont d'argile.

« Une foule d'êtres bizarres forment sa cour :
« des paons orgueilleux, des oisons criIlards et
« gloutons, surtout beaucoup d'insectes ron-
« geurs. Tous vivent à ses dépens et de sa pro-
« pre substance.

« Il a dit aux peuples : « Je suis votre maître ;
« vous m'appartenez, vous, vos enfants et vos
« biens. »

« Les peuples ont répondu : « Où sont vos ti-
« tres ? »

« Il a répliqué : « Dans le ciel. »

« L'autre fantôme survient et s'écrie :

« Il a raison ; son droit vient de Dieu, et c'est
« moi qui le lui transmets. Il me doit, ainsi que
« vous, obéissance.... »

« Quel est donc cet autre fantôme ? il a les
« traits d'un agneau ; mais c'est là un masque
« qui cache la plus hideuse figure. Son corps se
« termine, comme celui des serpents, en une
« longue queue. Il porte dans une main la hou-

« lette des pasteurs; dans son autre main, sont
« une gibecière et des gobelets.

« Sa tête est ceinte d'une triple couronne.

« Ils marchent de compagnie, et chaque pas
« qu'ils font coûte des larmes ou du sang. C'est
« le fantôme serpent qui guide la serre de son
« compagnon sur les malheureux peuples.....
« et puis ils partagent les dépouilles.

« Quelquefois une querelle s'élève entre eux.
« Le fantôme à la serre menace, rugit; le fan-
« tôme serpent courbe un moment la tête, puis
« la relève plus fière. Il lui lance sa houlette, qui
« est devenue un foudre.

« Mais c'est le peuple seul qui souffre de cette
« lutte; le peuple seul est atteint du foudre.

« Oh! qui délivrera la terre de ces fléaux?

« Une femme paraît. Elle sort d'une caverne,
« où les deux fantômes la tenaient enfermée de-
« puis des siècles.

« Ses traits sont graves, majestueux. Sur sa
« tête, on lit, écrit en lettres d'or, ce mot : ΣΟΦΙΑ.

« Elle a dit : « Les temps sont venus. Oppres-
« seurs du monde, usurpateurs de pouvoirs ab-
« solus, c'est par vous que les hommes vivent
« tourmentés, misérables; c'est vous qui n'avez
« cessé de ravager, d'ensanglanter la terre.

« Je pourrais vous anéantir; mais on prétend

« que vous êtes des maux nécessaires. Je con-
« sens que vous existiez.

« Que du moins l'on vous désunisse! Vous de-
« vez être à jamais étrangers l'un à l'autre.

« Toi, fantôme à la tête d'animal de proie, je
« change ta serre en une main d'homme, et j'y
« mets ce rouleau de parchemin, qui remplacera
« ton sceptre. Trois lettres y sont tracées : LEX.
« Seul, il fondera ta puissance. Si tu ne tentes
« jamais de le changer pour un sceptre plus bril-
« lant en apparence, tes pieds d'argile devien-
« dront de solides colonnes.

« Toi, fantôme à la triple couronne, je ne te
« permets de régner que sur ceux qui voudront
« croire à tes jongleries. Si tu continues à les
« rendre rebelles aux lois, de les pousser au
« crime, ils seront punis par le fantôme à qui
« je n'ai donné qu'un sceptre de parchemin.

« Je te défends d'approcher jamais de lui.
« Qu'il t'accorde quelque parcelle de ses biens,
« j'y consens, quoiqu'à regret; car c'est à ceux
« qui t'écoutent, et semblent te comprendre, de
« te payer et de te nourrir.

« Le jour où il suivra tes conseils insidieux,
« le jour où il te concédera la moindre parcelle
« de son pouvoir, il aura abdiqué : je lui ôterai...»

Des murmures et de longs bâillements interrompirent la sorcière.

« C'est peut-être fort beau ce que vous nous contez là, lui cria un guerrier ; mais nous n'y comprenons rien. Nous sommes des gens du Nord, voyez-vous, brave sorcière, qui ne demandons pas mieux que de savoir ce qui nous attend dans votre pays ; occupez-vous donc un peu de nous. Allons! l'Esprit ne vous révèle-t-il rien qui intéresse les Normands? »

Hélène fit un geste de mépris. Elle baissa la tête, et parut méditer pendant quelques minutes. Puis, se relevant, et reprenant son attitude prophétique :

« Gloire à Dieu! l'Esprit ne m'a point aban-
« donnée.

« Je le vois, l'épervier du Nord. Il s'est avancé,
« rapide comme les autans, sur les vertes cam-
« pagnes où chantait le coq gaulois.

« Il a commencé à former son aire sur des ca-
« davres dans la plus fertile partie du champ
« où le vieux coq élevait sa nombreuse famille.

« Oh! désormais, qui l'en chassera?

« Comme il croît! comme il grandit l'épervier
« du Nord! L'une de ses ailes couvre déjà tout
« un rivage ; l'autre s'étend sur la mer ; elle va
« toujours croissant ; elle touche à une grande
« île que, bientôt, elle couvre en entier.

« L'épervier a dit : « Ceci m'appartient en-
« core. »

« Mais trop d'ambition a perdu l'épervier.

« Tandis qu'il a besoin de recueillir toutes ses « forces pour garder son île, le coq lui arrache, « sur le continent, une plume, puis une autre.

« Oh! le désastre est complet. Un léopard do-« mine dans l'île. Qu'est devenu l'épervier aux « ailes immenses?

« Que de générosité dans le coq! il recueille « la famille de l'épervier; il l'unit à la sienne.

« Mais, comme ils sont déchus, ces fils de l'é-« pervier du Nord, qui se disaient si braves! « Qu'est devenue cette loyauté dont ils étaient « si fiers? Ils n'ont gardé qu'un goût excessif « pour l'argent, pour les rapines.

« Avides et dissimulés, tels je les vois dans « l'avenir. Chez eux, tout devient sujet de que-« relles, de procès.... »

— Tu mens, sorcière infernale, s'écria une voix du milieu de la multitude; nos fils seront, comme nous, vaillants, fidèles en amitié comme en amour. Et quiconque te ressemblera, ils le pendront comme nous allons te pendre... »

Tant que la sorcière n'avait proféré que des phrases à peu près inintelligibles, on l'avait laissée parler, quoique son discours parût bien long et passablement ennuyeux. Mais, lorsque les Normands s'aperçurent ou devinèrent qu'elle les outrageait dans leurs mœurs et leur carac-

tère; qu'elle leur prédisait, pour leur postérité, la servitude et le mépris, des murmures ils passèrent aux huées, aux ris insultants, aux sifflets.

Le scalde Egill fit un signe, et trois hommes s'approchèrent d'Hélène par derrière. Deux lui saisirent les bras, lorsqu'elle les levait pour maudire ses malveillants auditeurs, et le troisième, ouvrant un énorme sac, le jeta sur sa tête et le fit rapidement descendre sur tout son corps, de sorte qu'elle en fut tout à coup enveloppée. On lia ensuite le sac près de ses pieds, et l'on renversa la sorcière sur un brancard, que l'on porta vers la rive. Un bateau normand la prit à son bord, gagna le milieu du fleuve et, aux yeux des spectateurs réunis sur les deux rives, deux bourreaux, levant le sac, le jetèrent dans le courant. On le vit quelque temps suivre le cours de l'eau, puis s'enfoncer pour ne plus reparaître.

Ainsi finit la sorcière.

Les Normands rentrèrent dans leur camp; les envoyés de Gozlin regagnèrent tristement leur ville.

Adalbert monta à cheval, et vint annoncer au Mont-Valérien la nouvelle de la déplorable mort

d'Hélène. Godiva en fut vivement touchée; elle répandit des larmes.

« Oh! sans doute, elle était bien coupable, disait-elle en sanglotant; mais elle m'a servi de mère!... »

« Elle est morte un jour trop tôt, disait Judith; qui sait si elle n'emporte pas avec elle un secret important? »

« — Comment ne lui a-t-on pas laissé le temps de se réconcilier avec Dieu? disait Odille; ce soir, je prierai pour elle. Et puis, quel horrible supplice!... La noyer enfermée dans un sac!

— Oh! répondait Nitard, ce supplice-là est très-commun chez les infidèles. J'ai vu jeter à la mer, ainsi empaquetées, trois pauvres femmes mahométanes, que l'on avait surprises avec des chrétiens. »

CHAPITRE XXIV.

LA CURIEUSE.

« Vous n'offenserez pas Dieu parce que vous direz quelques paroles secrètes aux femmes que vous recherchez en mariage : encore que vous cachiez dans votre âme le dessein que vous avez de les épouser, Dieu sait que vous ne les oublierez pas. Mais ne les *connaissez* pas secrètement, avant d'avoir proféré les paroles ordonnées par la loi, et ne vous liez pas en mariage que le temps porté par l'écriture ne soit accompli. Dieu sait tout ce qui est en vos cœurs : prenez garde à vous; il est doux et clément à ceux qui le craignent. »

L'ALCORAN de Mahomet, chap. *de la Vache.*

LE printemps renaissait. La terre commençait à reprendre sa robe de verdure ; les jeunes boutons des saules, des amandiers, s'entr'ouvraient aux rayons du soleil. Déjà, vers le milieu du jour, cet astre répandait dans l'air une chaleur vivifiante ; et c'était alors que la petite colonie de femmes qui habitaient l'ermitage sortait de ses cellules pour aller cueillir, dans la campagne, la violette et la primevère.

Godiva avait en vain voulu demeurer avec les esclaves, se croyant indigne, disait-elle, de vivre avec la noble épouse d'un héros, et la mère du plus généreux des guerriers. Judith, la relevant à ses propres yeux, l'avait placée dans une cellule voisine de la sienne, et lui faisait partatager les occupations, comme les plaisirs, de la société qui s'était formée autour d'elle.

Godiva ne tarda point à reprendre son caractère confiant et enjoué. Les tristes événements de sa vie passée se représentaient bien quelquefois à son souvenir, mais comme de sombres tableaux qu'elle se pressait d'éloigner de son esprit. Plaire à Judith, l'amuser par de vives reparties, par des contes, par des chansons, c'était tout ce qu'elle désirait : elle était contente, dès qu'elle la voyait sourire. Elle n'épargnait rien aussi pour se faire aimer d'Adelinde ; mais en vain lui prodiguait-elle des soins, des caresses : Adelinde l'accueillait bien avec douceur ; mais ses yeux, lorsqu'elle la regardait, se remplissaient de larmes, semblaient lui reprocher d'être aimable.

Tous les matins, Adalbert allait de l'ermitage au camp. Il y surveillait le travail des machines de guerre, qui s'exécutaient bien lentement ; et pourtant, l'époque approchait où l'on avait résolu de s'en servir pour s'emparer enfin de Pa-

ris de vive force, si l'on ne pouvait contraindre la ville à capituler. Le scalde Egill, qui avait donné les plans de ces machines, était désespéré de ne trouver parmi les Normands que des ouvriers peu intelligents, peu capables. Trois fois il avait fait recommencer une énorme machine qui, montée sur des roues, devait approcher tout près de la tour du grand pont : elle allait être terminée; mais il y trouvait tant de défauts, qu'il était tenté d'ordonner que l'on n'y mît pas la dernière main.

Adalbert, au fond de l'âme, n'était nullement contrarié de la lenteur des travaux. Sa vie lui paraissait très-douce. C'était un si grand plaisir pour lui de se rendre, chaque soir, au Mont-Valérien; de se jeter en arrivant dans les bras de sa mère; de baiser et de serrer les mains de son Adelinde; de trouver toute la société de l'ermitage réunie autour d'une grande table, et occupée, soit à tresser des nattes, soit à filer ou à broder.

On n'avait point discontinué de conter des histoires; et, de toutes les conteuses, Godiva était celle que Judith, du moins, se plaisait le plus à entendre. Elle avait appris de sa mère Ginevra un grand nombre d'anecdotes, qu'elle savait répéter avec grace et finesse. Ce n'étaient point des aventures de saints, d'ermites qu'elle

racontait, mais quelques traits de la vie de quelques illustres personnages d'Italie, dont plusieurs, à l'en croire, vivaient encore.

Tantôt elle disait comment s'y prit un certain Éleuthère, fils de l'évêque Arsène, pour séduire et enlever la fille du pape Adrien II ; comment il tua, plus tard, cette malheureuse femme et sa mère Stéphanie. Tantôt, elle offrait le scandaleux tableau de cette Rome qu'on nomme *la sainte**.

« Vous croyez, disait-elle, que c'est là le séjour de la piété fervente, de la chasteté, de toutes les vertus; eh bien! écoutez comme me parlait ma mère, quelques mois avant sa funeste mort :

« N'approche jamais de Rome, ô ma Godiva, si tu veux rester pure et vertueuse. Nulle part ailleurs on ne trouve tant de vices et de corruption. En ce moment même, ce n'est point le pape qui gouverne, mais deux infâmes prostituées, fières de leur opulence et de la multitude de leurs amants. L'une est Théodora, l'autre est Marosie, sa fille. Ce sont elles qui distribuent, à leur gré, les plus hautes dignités de l'Église. Des hommes à qui elles ont vendu leurs faveurs, elles en font des évêques, des cardinaux ; et Marosie dit, à qui veut l'entendre,

---

* Voyez la note XXXVI.

qu'elle fera un pape de l'homme qui aura su le plus long-temps lui plaire, quand même il serait sans instruction, quand même il serait né dans la classe la plus abjecte de la société. Quant à sa mère Théodora, aussi belle encore que sa fille, elle ne paraît jamais dans Rome que suivie d'une foule d'adorateurs du plus haut rang qu'elle admet tour à tour dans son intimité... »

«Hélas! ajouta un jour ma mère, mon époux, ce Lambert dont tu devrais porter le nom, est un de ses favoris; elle l'a rendu père! et cet infidèle pourtant me persécute, me fait un crime... » Là, elle s'arrêta un moment, et reprit ensuite : « J'ai peut-être tort de te faire ces scandaleuses confidences : tu es si jeune!.. mais, si je ne me trompe, l'intelligence en toi a devancé l'âge, tu peux me comprendre; et quand je ne serai plus, tu te souviendras des discours de ta mère. » Elle ne s'est point abusée. »

Toutes ces histoires qui paraissaient intéresser vivement Judith et Adalbert, déplaisaient extrêmement à la dévote Odille. Élevée dans un cloître, espérant peut-être d'y retourner un jour, elle ne voyait pas, sans dépit, qu'on offrît un tableau trop véridique des désordres de l'Église.

Sans doute, elle avait connu, et même à ses dépens, dès sa première jeunesse, la corruption

des mœurs tant des moines que des religieuses; mais, elle n'en restait pas moins attachée à son culte, n'était pas moins pénétrée de respect pour tout ce qui tenait au sacerdoce, et surtout pour le souverain pontife, qu'elle regardait comme un dieu sur la terre, devant lequel elle prétendait que les rois mêmes devaient toujours courber la tête, sans se permettre d'examiner ses actions, sa conduite intérieure. Mais elle avait un bien autre motif, qu'elle n'avouait pas, de désapprouver tout ce que faisait ou disait Godiva : elle ne voyait point sans un secret dépit les égards, l'amitié même que témoignait Judith à la pauvre orpheline.

« Quel est donc le mérite de cette étrangère, se disait-elle, pour captiver la noble épouse de Rollon? Elle est libre dans ses gestes, comme dans ses paroles. Ayant toujours vécu avec des hommes, cette aventurière ne connaît ni la décence, ni la pudeur. Elle ne sait pas que, s'il est permis quelquefois d'obéir à ses passions, il faut du moins cacher ses fautes à tous les yeux. »

Dès la nuit même du jour où Godiva avait révélé la corruption de la capitale du monde chrétien et les débauches de la cour pontificale, le hasard lui offrit l'occasion de se convaincre des sentiments très-peu charitables qu'avait pour elle la bâtarde de Charles-le-Chauve, la dévote Odille.

Un rêve effrayant (on sait que, malgré son caractère insouciant et gai, les rêves de Godiva, quelle que fût la cause de cette espèce de maladie, avaient toujours quelque chose de lugubre, lui offraient toujours des scènes sanglantes); un rêve donc l'avait éveillée en sursaut. Lasse de chercher le sommeil, sans pouvoir le retrouver, elle se leva pour se promener quelque temps dans sa chambre et calmer l'agitation de ses sens. En approchant de sa petite fenêtre, elle aperçut une lumière dans l'une des cellules qui était de l'autre côté de la cour autour de laquelle étaient construites toutes les cellules.

C'était bien la cellule d'Odille; elle la reconnut parfaitement. La première idée qui lui vint à l'esprit, c'est que la dévote s'était endormie au milieu de ses longues prières; mais quelle fut sa surprise en voyant, par intervalles, se dessiner, sur la fenêtre éclairée, une ombre qui lui parut être celle d'un homme!

Dès-lors, sa curiosité fut excitée à l'excès; on a vu plus haut, par sa propre confession, que l'incertitude était pour elle un mal qu'elle ne pouvait supporter. Elle s'enveloppe à l'instant dans une large mante, ouvre sans bruit sa porte, et va se placer sous la petite fenêtre d'Odille.

A peine était-elle à ce poste qu'elle reconnaît la voix de Nitard, qui causait avec Odille, et le

nom de *Godiva* vient frapper son oreille. Elle redoubla d'attention. Voici ce qu'elle entendit :

« — Vous me ferez vous haïr, Nitard; vous prenez la défense de cette Godiva, de cette aventurière, qui est tombée au milieu de nous pour mettre le trouble dans la maison.

— Mais que lui reprochez-vous, chère Odille? n'est-elle pas accorte, riante?...

— Oh! voilà ce qu'il vous faut, à vous autres hommes! oui, riante!... Elle se moque de tout, même des papes et des évêques. La voit-on jamais prononcer le nom d'un saint, encore moins de la Vierge?... De la Vierge! oh! je crois bien que, pour celle-là, elle n'a pas le droit de l'invoquer. »

Nitard ricanant : « — Bon! vous croyez? Elle aurait, si jeune, perdu?... Après tout, ce ne serait pas un si grand malheur.

— Comment a-t-on pu accueillir une femme qui, je n'en doute pas, n'a consenti à rester dans notre ermitage que pour séduire le jeune Adalbert. La pauvre Adelinde ne s'en est que trop aperçue : la jalousie la dévore, la consume. Elle passe toutes ses nuits dans les larmes; voyez comme elle est changée! elle a perdu toute sa fraîcheur...

— Bah! vous pourriez croire, dit Nitard, que l'aventurière, comme vous l'appelez, voudrait se faire aimer de notre jeune?...

— Cela vous étonne d'une femme dont toute l'occupation est de plaire, de chercher à séduire! Des mains du vieux comte d'Andoc, n'est-elle pas tombée dans celles de ses fils? Et, après eux, que de braves Danois n'a-t-elle pas attirés, pour leur malheur, dans ses piéges?

— Mais si les circonstances où elle s'est trouvée étaient seules coupables? Tous ces hommes qu'elle a connus, elle ne les avait pas cherchés. Et puis, une femme ne peut-elle vivre près des hommes sans succomber? Vous, par exemple, vous me permettez de venir vous entretenir quelquefois la nuit; eh bien, où est le mal? Vous êtes sage, toujours sage.

— Moi, j'ai de la religion. Grâces à la sainte Vierge, et à ma patronne, qui ne succomba jamais aux plus attrayantes tentations, je me sens la force de résister...»

Nitard se prit à rire: « — Voilà bien ce que me disait ma religieuse florentine, cette bonne Pétronille, qui avait tant de confiance dans sa patronne. Et pourtant...

— Maladroit Nitard, vous m'avertissez du danger de nos entrevues.

— Eh! non. C'est un exemple que je vous propose de suivre! Faites comme Pétronille. Lorsqu'elle avait à se reprocher d'être tombée avec moi dans quelque faute involontaire, elle

s'en accusait à son confesseur. Elle en était quitte pour quelques *Ave* qu'elle avait à réciter de plus.

— Oui ; mais, dans cet ermitage, nous n'avons pas un confesseur ; et tous les péchés que je pourrais faire resteraient sur ma conscience.

—Comment, pas de confesseur ! Notre voisin, le vieil ermite, que visite si souvent Judith, a tout pouvoir de confesser et d'absoudre les pécheurs.

— Vous croyez?

— J'en suis sûr. Et comme je sais que vous aurez à lui conter une peccadille, dont vous prétendez que je vous ai rendue coupable hier, vous en coûterait-il plus d'y en ajouter une autre?... »

Il y eut ici un moment de silence. Puis, notre écouteuse entendit Odille qui disait :

« Non, je ne veux pas. Allez-vous-en, Nitard... Je ne vous recevrai plus. Parce que j'ai du plaisir à passer quelques heures avec vous, faut-il abuser de ma confiance?... Encore !... Vous êtes toujours le même. »

Godiva jugeant que la scène qui se passait dans la cellule ne l'intéressait plus en rien, rentra doucement dans la sienne, et se contenta de se mettre à sa fenêtre.

Il faut dire, pour que le lecteur n'ait pas

mauvaise opinion de notre dévote, que, peu d'instants après, Godiva vit Nitard sortir, et que même Odille semblait le pousser hors de la cellule. Quand il fut sur le seuil, il parvint à la prendre encore dans ses bras, et à lui donner même un baiser, dont le bruit vint frapper l'oreille de Godiva; mais la sévère dévote, s'échappant de ses mains, ferma brusquement la porte. Quelques minutes après, la lampe fut éteinte.

Godiva rentra dans son lit; mais, avant de s'endormir, elle se promit bien de saisir la première occasion qui se présenterait de se venger d'Odille, sans lui faire pourtant trop de peine. Son âme indulgente et douce ne s'ouvrait point aux passions haineuses; elle se sentait offensée, mais elle n'était pas irritée.

CHAPITRE XXV.

MARINA.

Et erit pro suavi odore fœtor, et pro zona funiculus, et pro crispanti crine calvitium, et pro fascia pectorali, cilicium.

Isaïæ III, 24.

« Plus de suaves odeurs sur elle, plus de tous ces parfums : une corde remplacera la ceinture qui comprimait sa robe; un cilice, le voile qui couvrait son sein ; un capuchon enveloppera ces cheveux où brillaient l'or et les pierreries. »

Le prophète Isaïe.

Dès le soir même, Godiva trouva l'occasion qu'elle cherchait de donner à Odille une leçon de morale sur la disposition qu'elle montrait toujours à mal interpréter les actions des autres, sur son penchant à la médisance.

A peine le souper était fini que Judith invita Godiva à continuer le tableau qu'elle avait commencé des mœurs de Rome la sainte.

« Rien ne me plaît plus, dit-elle, que de recueillir de nouvelles preuves de l'hypocrisie de

ces hommes qui se donnent comme les prédicateurs de la plus austère morale, et qui vivent somptueusement aux dépens des imbéciles qui croient à leur sainteté, à leur caractère sacré. »

Godiva répondit : « Je ne demanderais pas mieux que de vous obéir; mais, cette nuit, en repassant dans ma mémoire quelques prédictions que la malheureuse Hélène d'Andoc avait faites à mon sujet, j'en remarquai une que je ne pouvais éloigner de mon esprit :

« Le sort de Godiva sera d'être toujours mal
« jugée : ses actions les plus louables lui seront
« imputées à crime; elle sera bonne, naïve, con-
« fiante, et on la croira fausse et dissimulée; elle
« sera sage, pure, et on la traitera souvent comme
« la plus vile, la plus corrompue des femmes. »

«—Mais, observa Judith, c'est à peu près le sort de toutes les femmes aimables. Parce qu'elles ne sauraient se soumettre à d'absurdes préjugés, parce qu'elles ne sont point hypocrites, on ne leur croit point de vertus.

— Je ne le sais que trop, ma respectable protectrice; mais, comme il serait possible que, par mes derniers récits, j'eusse scandalisé quelques personnes scrupuleuses de notre société, permettez-moi de réparer le mal, en vous contant, ce soir, une histoire on ne peut plus édifiante; une histoire qui servira du moins à prou-

ver qu'il ne faut point juger par les apparences. »

En parlant ainsi elle regardait Odille, qui baissa la tête, et crut devoir faire tomber un peu plus son voile sur ses yeux.

« Soit! dit Adalbert ; montrez-nous qu'il ne faut jamais concevoir d'injustes soupçons. »

Et il regardait en dessous Adelinde, qui rougissait.

Voici l'histoire que conta Godiva, en tâchant de paraître plus sérieuse que de coutume.

MARINA* (histoire morale).

« Le feu, lorsqu'il est caché, comprimé, se manifeste plus ou moins tard, mais toujours par de violentes éruptions, par de vastes incendies. Brûle-t-il librement, en plein air, il échauffe doucement ceux qui s'en approchent ; au lieu d'être le fléau de la société humaine, il en est le bienfaiteur. Les hauts murs des couvents de filles, les grilles qui font de leurs cellules des cachots, peuvent bien comprimer en elles, pour quelque temps, le feu des passions ; mais, parvient-il à trouver une issue, il éclate avec plus de violence et de danger. Pour les femmes, au contraire, qui vivent dans le monde, au milieu

* Voyez la note XXXVII.

des hommes, leurs semblables, les passions sont comme ce feu qui échauffe, sans consumer, parce que aucun obstacle ne l'arrête, et qu'il peut librement se répandre.

« Veulent-elles, ces femmes du monde, bien plus raisonnables que les recluses, éprouver ce bonheur que l'on dit exister dans l'union de deux êtres qui se conviennent, qui s'aiment, elles font un choix dans les hommes qui les entourent, elles deviennent épouses et mères. Ne rencontrent-elles point l'être qui les rendrait heureuses, ou sont-elles dans l'opinion qu'on sera mieux accueilli de Dieu, dans l'autre monde, en y apportant sa virginité intacte, elles savent rester sages et chastes, au milieu des tentations de toute espèce, et doivent avoir, aux yeux de Dieu et des hommes, d'autant plus de mérite qu'il ne tiendrait qu'à elles, le plus souvent, de n'être ni chastes, ni sages.

« Ce fut d'abord parce qu'elle ne put posséder celui qui, seul, paraissait digne d'elle ; ce fut ensuite parce qu'elle crut faire une action méritoire et glorieuse, que la bienheureuse Marina, dont je vais vous entretenir, conserva toute sa vie sa virginité, ce trésor que l'on dit si précieux. Ma mère, dans sa jeunesse, avait connu l'héroïne de cette histoire qu'elle m'a souvent racontée.

« Eugénio, père de Marina, était un très-ri-

che habitant de Florence, fort adonné aux plaisirs. Resté veuf de bonne heure, il avait des maîtresses. L'une d'elles, celle qu'il aimait le plus, le trahissait. Il la surprit un jour dans les bras d'un autre, et, dans sa jalouse fureur, poignarda son rival. Revenu bientôt à lui-même, il pleura sur son crime; et, rongé de remords, il ne voulut plus habiter une ville qui lui eût toujours rappelé la perfidie de son amante, et la terrible vengeance qu'il en avait tirée; il ne rentra même pas dans sa maison, s'enfuit, et ne s'arrêta qu'à Rome.

« On venait de bâtir, près de l'antique Tibur, un nouveau et très-vaste monastère, que l'on cherchait alors à peupler de moines : Eugénio court à Tibur, et n'eut pas de peine à se faire admettre dans le couvent, car il avait sur lui beaucoup d'or, qu'il remit au prieur.

« Cependant Marina, à peine âgée de quinze ans, était restée seule à Florence, pouvant disposer de tous les biens de son père, comptant à son service un grand nombres d'esclaves des deux sexes. Elle ne parut nullement embarrassée de cette singulière situation. Sa maison continua d'être le rendez-vous de tous les hommes aimables et de toutes les femmes galantes de Florence. Les jeunes gens qui convoitaient sa fortune se pressaient autour d'elle, lui prodiguaient d'ingé-

nieuses adulations, ne négligeaient aucun moyen de lui plaire et de la séduire. Mais elle avait deviné leurs projets, et s'était bien promis, avant de se décider pour l'un d'eux, de connaître son caractère et ses mœurs. Son père avait été trahi dans ses amours; elle ne voulait pas avoir à supporter, comme lui, une perfidie. Elle riait avec tous ses amants, leur donnait à tous de l'espoir et n'en aimait aucun; car elle avait reconnu que l'un avait la passion du jeu, un autre celle des femmes; que celui-ci était avare, que celui-là était bourru. Enfin, dans chacun, elle trouvait un défaut essentiel. Elle eût préféré mourir fille au malheur d'épouser même le meilleur de tous ces prétendants.

« Un matin que, suivie d'une nombreuse escorte de jeunes cavaliers, elle parcourait, montée sur un cheval magnifiquement harnaché, les riantes plaines qu'arrose le fleuve qui traverse Florence, elle aperçut, sous des arbres qui bordaient la route des *Casinæ**, un jeune homme, très-simplement, mais proprement vêtu. Il tenait un livre à la main, et paraissait tout absorbé dans sa lecture. Sa taille était noble, sa figure pâle, ses grands yeux pleins de tendresse et de mélancolie. Il jeta un regard seulement sur les

---

* Voyez la note XXXVIII.

voyageurs, lorsqu'ils passèrent près de lui, et recommença aussitôt à lire. Marina, un peu choquée de cette indifférence, arrêta son cheval deux cents pas plus loin, et revint par le même chemin, pour revoir encore l'inconnu qui témoignait si peu de curiosité. Mais, en voyant s'avancer de nouveau cette multitude, il avait tourné le dos, et s'était enfoncé dans un bocage.

« — Voilà un singulier jeune homme! s'écrie Marina dans son dépit; on dirait qu'il nous fuit.

— C'est bien cela, lui répond un des cavaliers. On l'appelle à Florence *le Solitaire*, parce qu'on ne le voit jamais dans aucun lieu public.

— Et quel est-il? quel est son véritable nom?

— Ce qu'il est, on n'en sait trop rien ; mais j'ai appris qu'il étudiait les lois. Sans doute il se dispose à entrer dans la magistrature. Son nom est *Félix :* je ne lui en connais point d'autre. »

« Les traits de Félix étaient restés empreints dans l'âme de Marina : elle ressentait pour lui un intérêt qui lui paraissait à elle-même inexplicable. Était-ce seulement désir de le mieux connaître? mais pourquoi cette curiosité? Était-ce un commencement d'amour? mais à peine elle l'avait aperçu ! Quoi qu'il en fût, elle résolut de percer le mystère dont il enveloppait sa vie. Elle le fit suivre, épier. Les rapports de ses émissaires ne la satisfirent nullement. Que di-

saient-ils ? qu'il demeurait dans telle rue ; que personne n'entrait chez lui ; qu'il sortait rarement; mais que, lorsqu'il sortait, il ne rentrait pas, quelquefois, de toute la nuit.

« Cette dernière circonstance la frappa. Elle se dit à elle-même : « Je saurai où il passe ainsi ses nuits. » Et elle imagina de prendre un jour les vêtements d'une femme de village, et d'aller se poster presque en face de sa maison; elle avait sur la tête une corbeille pleine de fruits, qu'elle semblait avoir apportés de la campagne à la ville, et, lorsqu'elle s'arrêtait, elle s'asseyait sur une borne, comme pour se délasser un moment et reprendre bientôt sa route. Vers le soir, elle vit sortir Félix de sa maison, remit promptement sa corbeille sur sa tête, et le suivit par derrière, mais à quelque distance.

« Il traversa de longues rues, et arriva enfin à l'une des portes de la ville, en sortit, et s'arrêta près d'une maisonnette isolée et de peu d'apparence. Tirant une clef de sa poche, il en ouvrit, avec précaution et sans bruit, la porte, qu'il eut soin de bien refermer, en poussant en dedans les verrous. Marina s'approcha de la maisonnette, en fit le tour, ne vit aucune lumière, n'entendit aucun bruit et se décida enfin à se retirer. Elle rentra tristement chez elle, plus préoccupée, plus inquiète que jamais, et

presque jalouse; car elle ne doutait pas que l'inconnu Félix n'eût, dans cette maisonnette, une amie qu'il cachait à tous les yeux.

« Cette idée l'attrista. « Quoi ! disait-elle, le seul homme à qui j'aurais désiré de plaire, à qui j'aurais volontiers sacrifié la liberté dont je jouis, si j'eusse vu qu'il méritait mon estime, cet homme ne s'appartient plus à lui-même. Il a, sans doute, donné, promis fidélité ; et, si j'en juge par la loyauté empreinte sur tous ses traits, une simple promesse doit être pour lui autant qu'un serment au pied des autels. Je veux du moins connaître celle qui l'a subjugué ; le plaindre s'il a fait un mauvais choix ; me réjouir de son bonheur, si elle l'aime autant que je l'aurais aimé. »

« Après avoir formé plusieurs plans dans l'intention de satisfaire sa curiosité, elle n'en trouva point de plus simple que d'aller, quelque jour, frapper à la porte de la maisonnette, dont elle se rappelait si bien la position, et de demander à parler à celle qui l'habitait ; elle tenait en réserve une fable toute prête, qu'elle devait lui débiter pour excuser sa visite. La voilà donc, un matin, qui, suivie d'un seul domestique, sort de la ville, s'avance vers la maisonnette isolée.

« Quelle est sa surprise de voir, sur le seuil de

la porte, un cercueil couvert d'un drap noir! Un prêtre, assis près du cercueil, récitait à voix basse des prières. A ce spectacle, son cœur se serre ; elle s'approche timidement du prêtre, et lui demande, d'une voix émue, quelle est la personne pour qui il prie.

« Hélas! répond le prêtre, je l'ignore. On est venu nous avertir ce matin, à l'église, que des passants qui avaient remarqué que la porte de cette maison, toujours fermée jusque là, se trouvait ouverte, étaient entrés dans l'intérieur ; qu'ils y avaient vu, étendue sur son lit, morte et déjà froide, une pauvre jeune femme. Aucun coup, aucune altération dans ses traits, n'annonçaient qu'elle eût péri de mort violente. L'église lui doit la sépulture : je suis venu, je l'ai fait mettre dans cette bière. Mes recherches dans la chambre qu'elle habitait ne m'ont rien appris, ni sur sa patrie, ni sur son rang dans la société. Ses meubles étaient propres et élégants, ses vêtements riches ; j'ai trouvé dans une cassette beaucoup de bijoux, dont nous ornerons nos autels ; et, dans une large bourse, beaucoup d'or qui nous servira à augmenter le nombre des soupes que nous distribuons, chaque jour, sur les marches de notre église. Je ne saurais vous en dire plus. »

Marina s'en retourna plus tourmentée, plus inquiète qu'elle n'était venue.

« Mais que l'on juge de son chagrin lorsque, le soir même, elle entendit les jeunes gens qui, suivant l'usage, s'étaient réunis chez elle, annoncer que le jeune solitaire n'était point rentré chez lui depuis deux jours et deux nuits; que l'on ne savait ce qu'il était devenu; que, s'il fallait en croire un bruit qui courait dans Florence, le malheureux jeune homme, dégoûté de la vie, s'était précipité dans l'Arno. A ce récit, Marina frémit, soupira, et une larme vint humecter sa paupière.

« Oh! sans doute, se dit-elle, après avoir perdu celle qu'il aimait, il n'aura trouvé de remède à son désespoir que dans la mort. Qu'il m'eût été doux de verser dans une âme si sensible le baume de la consolation!... »

« Pendant quelques mois encore elle s'occupa de son inconnu, elle prêtait la plus vive attention à tout ce qu'on disait de lui. Mais on cessa bientôt d'en parler; elle-même ne conserva plus du beau et malheureux Félix qu'un vague et mélancolique souvenir. Ce petit épisode n'apporta, dans sa vie accoutumée, aucun changement. Marina continua de réunir autour d'elle beaucoup d'amants, de se livrer à la dissi-

pation, aux amusements de toute espèce, et pourtant de rester sage.

« Son père était absent depuis cinq années : on n'y pensait plus dans Florence. Comme il n'avait, depuis sa fuite, donné de lui aucune nouvelle, on le regardait comme mort. Marina elle-même désespérait de le revoir jamais. S'ennuyant à Florence, où ses adorateurs la persécutaient pour qu'elle se décidât entre eux, elle avait résolu de voyager et se disposait à passer d'abord en Sicile.

« Mais un jour, un de ses esclaves entra, de très-grand matin, dans la chambre où elle reposait, la réveilla et lui dit qu'un vieillard couvert d'une longue robe blanche de religieux, et de l'aspect le plus vénérable, demandait à lui parler sans témoins. Marina devine aussitôt que c'est son père qui va se présenter sous ce déguisement. Elle se lève précipitamment, s'enveloppe d'une longue mante et donne ordre qu'on introduise le vieillard. A peine elle le voit qu'elle le reconnaît à sa démarche ; elle ne pouvait apercevoir ses traits, car un large capuchon cachait sa figure.

« Quand elle se vit sans témoins, elle s'élança dans les bras de son père :

« Nous sommes seuls, lui dit-elle, ô mon père ; vous n'avez point à craindre d'être re-

connu. Quittez votre déguisement; montrez-vous à votre fille, tel qu'elle vous a vu autrefois.

— Ce n'est point sous un déguisement, ma fille, que je viens près de toi, dit Eugénio en relevant son capuchon et montrant son visage. Cette robe, désormais ton père la portera toujours : j'ai fait vœu de vivre dans un cloître, de renoncer au monde.

— Eh quoi! mon père, vous abandonnerez encore votre fille! il faudra qu'elle reste encore seule, sans appui, au milieu de ce monde qui n'a plus d'attraits pour vous, et qui en a bien peu pour elle.

— Non, dit Eugénio; si Marina m'aime, et si elle a du courage, elle pourra me suivre, et nous ne nous quitterons jamais. »

« Eugénio, lisant de la surprise dans les yeux de sa fille, lui dit : « Je vais me faire mieux comprendre; écoute. »

« Et alors il lui raconta que les remords l'avaient conduit dans un couvent près de Rome; qu'il y avait trouvé le repos; mais que le regret d'avoir quitté sa Marina, exposée à tous les dangers dans l'âge de l'inexpérience, empoisonnait sa vie.

« Un jour du mois dernier, ajouta-t-il, le supérieur du couvent, s'étant aperçu de ma continuelle tristesse, m'en demanda la cause. Je lui

avouai que je regrettais d'avoir laissé, sans guide, sans tuteur, un enfant chéri que le ciel m'avait donné. Il crut que je parlais d'un fils; car il me répondit : « Eh! que n'allez-vous cher-
« cher cet enfant? il vivra quelque temps dans
« notre maison. Qui sait s'il ne s'y plaira pas,
« s'il ne voudra point rester avec nous. C'est
« ainsi que vous pourrez redevenir heureux, et
« que vous aurez le mérite d'avoir procuré un
« sujet de plus à l'Église. » J'ai profité de la méprise du supérieur. Le désir de te serrer encore une fois dans mes bras m'a fait accepter la permission qu'il me donnait de retourner dans ma patrie. Mais, le dirai-je? en partant, je lui ai promis, par serment, de ramener avec moi mon enfant.

— Par serment, mon père! Comment ferez-vous pour obéir ?

— Rien de plus facile, si ton cœur est libre; si aucun lien trop fort ne t'enchaîne à ce monde, qui fait payer bien cher les fausses joies qu'il procure; si enfin tu as quelque affection pour ton père.

— Mon père, répondit-elle, je suis si peu attachée à ce monde, qui m'est aussi odieux qu'à vous, et mon cœur est si tranquille, si libre, que, pour dissiper mes ennuis, j'allais partir pour un long voyage.

— Eh bien ! dit Eugénio transporté de joie, ce voyage, nous le ferons ensemble.

— Vous ne comptez donc plus rentrer dans votre couvent ?

— Au contraire, reprit Eugénio ; je veux, je dois y être de retour dans huit jours au plus tard ; mais tu y entreras avec moi ; tu pourras y vivre dans la chasteté, près de ton père, au milieu de tous nos saints cénobites. Il te faudra seulement quitter tes habits de femme. »

« Marina l'écoutait avec étonnement ; et lui, après l'avoir attentivement considérée, reprit :

« Ta taille est haute, élancée ; tes traits, d'une parfaite régularité, n'ont rien qui annonce la faiblesse ; ils n'ont point cette fade blancheur des traits de ces femmelettes élevées dans la mollesse, et qui dédaignent les exercices chéris des hommes. Tu paraîtras un jeune et beau garçon.... Eh bien ! Marina, répugnes-tu à me suivre ? »

« Elle réfléchit un moment ; puis, elle dit en riant :

« Je cherchais des aventures ; l'occasion est trop belle, pour que je ne la saisisse pas. Mon père, disposez de moi. Quand faut-il abdiquer mon sexe ? »

« Eugénio l'embrassa.

« Dès le lendemain, Marina donna la liberté à

tous ses esclaves et les congédia. Elle recueillit autant d'argent qu'il lui fut possible, et chargea une personne sûre, en qui elle avait confiance, de la gestion de ses biens.

« Dans la nuit du même jour, Eugénio coupa lui-même la longue chevelure noire de sa fille, affubla sa tête d'un large capuchon, l'enveloppa ensuite d'une ample robe blanche semblable à la sienne; et, dès que le soleil parut, tous deux quittèrent la maison et, chacun son bâton à la main, prirent le chemin de Rome.

« Leur voyage fut long. Eugénio, craignant de trop fatiguer sa fille, s'arrêtait, tous les soirs, après huit à dix milles de marche, dans quelques-uns des monastères que l'on rencontre partout sur la route. Ils y étaient toujours parfaitement accueillis; et le père Eugénio voyait avec plaisir que, nulle part, la jeunesse, la beauté de sa fille ne faisaient naître aucun soupçon. On la regardait bien avec intérêt, mais comme un très-joli novice; et on félicitait le père du bonheur qu'il avait eu d'acquérir pour l'Église ce charmant néophyte.

« Ce fut ainsi que, de couvent en couvent, nos voyageurs arrivèrent à Rome, et de là à Tibur, où ils furent reçus avec de grandes démonstrations de joie par le supérieur du couvent. Ils apportaient beaucoup d'or; et le jeune

frère Marin (ce fut le nom qu'Eugénio donna à sa fille) avait une *figure de chérubin*, comme disait le supérieur, en promenant une main caressante sur les joues fraîches de Marina, qui rougissait.

« On eut soin de donner à *frère Marin* une cellule tout près de celle de son père. Celui-ci profitait de tous les moments de liberté que lui laissait un emploi important qu'il exerçait dans le monastère, pour donner à sa fille de sages avis sur la conduite qu'elle avait à tenir dans la maison. Il était devenu très-religieux, et surtout très-zélé pour les intérêts et la gloire de l'Église en général : le trône pontifical n'avait point de sujet plus fervent, plus dévoué.

« Aussi fut-il honoré d'une mission importante. On le chargea d'aller installer quelques centaines de moines dans un nouveau couvent qu'on venait d'élever sur les ruines d'un temple antique, près d'*Anxur* (1), au milieu des marais Pontins. Il fut donc obligé de quitter sa fille; mais il partit sans inquiétude, parce qu'il espérait que ses fonctions ne le retiendraient pas loin d'elle plus de deux mois; que, bientôt, il pourrait la rejoindre.

« Le ciel en avait décidé autrement. A peine

---

* Terracine.

le père Eugénio était-il arrivé au milieu des marais qu'il fut pris d'une fièvre violente, qui, en peu de jours, le conduisit au tombeau. En apprenant cette fatale nouvelle, Marina se sentit défaillir. Elle avait peu connu son père, et ne pouvait guère avoir pour lui une très-vive affection; mais combien ne lui était-il pas nécessaire, dans l'embarrassante situation où elle se trouvait pour s'être trop facilement soumise à ses volontés!...»

Un incident de très-peu d'importance vint interrompre le récit de Godiva : Nitard éternua; et, dans le mouvement qu'éprouva tout son corps, une grosse noix s'échappa brusquement de son sein, et vint rouler sur le plancher. La noix était entourée de cordonnets roses et bleus qui, entrelacés avec beaucoup d'art, formaient sur les coques une espèce de chiffre. Adelinde, aux pieds de qui la noix s'était arrêtée, la ramassa, et, sur le désir que témoigna Judith d'examiner le bijou, ne put se dispenser de le lui remettre.

« Ah! sans doute, dit Judith en considérant la noix et la retournant dans ses mains, c'est là un don d'amour. Quoi! Nitard, vous ne vous réformerez donc point? vous resterez toujours

un coureur d'aventures? Je ne veux pas savoir, et vous ne devez pas nous dire quel est l'objet...»

Judith tendait en même temps la main, pour rendre à Nitard sa galante noix; mais elle lui échappa, et la voilà une seconde fois sur le plancher. Cette fois, la chute fut moins douce; la noix s'ouvrit, et chacun put voir qu'elle contenait, dans une de ses coquilles, une brillante médaille d'or.

« Ah! dit étourdiment Adelinde, je la reconnais, cette médaille; c'est celle que le feu roi Charles-le-Chauve...»

Elle n'acheva pas, car déjà elle se repentait d'avoir parlé. Elle jeta les yeux sur Odille qui, confuse, la mort dans l'âme, était fort heureuse d'avoir baissé son voile pour cacher son embarras et sa rougeur.

Nitard, recueillant avec soin les débris de la noix, dit avec le plus grand sang-froid :

«Cette médaille a été autrefois bénie par l'évêque actuel de Paris. C'est un spécifique contre les maux de tête....

— Mais non contre les maux du cœur, » dit malignement Godiva.

C'était une méchanceté : toute l'assemblée se prit à rire.

Judith, toujours portée à excuser les fautes

qui ont pour cause l'amour, souffrait de l'humiliation que semblait éprouver Odille.

« Ma chère Godiva, dit-elle gravement, j'exige que vous acheviez votre histoire. N'avez-vous pas annoncé qu'elle servirait à prouver qu'il ne faut jamais croire aux apparences ? C'est bien le moment d'en appliquer la morale. »

Godiva demanda quelques instants pour se recueillir et mettre de l'ordre dans ses idées.

Pendant ce temps le calme se rétablit dans la société, et l'on ne s'occupa plus de la noix de Nitard.

CHAPITRE XXVI.

LE VOEU DE CHASTETÉ.

Frænare carnem non potes?
Accedas; et vinum bibes
Quo germinantur virgines.
              Alleluia!

« Ne pouvez-vous dompter la chair ? Approchez ;
venez boire d'un vin qui produit des vierges. —
Gloire à Dieu ! »
              Ancienne Prose en l'honneur de la Vierge
              (dans les *Heures* du diocèse de Paris).

SUITE DE L'HISTOIRE DE MARINA.

Godiva reprit ainsi :

« Nous avons laissé, au milieu d'une troupe de moines, la jeune Marina pleurant la mort de son père. Elle ne manqua point de consolateurs. Tous les novices aimaient frère Marin. C'était à qui viendrait le visiter dans sa cellule : ils tâchaient tous de le distraire par les propos les plus gais, les histoires les plus plaisantes.

« Peu à peu Marina prit goût à leur société,

et partageait naïvement leurs jeux. Bientôt elle les suivit, aux heures de récréation, dans le jardin où ils se livraient à toutes sortes de bruyants exercices. Comme eux, elle disputait le prix de la course, du ballon, même de la lutte. Au bout de quelques mois, frère Marin avait presque oublié qu'il était fille.

« Tout ce qui l'embarrassait quelquefois, c'étaient les confidences que lui faisaient certains jeunes novices de leurs aventures amoureuses. Tantôt, l'un d'eux lui racontait qu'il y avait une dévote dans la maison voisine de l'église, qui s'était résignée à subir, de sa main, des pénitences... qui n'étaient rien moins que des pénitences pour lui qui les infligeait; et il baisait avec ardeur, en parlant ainsi, l'instrument du supplice de la dévote, l'instrument qui avait souvent changé en roses purpurines les lis répandus à foison sur tout son corps. Tantôt, c'était un autre novice qui lui confiait qu'un jour, en allant chercher les provisions du couvent, il avait rencontré, dans un bosquet, une fraîche villageoise qui lui avait demandé sa bénédiction; que, pour salaire, il lui avait ravi un prétendu trésor que jamais il ne pourrait lui restituer. Ces confidences, et d'autres que je n'oserais répéter, faisaient rougir la chaste Marina, la scandalisaient, et, toutefois, lui causaient

une émotion qui, jusqu'alors, lui avait été inconnue.

« Sa pudeur eut à supporter une plus rude épreuve. Le supérieur lui signifia l'ordre, comme au plus jeune des novices, d'aller donner des soins au révérend père Timothée, sacristain du couvent, retenu au lit par une grave maladie, et de ne le laisser seul ni le jour ni la nuit. Il fallut obéir.

« En entrant dans la cellule du père Timothée, Marina fut frappée de la beauté de son malade. C'était un moine d'une trentaine d'années, dont les grands yeux noirs lui rappelèrent certains yeux qu'elle avait remarqués à Florence, et dont le regard doux, mélancolique, n'était point encore effacé de son esprit. Que dis-je ? le père Timothée ne lui parut pas ressembler à Félix par les yeux seulement, mais par tous les traits, par tout l'ensemble de sa personne. Il lui fallut quelque effort sur elle-même pour dissimuler le saisissement qu'elle éprouvait.

« Une fièvre lente, mais peu douloureuse, semblait consumer père Timothée : on eût dit que le mal tourmentait bien plus son esprit que son corps. Quoiqu'il parût continuellement absorbé dans ses idées, il remarqua pourtant avec quel empressement le servait le jeune frère commis à sa garde ; avec quelle précaution il

lui soulevait la tête pour qu'il pût boire, avec moins de fatigue, les potions que l'on avait préparées pour lui ; comme il les approchait de ses lèvres, en l'invitant d'une voix douce à surmonter la répugnance que lui inspirait leur amertume ; avec quelle active prévoyance il se hâtait de replacer sur son corps les couvertures, que, dans l'ardeur qui le dévorait, il rejetait souvent hors de son lit.

« — Bon jeune homme ! lui disait quelquefois le père Timothée en laissant tomber sur Marina un œil reconnaissant, d'où peut venir l'intérêt que vous me témoignez ?... Pourquoi vouloir que je vive ? Je n'attends plus sur la terre ni repos, ni bonheur. N'ai-je pas perdu tout ce qui m'attachait à la vie !

— Mon père, répondait Marina d'une voix attendrie, quels que soient vos malheurs que j'ignore, croyez qu'ils auront un terme. La Providence divine, m'a-t-on dit, envoie à l'improviste des consolations aux malheureux, alors même qu'ils ont perdu toute espérance. »

« Le père témoignait son incrédulité par un signe négatif de la tête, qu'il laissait ensuite retomber sur sa poitrine.

« Cependant, les jours, les nuits s'écoulaient, et le père Timothée ne recouvrait point la santé. Un soir, il éprouva même de très-vives souffran-

ces, et dit au jeune frère, qui ne l'avait pas quitté jusque-là d'une heure seulement :

« Je sens qu'une crise approche ; elle peut m'être fatale. Vous qui m'avez montré tant d'affection, de zèle, écoutez. Si, cette nuit, la mort vient terminer mes maux, j'attends de vous un dernier service. Aussitôt que j'aurai cessé de respirer, vous détacherez de mon corps une large ceinture qui l'entoure : elle contient, d'un côté, quelques anneaux d'or, et un portrait gravé sur une pierre précieuse ; de l'autre, une petite boîte de saphir, dans laquelle vous trouverez une plaque d'ivoire, où sont écrits deux noms par des mains différentes. Vous garderez tout cela comme un gage de l'amitié que vous m'avez inspirée. Hélas ! c'est tout ce que peut vous laisser le pauvre père dont vous avez adouci les derniers moments. »

« Marina répondit en sanglotant : « Je vous obéirai. »

« Peu après, l'état du père Timothée devint plus alarmant. Ses yeux brillèrent d'un éclat inaccoutumé ; sa respiration était courte ; sa poitrine paraissait oppressée ; sa tête s'embarrassa ; il prononçait, tantôt avec force, tantôt d'une voix faible ou rauque, des phrases sans suite ; quelquefois, il riait d'un rire éclatant ; plus souvent, il pleurait, gémissait.

« Une fois, Marina l'entendit sé'crier : « Je te vois, ma Thélésina, tu m'appelles. Oh! que tu es belle encore! Attends, je te rejoins, je cours.» Bientôt après, une expression d'horreur se peignit sur ses traits. « Non! non! je le vois derrière toi, ton orgueilleux père. Il me menace. Non! je n'irai pas. » Puis, il reprenait un air ironique : « Je me ris de ta colère, infâme Morosini; elle est à moi, malgré tes gardes, tes esclaves : j'ai bravé leurs épées; regarde-la dans mes bras, sur mon sein. Mais... oh! Dieu!...»

« Alors, il jeta un cri effrayant, son corps se roidit, et ses yeux se fermèrent.

« Marina le crut mort; elle tendit les bras vers le ciel, et tomba sur le lit, étouffée par les sanglots. Elle prit ensuite, pour l'arroser de ses larmes, une de ses mains, et fut surprise d'y trouver quelque chaleur. « Respirerait-il encore? se dit-elle; et glissant une main sous le drap qui le couvrait, elle la porta sur son cœur, qu'elle sentit battre, mais faiblement et d'un mouvement inégal : « Serait-il possible, reprit-elle, qu'il revînt à la vie?... Je vais prier Dieu de toutes les forces de mon âme. »

« Et elle se lève, puis se prosterne à terre devant le lit.

« Jésus, miséricordieux Jésus, s'écria-t-elle, et « vous, sa digne Mère, recevez le vœu que je fais,

« comme si je le prononçais au pied des autels :
« je jure de garder, toute ma vie, cette virginité
« qui a tant d'attraits pour vous, si l'homme qui
« est étendu là, sur cette couche, reprend ses sens,
« recouvre la santé. Je passerai tout le reste de
« mes jours près de lui, comme une sœur près
« d'un frère. Je l'aimerai peut-être, mais d'un
« amour chaste et pur. Sans cesse ensemble, nous
« vous prierons, nous vous invoquerons. Oh! ren-
« dez-le à la lumière, pour prix du sacrifice libre et
« sincère que je vous fais, doux Jésus et Vierge
« sans tache, de tous les plaisirs que je pouvais
« me promettre dans ce monde. Qu'il vive! et je
« me livre à vous tout entière, et me consacre
« pour toujours à vous honorer, à vous servir. »

« A peine elle finissait cette fervente prière, qu'elle crut remarquer quelque mouvement sur le lit.

« Oh! comme elle fut heureuse, quand elle vit Timothée se soulever à demi et, sans efforts, se mettre sur son séant! Le calme régnait sur tous ses traits; ses premières paroles furent :

« Oh! pourquoi sitôt disparaître, vous qui m'apportiez la santé! ne pourrais-je vous rete-nir? » Et il tendait les bras comme pour saisir quelque objet qui lui échappait.

« Il jeta ensuite autour de lui des regards étonnés; et quand il aperçut Marina qui était res-

tée à genoux, la bouche entr'ouverte, les mains levées vers le ciel :

« J'ai dormi bien long-temps, n'est-il pas vrai, mon jeune ami ? mais qu'il était doux, le rêve qui occupait ma pensée ! C'est vous, ou du moins c'était une femme qui avait vos traits, votre voix, que j'ai vue descendre du ciel; vêtue d'une longue robe blanche, elle tenait dans ses bras un enfant nu, comme dans les statues de nos églises; son sein était découvert, comme dans nos statues encore; mais qu'il était d'une bien plus belle forme, d'une blancheur plus éclatante ! Elle s'est penchée vers moi, et approchant de ma bouche un de ses seins, qu'elle pressait doucement d'une main : « Bois, disait-elle; bois la santé, la vigueur, la vie. » Mes lèvres ont saisi avec avidité l'attrayant objet qui venait les caresser, et j'ai senti couler aussitôt dans tous mes membres avec la divine liqueur une ineffable volupté. Il n'est aucune partie de tout mon être qui n'ait participé à l'extase que j'éprouvais. Un doux calme a succédé à ce ravissement. Mais, déjà ma divine nourrice n'était plus penchée sur ma couche; je l'ai vue reprendre le chemin du ciel. Elle m'a dit de loin, en souriant comme vous souriez, mon frère : « Tu es guéri; lève-toi et marche. » C'est alors que je me suis réveillé[*]. »

[*] Voyez la note XXXIX.

« Pendant tout ce récit, Marina pleurait de joie. « Oh! sainte Mère du Sauveur, disait-elle tout bas, tu m'as donc exaucée! Que je te rends de grâces! Oui, oui, je tiendrai ce que j'ai promis : je serai fidèle à ton culte, à celui de ton Fils. »

« En vérité, disait Timothée en agitant tour à tour ses bras et sa tête, je n'eus jamais plus de vigueur! Elle m'a dit : *Marche !* marchons. »

« Il sauta aussitôt sur le plancher, et Marina le regardait avec admiration parcourir à grands pas sa cellule, s'asseoir, se lever, et recommencer à marcher.

« Je me sentirais, disait-il, le courage et la force d'aller, à l'instant même, et sans m'arrêter, dans les bois; de gravir les monts sourcilleux qui environnent Tibur. »

« Le subit rétablissement du père Timothée fit grand bruit dans la communauté. On ne manqua point de répandre, dans toute la ville de Tibur, que le miracle avait été opéré par la vertu des reliques de sainte Symphorose, que l'on venait, tout récemment, de trouver dans la grotte qu'elle avait si long-temps habitée, près de Tibur, avec ses sept fils; et, dès lors, tous les malades de la contrée firent apporter des offrandes dans la chapelle où l'on avait déposé ces reliques, et payèrent pour que l'on y célébrât des messes, et

qu'on y chantât des *oremus*. La sainte reçut ainsi les hommages qu'on devait bien plutôt, ce me semble, à la Vierge ; mais les reliques étaient nouvelles, il fallait leur faire une réputation.

« La reconnaissance du père Timothée envers l'aimable gardien qui l'avait soigné pendant sa maladie, fut sans bornes. Il sentait pour lui une si vive affection qu'il ne le quittait pas sans regret, et qu'aussitôt qu'il avait vaqué aux exercices religieux et à ses devoirs de sacristain, il revenait passer des heures entières dans la petite cellule de son *sauveur;* car il l'appelait souvent ainsi. Là, il lui donnait des leçons de grammaire, de théologie, et se montrait toujours surpris des rapides progrès de son élève. Quelquefois, pour le récompenser, disait-il, de son application, il baisait ses fraîches joues, serrait avec ardeur son corps contre le sien. Ces vifs transports ne déplaisaient pas à Marina, mais l'embarrassaient extrêmement : en effet, Timothée ressemblait tant au seul homme pour qui elle eût éprouvé autrefois un véritable penchant, que, lorsqu'elle se trouvait doucement pressée dans ses bras, elle ne pouvait se défendre d'une très-vive émotion, se sentait presque défaillir.

« Un jour elle lui dit : « Mon père, n'avez-vous jamais eu de parent qui ait voyagé en Toscane? J'ai vu, il y a cinq à six ans, à Florence,

ma patrie, un jeune homme nommé Félix, qui avait presque tous vos traits, votre taille même.... »

« A ce nom de Félix, le père Timothée ne put s'empêcher de tressaillir. Puis, baissant la tête et mettant une main sur ses yeux, il parut réfléchir sur ce qu'il devait répondre; mais, relevant soudain la tête et regardant Marina :

« Pourquoi dissimulerais-je avec vous ? Ne méritez-vous pas toute ma confiance? C'est moi qui étais Félix. »

« A ces mots, Marina fut extrêmement troublée. Le père s'en aperçut.

« Sans doute, ajouta-t-il, comme toute la ville de Florence, vous avez cru que j'avais péri dans les flots. Mais je vis... pour le malheur, » dit-il d'une voix altérée. « Frère Marin, apprenez par mon exemple, par ce que je vais vous confier, combien il est dangereux de se livrer à la fougue des passions, et aussi, combien on se repent quelquefois, dans l'excès du malheur, de fermer son cœur à tout espoir, de fuir pour toujours la société des hommes, et de renoncer surtout à l'amour, ce grand consolateur de la vie. Vous allez me connaître. Vous saurez, et pourquoi je vivais à Florence dans une si grande solitude, et pourquoi je porte cette robe que je ne puis

plus regarder aujourd'hui sans douleur et sans effroi.

« C'est à Venise que j'ai vu le jour, dans cette ville déjà puissante, quoique assez nouvellement sortie des eaux de l'Adriatique. Elle n'obéit point à des rois, mais à douze anciennes familles qui s'y sont emparées du pouvoir. Seules, elles ont le droit d'élire un chef qui, sous le nom de *doge*, gouverne, ou plutôt, semble gouverner la république. Un grand nombre de familles, nobles aussi, obéissent, non sans murmure, à ces orgueilleux maîtres.

« J'étais né dans cette seconde classe de nobles, et mes parents m'avaient élevé avec beaucoup de soin. Je me croyais bien le droit de prétendre à l'alliance d'une des premières familles de l'État : aussi, étant devenu amoureux de Thélésina, fille d'un Morosini, l'un des douze électeurs ou tribuns, j'allai franchement la demander à son père. Je ne puis vous peindre avec quel mépris il accueillit ma demande. Mais j'étais aimé de Thélésina, plus que je ne l'aimais peut-être ; elle fut encore plus sensible que moi à l'affront que j'avais reçu de son père ; et, la première, elle me proposa de me suivre partout où je voudrais la conduire.

« Une nuit, elle sortit par une porte secrète

du palais de son père, emportant avec elle tout ce qu'elle avait de plus précieux. Je l'attendais. Quand le jour parut, nous n'étions déjà plus dans les états de Venise. Mais notre voyage fut pénible ; car, fuyant les routes fréquentées, il nous fallut traverser les Apennins, en suivant des sentiers à peine tracés sur les montagnes. Chaque soir, nous demandions l'hospitalité dans quelque chaumière ; et, lorsqu'il ne s'en offrait aucune à nos regards, il fallait chercher un asile dans un antre ou dans les ruines de quelque antique monument. Eh bien ! j'étais heureux, puisque je pouvais presser ma Thélésina sur mon sein. Elle-même ne se plaignait jamais de ses fatigues ; mais, je ne le voyais que trop, son courage surpassait ses forces ; l'amour seul la soutenait, lui faisait oublier, et l'ardeur du soleil pendant le jour, et la froide humidité des nuits.

« Enfin, nous arrivâmes aux portes de Florence, et j'eus le bonheur de lui trouver un asile hors de la ville, dans une maisonnette qu'on me céda, pour une année, moyennant une assez forte somme. Pour moi, d'après le conseil de mon amie, j'allai, dès le lendemain, me loger dans la ville même, sous un faux nom, comme étudiant en jurisprudence. Je passais tout le jour dans les écoles, sans me lier avec

aucun de mes camarades; mais, dès que la nuit venait, j'allais secrètement retrouver ma Thélésina, la consoler de sa solitude. Oh! que les nuits coulaient rapidement pour moi auprès d'elle, ou dans ses bras! Que je méritais bien le nom de *Félix*, qu'elle-même m'avait donné!

« Tant de bonheur dura peu. Les fatigues de son voyage dans les Apennins, sa vie solitaire, les inquiétudes, les chagrins inséparables de la position où l'avait placée son amour pour moi, eurent une influence fatale sur sa santé, jusqu'alors si florissante. Je la voyais dépérir de jour en jour. En vain, je voulais la distraire; en vain, je voulais la conduire dans quelque autre pays.

« Ici, me disait-elle, l'air est pur, le climat tempéré : où pourrais-tu en trouver un plus favorable? Ne m'éloigne pas plus de ma patrie, de ma famille; j'éprouve quelque douceur à penser que je n'en suis séparée que par des montagnes; que je pourrais les franchir en deux jours... Mais tant de bonheur n'est pas sans doute réservé à la pauvre Thélésina!...»

« Elle s'obstina à rester; et, une nuit (ô nuit fatale!), je la vis s'éteindre dans mes bras, comme la lampe qui a consumé tout l'aliment auquel elle devait son éclat.

« Je sortis, désespéré, de la maison où elle venait de mourir, sans songer aux derniers de-

voirs que j'aurais dû rendre à ses restes. Je marchai, j'errai sans but, pendant plusieurs jours, ne prenant nulle part de nourriture. J'aurais voulu mourir. Un moine de ce couvent me trouva sur la route, couché sur le sable, évanoui, respirant à peine. Il me prodigua des secours, et se hâta de me conduire à son monastère.

«Je me consacrai volontiers à la vie religieuse, qui me parut un avant-goût de la mort. On reconnut en moi quelque aptitude, des connaissances que ne possèdent pas toujours les hommes qui se réfugient dans la solitude des cloîtres; et bientôt on m'éleva, sans que je l'eusse ni demandé, ni désiré, aux plus importants emplois du monastère. Je jouis, au milieu de mes compagnons d'esclavage, d'une assez grande autorité, et de la considération que procure un peu plus de savoir parmi des ignorants.

«Mais, ô mon jeune ami, n'allez pas croire que j'aie trouvé la paix, le bonheur, et profitez de ce qui me reste à vous dire. L'image de Thélésina mourante, morte, s'effaça insensiblement de ma mémoire, ou du moins n'y laissa plus une impression de terreur, ni même de tristesse; la nature reparut à mes yeux, belle, riante, et mes sens se réveillèrent, et les pensées d'amour, et les vagues désirs vinrent remplir et

tourmenter mon âme, tout mon être. La nuit, le souvenir des plaisirs que j'avais goûtés près d'une douce compagne excitait en moi un trouble, une fièvre que le sommeil même ne pouvait calmer : au milieu de songes voluptueux, je m'éveillais ivre d'un plaisir auquel succédaient le regret, le remords. Le jour, tout ce qui s'offrait à ma vue allumait encore plus le feu qui me dévorait : je regardais, plongé dans une espèce d'extase, les tableaux de nos églises où l'on a représenté celle qui devint la mère de notre Sauveur, recevant le divin germe qui devait croître dans son sein : ses yeux demi-fermés, sa bouche entr'ouverte, me rappelaient d'autres yeux, une autre bouche ; et, lorsque je la voyais, dans quelque autre peinture, ouvrant sa robe, découvrant un sein de la plus belle forme, en approcher un enfant demi-nu, qui le pressait de ses petites mains, à peine pouvais-je m'empêcher de m'élancer sur ces séduisants objets, d'y coller mes lèvres enflammées. Oui, mon frère, tous les tourments qu'ont éprouvés, dans leur solitude, les Pacôme, les Antoine et les Augustin, je les ai ressentis plus violents, plus inguérissables encore ; et je n'avais pas, comme eux, la triste consolation d'en attribuer la cause à cet éternel ennemi des hommes, à cet esprit malin, qui se fait un plaisir de tendre conti-

nuellement des piéges sous nos pas; car je me disais : « Ces désirs ne peuvent être des crimes ; « c'est Dieu même qui a donné une compagne à « l'homme, parce qu'il s'est aperçu qu'il n'était « pas bon que l'homme restât seul. Le crime est « donc d'éloigner, de séparer l'homme de sa « compagne, que Dieu a formée pour lui. Si je « souffre, c'est de cet isolement, de cet état « contre nature. »

« Et je prenais alors en horreur, et les couvents, et les moines, et la religion elle-même.

« Ces ennuis, les continuelles angoisses de mon esprit, m'ont causé cette maladie, cette fièvre que vos prières, et surtout votre présence, ô mon frère, ont si miraculeusement guérie. Quand je vous vis, la première fois, entrer dans ma cellule, approcher de mon lit, il me sembla qu'un ange consolateur était descendu du ciel pour me visiter; que Thélésina avait pris vos traits si doux, si expressifs ; qu'elle s'était vêtue de ces tristes habits de moine pour revoir, encore une fois, son ami mourant. Il me semblait que, de toutes les parties de votre corps, de tout votre être, s'exhalaient de suaves parfums, que je respirais avec une espèce de volupté, et qui, en circulant dans mes veines, y rappelaient la santé, la vigueur. Je m'étonnais que vous ne fussiez pas de la race des esprits célestes, ou de

cette autre espèce d'anges que l'on nomme des femmes.

« Un jour, frère Marin, lorsque le temps aura ombragé d'un léger duvet vos fraîches joues, vous les connaîtrez ces ravissantes créatures, et ne pourrez vous empêcher de sentir l'attrait invincible qui nous porte vers elles, comme le fer vers l'aimant. Oh! puisqu'il en est temps encore, gardez-vous de prononcer des vœux qui vous éloigneraient à jamais de cet autre sexe, de cette moitié de nous-mêmes que, sans doute, vous ne connaissez point encore. Vous ne prévoyez pas, vous ne pouvez prévoir tous les maux qui sont la suite de toute résistance aux ordres, aux lois de la nature. Ou l'on parvient à triompher de ses penchants, de ses désirs, et alors la victoire coûte le bonheur de la vie; ou, comme la plupart des moines, nos confrères, on réussit à séduire de jeunes pénitentes, de crédules épouses, et à de courts instants de plaisir succèdent des années de regrets et de remords.

« En vous conseillant, mon cher Marin, de quitter cette solitude, dès que vous commencerez à sentir la plus vive des passions auxquelles Dieu, dans ses grands desseins, a voulu assujettir notre espèce, je me condamne au plus cruel des sacrifices. Vous êtes devenu nécessaire à mon existence; je ne me sens vivre que près

de vous; mais je veux vous éviter tous les maux que j'ai soufferts, ces intolérables tourments qui m'avaient conduit aux portes du tombeau. Fuyez, puisqu'il en est temps encore. Moi, je languirai loin de vous, je gémirai de votre absence; mais vous serez tranquille, heureux peut-être; éloignez-vous....

— Jamais! non jamais! s'écrie Marina en l'enveloppant de ses bras, et en se cachant dans son sein qu'elle inondait de larmes : j'ai promis à la Mère de Dieu de passer ma vie entière dans un cloître; sans doute, elle m'épargnera le trouble, les tourments dont vous m'avez retracé le tableau. Mais vous, continuez d'être mon protecteur, mon père, mon ami. Tous deux, peut-être, nous éprouverons, l'un près de l'autre, de cruelles privations? Eh bien! en nous confiant nos souffrances mutuelles, nous parviendrons à les alléger....»

Ici Godiva, fatiguée de son long récit, s'arrêta. Judith s'aperçut que sa voix était altérée.

« La nuit est avancée, lui dit-elle; allons tous nous reposer. Demain, Godiva, vous nous direz la suite de cette intéressante et morale histoire. »

L'assemblée se sépara.

Sans doute, l'histoire de Marina avait fait

quelque impression sur l'esprit d'Odille; car, cette nuit-là, elle ne voulut point recevoir Nitard dans sa cellule. En vain, sur le minuit, il vint heurter doucement à la porte : la dévote éteignit sa lampe, et n'ouvrit point.

CHAPITRE XXVII.

UNE AUTRE VIERGE MÈRE.

Tota pulchra es, amica mea, et macula non est in te.

« Tu es toute belle, ô mon amie, et l'on ne trouverait pas en toi une tache. »

SALOMON, Cantique des cantiques, IV, 7.

Vagit infans inter arctæ
Positus præsepiæ.
Membra a pannis involuta
Virgo mater alligat,
Et pedes, manusque, crura,
Stricta pingit fascia.

FORTUNATI *Carmen.*

« Entendez-vous l'enfant qui vagit couché dans un étroit berceau ? Une mère, vierge, enveloppe ses membres dans des langes; serre, par des bandelettes, ses mains, ses jambes et ses pieds. »

Hymne du poète FORTUNAT, retrouvé dans un vieux Antiphonier [*].

Dès le lendemain, quelques heures après le lever du soleil, Godiva vit entrer dans sa chambre la jeune Adelinde, et ne put s'empêcher

---

[*] Voyez LEYSER, dans son Recueil des poètes du moyen âge, p. 169.

d'en témoigner quelque surprise ; car, jusque-là, l'amante d'Adalbert ne lui avait montré presque aucun intérêt, et, loin de chercher à lui parler, avait toujours paru l'éviter, la fuir.

«— Aimable étrangère, lui dit Adelinde d'une voix tremblante et les yeux baissés, je viens m'accuser d'avoir été injuste envers vous, de vous avoir traitée comme une rivale. Adalbert et sa digne mère m'ont démontré que mes jaloux soupçons n'avaient aucun fondement; que, si votre caractère paraissait insouciant et léger, vous n'en possédiez pas moins une raison solide, un cœur généreux et sincère.

« Je l'avouerai, une de nos compagnes, à qui vous n'avez pas su plaire, qui vous fait un reproche des apparents désordres de votre vie, et vous taxe sans cesse d'impiété, m'avait aigrie contre vous. Mais hier, en vous écoutant raconter l'histoire de Marina, nous peindre son amour si vrai, si pur, si désintéressé, je me disais : « Oh! il est impossible que ce soit là une femme perfide, une vile corruptrice, » et je me promis bien de venir vous demander mon pardon et votre amitié. Oh! sans doute, je ne suis pas encore bien convaincue que tant de charmes, tant de brillantes qualités n'aient pas fait impression sur l'âme d'Adalbert; mais je suis sûre à présent que vous n'avez rien tenté, que vous

ne tenterez rien pour me l'enlever. Si pourtant il vous préfère, croyez-moi, je ne vous en voudrai pas : j'en mourrai, mais sans vous détester, sans vous maudire.

— Noble Adelinde, répondit Godiva, permettez à l'étrangère de vous serrer un moment dans ses bras, de vous admirer comme le modèle des amantes. Quoi! vous avez pu surmonter la jalousie, cette passion que l'on dit indomptable? Apprenez, ô vous qui me permettez de vous donner le nom d'amie, que je ne puis m'empêcher de reconnaître dans Adalbert mille vertus, du courage, de la générosité, des sentiments élevés; mais croyez qu'il ne sera jamais pour moi qu'un héros, un bienfaiteur, à qui je dois des hommages et non de l'amour. Et, quant à lui, s'il me prodigue des soins affectueux, croyez aussi qu'il n'agit ainsi que parce qu'il est touché de mes malheurs. Il voudrait, à force d'égards, d'attentions, me faire oublier la rigueur de mon sort, me relever aux yeux de nos compagnes, qui, toutes, se rappellent trop bien l'infâme lieu où il m'a trouvée. »

Les deux nouvelles amies, après un long et doux entretien, s'embrassèrent, pleurèrent ensemble, se promirent une confiance entière et mutuelle. Mais Godiva, dès qu'Adelinde l'eut quittée, prit la ferme résolution d'être désormais

plus réservée dans les effusions de sa reconnaissance pour Adalbert; car elle n'ignorait pas que si la jalousie, dans les âmes douces et tendres, paraît se calmer par intervalles; que, si elles reconnaissent et avouent quelquefois l'injustice de leurs soupçons, le plus mince sujet, la plus insignifiante circonstance suffit pour réveiller dans leur sein le vautour endormi.

Tout le jour, Adelinde parut être d'une gaieté inaccoutumée; et le soir, après le repas, elle fut la première à témoigner le désir que Godiva continuât l'histoire de Félix et de Marina.

Godiva ne demandait pas mieux; elle reprit la parole en ces termes.

FIN DE L'HISTOIRE DE MARINA.

« Mon principal but, dans cette histoire, je vous le rappelle, est de prouver, par un exemple irrécusable, qu'il ne faut pas juger trop sévèrement les femmes que le hasard des événements expose souvent au danger de perdre le précieux trésor de leur innocence. Vous avez vu, au milieu d'un monde brillant, Marina riche, libre, maîtresse de toutes ses actions, résister aux séductions d'une foule de jeunes gens empressés autour d'elle; vous l'avez vue ensuite dans une société de moines, dont les passions sont d'au-

tant plus violentes qu'elles sont plus contraintes, entendre de sang-froid leurs scandaleuses confidences, ou du moins, dissimuler la vive émotion qu'elles pouvaient faire naître dans son âme; enfin, nous l'avons laissée dans une intime union avec le seul homme qu'elle aime, et qui lui découvre le mystère de son cœur, son penchant à l'amour, à la volupté. Restera-t-elle sage, quand son âge et son cœur, tout l'invite à succomber? C'est ce que nous verrons bientôt.

« Félix, ou plutôt le père Timothée, car c'est le nom que je dois désormais lui donner, ne quittait que rarement, tant que duraient les jours, son ami frère Marin; il était, comme je l'ai dit, son maître dans les lettres tant religieuses que profanes. C'était Marin qui écrivait les hymnes sacrés que Timothée composait pour son église; c'était lui qui copiait les chansons amoureuses que lui inspirait son ardente imagination. Il chantait des maîtresses idéales, leur supposait tous les attraits qu'il trouvait dans son jeune ami; il leur supposait ses longs et minces sourcils noirs, et l'humide feu qui semblait jaillir de ses yeux, et la douceur angélique de sa voix. Ces intéressantes occupations les conduisaient quelquefois jusqu'au milieu de la nuit; et Timothée alors renonçait à retourner dans sa cellule : ils prenaient ensemble quelques

heures de repos, à demi couchés sur le même siége, dans les bras l'un de l'autre.

« Ainsi s'écoula, je pourrais dire voluptueusement, mais chastement aussi, leur vie, pendant quelques années, sans que jamais Timothée soupçonnât même qu'il fût si près d'une seconde Thélésina, de l'une de ces créatures enchanteresses dont il eût payé une seule faveur au prix de son bonheur dans l'éternité; sans que Marina, si souvent témoin de l'amoureux délire de son ami, eût jamais osé lui dire : « Je suis tout ce que tu cherches; je suis femme, et je t'aime! »

« Cependant, le faux frère Marin n'en remplissait pas avec moins d'exactitude toutes les fonctions imposées aux novices dans les couvents. Trois fois, chaque semaine, il allait, traînant un âne après lui, chercher dans les environs les provisions nécessaires à la vie. Ses quêtes étaient toujours plus abondantes que celles de ses camarades : tant sa douceur et sa beauté avaient de pouvoir sur tous les cœurs! Il n'était connu, dans les marchés, que sous le nom du *gentil frère;* et il n'était point de marchande sur la place qui ne l'appelât, lorsqu'il passait, pour mettre, dans les paniers que portait l'âne, des ognons, des courges ou quelques fruits de la saison. Presque toujours, elles ac-

compagnaient leurs dons de quelques quolibets sur la fraîcheur de son teint, ou la blancheur de ses mains, et même, y mêlaient quelques vives caresses.

« Mais de toutes les femmes qui semblaient vouloir être aimées de lui, aucune ne lui causait plus d'embarras que la brune et vive Thécla, la fille du boulanger du couvent, dont la maison touchait à l'église. Elle avait à peu près vingt ans, une santé robuste, des yeux brillants et passionnés, sous d'épais et longs sourcils d'un noir d'ébène. Soit qu'il entrât ou sortît du cloître, il la voyait toujours sur la porte de sa boutique; toujours elle l'invitait à venir s'asseoir, à prendre quelques rafraîchissements.

« Elle voulait aussi qu'il la confessât : en vain lui représentait-il qu'il n'en avait pas encore le pouvoir. « Peu importe, répondait-elle ; vous tenez à l'Eglise, et j'ai sur le cœur un gros péché qu'un saint homme comme vous peut seul entendre. »

« Et le péché était qu'elle aimait, qu'elle adorait un jeune frère, beau comme les anges ; qu'elle le voyait, la nuit, dans ses songes ; que son ardeur était telle qu'elle était résolue à mourir, s'il ne répondait pas à ses désirs, si elle ne pouvait, une fois seulement, le serrer dans ses bras.

« Un jour, elle lui parut moins ardente, plus sérieuse; et frère Marin crut qu'elle avait renoncé à tout projet sur lui. Aussi se montra-t-il moins farouche; aussi écouta-t-il avec complaisance le récit qu'elle lui faisait des événements les plus récents, arrivés dans la très-petite ville qu'ils habitaient. Après avoir passé en revue, dans ses malins discours, les plus riches citoyens de Tibur, elle en vint aux prêtres et aux moines : elle prétendit que, de ces derniers, la plupart avaient dans le voisinage des amies, qu'ils allaient visiter la nuit.

« Là, frère Marin l'interrompit.

« Comment cela serait-il possible, Thécla ? chaque soir, les portes du couvent sont rigoureusement fermées, et ne se rouvrent qu'au jour. »

« Thécla se mit à rire, et lui prenant la main :

« Suivez-moi, lui dit-elle; et vous allez voir comment votre couvent est bien fermé la nuit. »

« Frère Marin se laissa conduire, moitié de force, moitié aussi de gré; car il n'était pas fâché de s'assurer par ses yeux de la vérité ou de la fausseté des récits de Thécla.

« Elle le fit descendre dans une cour intérieure de la maison, au fond de laquelle était une petite porte qu'elle ouvrit; et ils entrèrent dans un petit couloir souterrain qui aboutissait

à une antique et très-longue galerie, éclairée à droite par une suite d'arcades, au travers desquelles on pouvait contempler, au-dessous de soi, tout le vaste et profond vallon de Tibur. Dans la galerie même, au pied des arcades, coulait rapidement, dans un canal de marbre, une eau limpide, qui allait se joindre, tout près de là, à un autre ruisseau, dont les eaux formaient une des trois cascatelles qui tombent d'une si grande hauteur au fond de la fertile et belle vallée de Tibur.

« Le spectacle de la chute des eaux bouillonnantes dans de verts précipices, de ces forêts de chênes verts au feuillage sombre, d'oliviers argentés, du milieu desquels s'élançaient des peupliers sous la forme de longues pyramides; ce beau, ce magnifique spectacle attira d'abord toute l'attention de frère Marin : il ne songeait plus ni à Thécla, ni aux moines de son couvent. Mais il se sentit frapper doucement sur l'épaule, et, en se retournant, il vit Thécla qui, les joues fortement colorées, les yeux en feu, lui dit :

« Beau moine, mon ami, est-ce le ciel, sont-ce des arbres ou des eaux qu'il faut regarder près d'une femme qui soupire, qui brûle pour toi? N'as-tu donc point, comme tes confrères, des sens, un cœur qui batte au nom d'amour et de volupté? »

« Puis, saisissant une de ses mains, et de l'autre lui montrant une ouverture pratiquée dans un des murs de la galerie :

« C'est par là qu'ils sortent, s'écria-t-elle, pour venir goûter ici avec leurs amies, leurs amantes, les plaisirs que tu te refuses. Cette ouverture conduit à une porte secrète qui s'ouvre dans la sacristie de ton église. Bâtie au milieu des ruines même de la maison de je ne sais quel vieux Romain qui s'appelait Mécène, ton église se trouve précisément au-dessus de cette galerie où, comme me l'a dit un moine de ton couvent, certain empereur Auguste venait s'amuser avec la belle Licinia, femme de ce Mécène, son ministre et son ami, et avec mille autres femmes des plus distinguées de Rome ; car il lui en fallait, chaque jour, une nouvelle. Ce lieu fut donc, de tout temps, consacré aux plus douces jouissances ; et tu n'en douteras point, si tu me suis dans un asile que j'ai découvert ici, tout près..... »

« Et, sans même achever, elle l'entraîna dans une grotte, qui n'était faiblement éclairée que par un trou pratiqué dans les rochers, et qui ne laissait voir qu'une très-petite portion du ciel azuré. Tout autour de la grotte étaient des lits de pierre, couverts d'une mousse épaisse ; et au milieu, s'élevait une énorme statue du dieu des jardins, le plus obscène des anciens dieux. A

l'aspect de cet infâme simulacre, frère Marin rougit, voulut fuir; mais Thécla l'avait enlacé dans ses bras ; elle lui disait d'une voix suppliante : « Oh! rends-moi heureuse! » Mais il la repoussa si brusquement qu'elle alla tomber, à demi renversée, aux pieds de la statue : il profita du moment pour s'élancer hors de la grotte; mais, bientôt relevée, elle le poursuivit dans la galerie, la fureur dans les yeux.

« Tu me dédaignes, misérable! lui disait-elle; tu fuis celle qu'ont en vain convoitée les pères Cyrille, Antoine, Cyprien, tous tes supérieurs, tes chefs. Je ne survivrai point à un tel affront. Les eaux du torrent qui coule à nos pieds, après avoir déchiré mon corps sur les pointes de ces rochers, le porteront jusqu'au fond de cette vallée où tu pourras le voir encore long-temps flotter au milieu des roseaux. »

« Et elle fit un mouvement en arrière comme pour s'élancer dans le canal. Frère Marin frémit, et la retint fortement par sa robe.

« — Malheureuse fille! lui criait-il, que veux-tu de moi?... l'impossible. Écoute la voix de la raison.

— Non! non! répondait-elle, en se débattant : toi, ou la mort.

— Mais, je t'en conjure, Thécla; accorde-moi du moins quelques jours, pour que je puisse

me décider à une action si nouvelle pour moi. Le soleil luit; et dans ce lieu, quoiqu'il paraisse peu fréquenté, ne pourrions-nous pas être surpris? Différons, je t'en prie.

— Je t'entends, répondit-elle; novice encore dans l'art d'aimer et de jouir, timide comme un enfant, tu crains d'avoir le soleil même pour témoin. Quoique ta pudeur me paraisse étrange, je l'excuse. Eh bien! qu'une nuit profonde couvre de son voile nos plaisirs. Je t'ai dit comment on peut facilement parvenir à la grotte. Je m'y rendrai, cette nuit, cinq heures après le coucher du soleil. Y viendras-tu? réponds. »

« Frère Marin répondit en balbutiant : « — Cette nuit! c'est bientôt.

— Cette nuit même! réplique Thécla d'une voix forte; ou, demain, tu apprendras que j'ai cessé de vivre. »

« Frère Marin prononça d'une voix tremblante : « J'y serai. »

« — Qu'un baiser soit le gage de ta promesse. »

« Frère Marin avança un peu la tête, et Thécla imprima sur sa bouche vingt baisers de feu, qui lui causaient une émotion qu'il avait peine à dissimuler.

« Frère Marin obtint à la fin de Thécla la permission de sortir de la fatale galerie. Elle le reconduisit jusque dans la rue; et, en le quittant,

elle lui fit encore promettre de se trouver, la nuit prochaine, dans la grotte à l'heure indiquée.

« Éperdu, hors de lui, il se hâta de rentrer à son couvent, et monta rapidement à sa cellule, où il trouva le père Timothée qui l'y attendait, comme c'était son usage, et qui lui fit quelques tendres reproches sur ce qu'il avait passé en courses plus de temps qu'à l'ordinaire. Il remarqua aussi son émotion, sa rougeur; et alors, frère Marin lui conta, sans omettre le moindre détail, la scène qui venait de se passer entre Thécla et lui.

« Le père Thimothée écouta, avec une avide attention, ce long récit; puis il s'écria :

« Thécla! la plus belle de nos Tiburtiennes, et la plus sage, disait-on!... Qui l'eût pensé? » Et, après un moment de silence, il ajouta : « Eh bien! frère Marin, ne vous l'avais-je pas dit, que, tôt ou tard, vous succomberiez?.... Tout le mal que je vois là, c'est que je vais perdre le seul ami que j'aie au monde. Dans les bras d'une maîtresse, frère Marin oubliera le malheureux Timothée. »

Frère Marin sourit : « — Thécla ne sera jamais ma maîtresse.

— Eh quoi! ne vous a-t-elle pas donné un rendez-vous?

« Oui ; mais elle n'y trouvera personne, ou du moins, ce ne sera pas moi.... Écoutez : tandis que vous me parliez tout à l'heure, voici une réflexion que j'ai faite : si je pouvais me décider à aller dans la grotte, ce serait uniquement, je vous le jure, pour faire rougir Thécla de sa conduite, la ramener par de sages discours à de plus louables sentiments, à la vertu. Mais je pense que, dans la bouche d'un jeune homme, à qui elle a déclaré si vivement sa passion, ces graves sermons seraient assez déplacés, et produiraient peu de fruit, ou plutôt augmenteraient son irritation, sa colère. Ne vaudrait-il pas mieux me faire remplacer, dans la grotte, par quelque personnage important.... par vous, par exemple, père Timothée ? »

« A ces mots, le père Timothée éprouva une espèce de saisissement ; il se leva, et se promenant à grands pas, les bras croisés, dans la cellule, il paraissait livré à ses réflexions.

« En effet, disait-il, pourquoi non?.... mais si..... » Puis, paraissant tout-à-fait décidé : « Vous le voulez ; je me résous : oui, je la ramènerai, je l'espère, à d'autres sentiments ; je lui rendrai la paix. »

« Frère Marin lui baisa les mains par reconnaissance du grand service qu'il lui rendait (c'était ainsi qu'il parlait); et Timothée alla dans sa

cellule se préparer au rôle qu'il devait jouer la nuit prochaine.

« Que cette nuit parut longue à frère Marin ! Il ne dormit point ; il était curieux de savoir si l'éloquence du père Timothée avait eu, sur l'esprit de Thécla, tout l'effet qu'il en attendait.

« Dès le matin, il le vit arriver dans sa cellule, le front serein, l'air calme.

« — Vos yeux, lui dit-il, où je crois lire du contentement, presque de la joie, m'annoncent d'avance ce que, sans doute, votre bouche va me confirmer, que Thécla, grâces à vous, est revenue à la raison.

— A peu près, répondit-il ; je crois l'avoir guérie, au moins pour un temps, de ses folles ardeurs. Je l'ai laissée plus tranquille ; elle ne se tuera plus de désespoir. Mais la guérison des malades d'amour n'est jamais certaine : pour éviter les rechutes, il faut éloigner la cause du mal. Vous devez donc fuir sa présence : votre vue seule pourrait lui rendre sa première frénésie.

— Oh ! certes, je ne l'irai pas trouver. Tout ce que je redoute, c'est de la rencontrer sur mes pas, ce qui m'arrive trop souvent.

— J'avais prévu cet inconvénient. Aussi, je viens d'obtenir du père Cyrille, notre supérieur, que vous seriez dispensé désormais d'aller quê-

ter et chercher les provisions. Je lui ai représenté que ces fréquents exercices ne convenaient point à un jeune homme aussi délicat que vous l'êtes. Il n'a fait aucune difficulté de vous accorder une dispense de toute espèce de course à l'extérieur du couvent. »

« Frère Marin remercia vivement son ami. Ces promenades forcées dans les environs lui déplaisaient beaucoup, non parce qu'elles étaient fatigantes, mais parce qu'elles l'exposaient sans cesse à des compliments, très-embarrassants pour lui, sur la délicatesse de ses traits, la gentillesse de ses manières.

« Il ne sortit donc point de plusieurs mois. Tout entier à ses études que dirigeait le père Timothée, il y fit d'assez grands progrès. Dans leurs entretiens, on parla bien quelquefois de la pauvre Thécla, d'abord un peu, et ensuite le maître et l'élève parurent n'y plus songer.

« Cependant le père Timothée ne tarda pas à montrer de fréquentes distractions dans les leçons qu'il donnait; et bientôt après, il devint soucieux, même chagrin : on eût dit qu'une pensée accablante pesait sur son cœur. Frère Marin lui demandait en vain la cause de sa continuelle préoccupation; il ne répondait pas.

« Mais, un jour, il le vit entrer un mouchoir sur les yeux, et poussant des sanglots.

« — Oh! Marin, s'écria-t-il, vous allez être appelé à comparaître devant un conseil des chefs du monastère. Vous êtes accusé.....

— Eh! de quoi? grand Dieu!

— Écoutez : Thécla vous accuse de l'avoir séduite, de l'avoir rendue mère.

— O Timothée! qui mieux que vous peut attester mon innocence?

— Personne, sans doute, plus que moi, puisque je suis le coupable..... Oui, Marin, dans cette nuit si douce, si funeste, où je devais rappeler à l'honneur une jeune fille égarée par l'amour, je lui ai ravi l'honneur. Me prenant pour vous, elle m'accabla de si vives caresses qu'il me fut impossible de résister. C'était vous qu'elle croyait serrer dans ses bras, et je n'osai lui découvrir une erreur qui la rendait heureuse. Ma faute est grande; je l'avouerai aux juges, qui veulent injustement vous punir. Ne craignez donc rien; c'est moi qui subirai la peine qu'ils infligeront.

— Et quelle est cette peine?

— D'abord, la perte de mes places, de mes dignités, et peut-être une prison perpétuelle.

— Je ne verrais donc plus mon Timothée, mon seul ami! Oh! j'aime mieux mourir. Laissez-les me condamner, mon ami. Je le veux, je l'exige..... Mais vous serez sans doute au nom-

bre de mes juges : si la peine était trop rigoureuse, vous tâcherez de la faire alléger ; n'est-il pas vrai, Timothée?

— Jamais, trop généreux ami, je ne souffrirai que vous subissiez, à ma place, même la plus légère des punitions. Cessez donc de vouloir.....

— Cessez vous-même de m'affliger, en vous opposant à ce que j'ai irrévocablement résolu. Si je vous entendais, dans le conseil, vous déclarer le père de l'enfant de Thécla, je vous démentirais ; je dirais hautement que votre amitié pour moi vous porte à vous charger de ma faute ; mais que c'est moi qui ai péché ; et je serais sans doute cru, puisque Thécla, qui m'accuse, doit bien savoir apparemment quel est son séducteur. »

« Timothée parut se rendre ; mais il cachait une arrière-pensée ; son projet était de découvrir le véritable coupable, si la peine que l'on allait prononcer était une longue réclusion.

« L'aréopage monacal étant réuni, frère Marin fut conduit devant ses juges. Il ne nia, ni n'avoua la faute dont on l'accusait. A toutes les interpellations du président, il ne répondait que par des larmes. Le père Antoine et le père Cyprien, furieux de ce que la proie qu'ils avaient si long-temps poursuivie, la belle Thécla, était

tombée dans les rets d'un plus adroit chasseur, voulaient que le prétendu coupable fût condamné à une réclusion perpétuelle. Père Timothée prit alors sa défense, fit rougir les deux juges qui s'étaient montrés si rigoureux, en leur donnant à entendre qu'il connaissait parfaitement le motif qui les animait contre son jeune ami. Il mit, dans son plaidoyer, autant de raison que de chaleur; il représenta, par des traits si naïfs et si vrais, la fragilité de la chair, prouva si bien qu'en de telles circonstances le devoir d'un tribunal d'hommes voués, malgré eux, au célibat, était d'user d'indulgence envers ceux qui, plus faibles, succombaient parfois à de si attrayantes tentations; enfin, il parla avec tant d'éloquence et de vérité qu'en faisant un retour sur eux-mêmes, la plupart se sentirent portés à n'imposer à frère Marin, pour toute punition, que l'obligation de réciter, chaque jour, pendant un mois, les sept Psaumes de la pénitence. Cependant, comme la faute était connue de toute la ville, et y avait causé quelque scandale, les juges ordonnèrent que frère Marin accomplirait sa pénitence à la vue de tout le peuple, se tenant à genoux sous la principale porte de l'église. Il fut condamné de plus à se charger de l'éducation de l'enfant mâle dont Thécla venait d'accoucher, et qui avait reçu le nom de *Mari-*

nello. Cet enfant ne devait jamais le quitter, jusqu'à ce qu'il fût d'âge à devenir, comme son père, moine du couvent.

« Le frère Marin subit sa sentence. Pendant un mois entier, il resta, chaque jour, exposé à la porte de l'église aux regards du peuple de Tibur. Un large capuchon couvrait son visage; mais les curieux le relevaient souvent, et la plupart, frappés de la beauté des traits du jeune coupable, excusaient dans leur âme la faiblesse de Thécla, et mettaient tous dans le plat posé aux genoux du moine quelque monnaie pour l'enfant dont on le croyait père.

« Dès que Marinello put se passer du sein de sa nourrice, il fut apporté à frère Marin, qui lui fit un berceau dans sa propre cellule. Que cet enfant lui devint cher, ainsi qu'à Timothée, qui ne cessait de l'accabler de caresses! Ils se disputaient à qui le tiendrait dans leurs bras. Frère Marin le plaçait souvent dans son lit, près de lui; et Timothée alors se couchait de l'autre côté. Chacun tenait une main de l'enfant, qui dormait au milieu d'eux. Réunis par un si doux lien, ils passaient ensemble de délicieuses et chastes nuits.

« A peine Marinello put marcher qu'ils prirent plaisir à l'aller promener dans les belles et solitaires vallées qui environnent Tibur. Ils admi-

raient sa vivacité et la précocité de son intelligence. Il leur faisait mille questions à la fois sur tout ce qui se présentait à ses yeux : il fallait lui dire le nom des arbres, des herbes; voyait-il un rocher, il fallait le laisser monter jusqu'au sommet.

« Un jour, ils le conduisirent près de la grande cascade que forme le fleuve Anio en se précipitant, de rochers en rochers, jusque dans un gouffre, où il s'engloutit sous une montagne, pour reparaître bientôt divisé en plusieurs torrents, qui vont former plus loin des cascatelles. L'enfant parut émerveillé de tout ce fracas des eaux; il voulut suivre, dans sa course rapide, le fleuve écumeux jusqu'à la *grotte de Neptune*; c'est ainsi qu'on nomme l'antre où il s'engloutit. Mais, pour y arriver, il faut descendre par un étroit sentier tracé sur le roc, chemin que rendent difficile et très-glissant les vapeurs humides qui s'exhalent du torrent, et l'écume qu'il y dépose. Marinello entra avec sa vivacité ordinaire dans ce dangereux sentier; le père Timothée se hâta de courir sur ses pas. Il était parvenu à le saisir par sa robe; mais lui-même glissa, et tous deux roulèrent dans le torrent. Frère Marin, qui les suivait de près, les voyant se débattre au milieu des flots qui les entraî-

naient vers le gouffre, sentit son âme l'abandonner; il tomba évanoui sur le roc.

« En rouvrant, long-temps après, les yeux à la lumière, il aperçut Timothée qui gravissait péniblement, tenant d'un bras son fils, une pointe de rocher. Ses habits étaient souillés de fange et d'écume; à chaque pas, il était forcé de s'arrêter, en s'accrochant à des buissons. Frère Marin voulut se lever pour voler à sa rencontre; mais il ne put que jeter un cri et lui tendre les bras. A ce cri, Timothée redoubla d'efforts, et parvint bientôt à déposer à ses pieds le cher fardeau que son bras ne pouvait plus supporter.

« L'enfant était pâle, ses yeux étaient fermés, mais il respirait encore. Leurs baisers de feu, leurs sanglots semblèrent le rappeler à la vie; il rouvrit les yeux, leur sourit en tendant vers eux ses petits bras. Frère Marin s'empressa alors de le prendre dans les siens; et tous trois, ils rentrèrent bientôt au couvent.

« Le soir, quand frère Marin se fut couché près du petit Marinello, il sentit une vive douleur au cerveau. Dans la chute qu'il avait faite près de la cascade, sa tête avait porté violemment sur le roc; c'était la cause de son mal : il espéra que le repos le guérirait; mais, le lendemain, il souffrait encore; et, les jours sui-

vants, les douleurs augmentèrent, et ne diminuaient qu'à de rares intervalles.

« Il soupçonna dès lors que sa fin était proche, que tout remède serait inutile; et il ne s'appliqua plus qu'à dissimuler ses affreuses souffrances, pour ne point jeter dans le désespoir son pauvre ami Timothée. Mais l'altération de ses traits trahissait son secret. Timothée, toutes les fois qu'il jetait les yeux sur lui, se troublait, soupirait; il ne voulait plus s'éloigner de sa cellule. La nuit, il tenait sans cesse la main sur le front brûlant de son ami; et si, malgré lui, il fallait céder au sommeil, il se contentait de pencher quelques instants la tête sur l'oreiller de frère Marin. C'était là tout le soulagement que le malade voulait accepter de lui; car, intérieurement, il remerciait la Providence de lui avoir envoyé un mal qui n'exigeait l'application d'aucun remède extérieur : tant il craignait qu'on ne découvrît enfin qu'il n'était pas ce qu'on le croyait être !

« Une nuit, Timothée sentit que frère Marin écartait doucement la main qui lui serrait le front, et il lui demanda s'il se sentait plus mal.

— Au contraire, répondit frère Marin, voilà plus de deux heures que je ne souffre plus. Je veux que vous profitiez de cet intervalle pour vous reposer de tant de veilles. Allez dans votre

cellule, vous y dormirez plus à l'aise, et ne revenez vers moi qu'aux premiers rayons du jour. »

« Timothée voulut d'abord refuser; mais frère Marin le pria de le laisser seul, quelques heures au moins, d'une voix si douce, si suppliante, qu'il fallut obéir.

« Timothée retiré dans sa cellule, et l'esprit un peu plus tranquille, céda au sommeil, et ne s'éveilla qu'au son des cloches qui appelaient les moines aux matines. Il quitte aussitôt sa couche pour retourner à son poste ordinaire. En sortant de sa cellule, il rencontre la plupart des moines qui allaient à la prière. Frère Marin était aimé de toute la communauté ; on s'empressa de lui demander si l'état de son ami était amélioré.

« Je le crois, dit-il, car il a exigé que je le quittasse pendant quelques heures; j'espère le retrouver mieux encore que je ne l'ai laissé. »

« La plupart lui proposèrent alors d'entrer avec lui dans la cellule de frère Marin, et ils l'y suivirent. Timothée ouvrit la porte sans bruit, et entra avec tous les moines. Ils virent le jeune frère Marin tranquillement étendu sur son lit. Sa tête, qui reposait sur son oreiller, n'était plus aussi pâle qu'à l'ordinaire, et sa bouche semblait sourire. Une lampe posée sur une petite table, entre sa couche et le berceau de Mari-

nello, venait de s'éteindre ; il en sortait encore une fumée épaisse qui, sous la forme d'un long roseau gris, flottait lentement, avant de se mêler à l'air, sur le lit de frère Marin. Le jeune moine paraissait s'être endormi en écrivant quelques mots ; car sa main droite, qui tenait encore une plume, était posée sur une feuille de parchemin. Timothée s'avança le plus doucement qu'il lui fut possible vers le lit de son ami, prêta l'oreille pour écouter le bruit de sa respiration ; et l'on vit bientôt l'effroi se peindre sur ses traits. Il porte en même temps la main sur le front de son ami, et s'écrie, en sanglotant : « Il est mort ! » Et aussitôt il tombe, en gémissant, sur le lit funèbre.

« Les témoins de cette triste scène restent silencieux, mornes ; mais le supérieur, s'avançant, prend l'écrit que le mort tenait encore dans sa main, et lit à haute voix :

« Je sens qu'il ne me reste que peu d'instants à
« vivre : j'en profite pour demander à mes frères,
« aux compagnons de ma solitude, d'exaucer
« mes derniers vœux.

« Je demande qu'aussitôt après que j'aurai
« rendu le dernier soupir, le père Timothée s'en-
« ferme, seul, dans ma cellule ; que, seul, il me
« dépouille de cette robe de moine que je n'ai
« jamais quittée, ni le jour, ni la nuit ; que, seul,

« il enveloppe mon corps du funeste linceul. . . .
« Et vous, mes frères, vous prierez pour. . . . »

« Les dernières lettres étaient effacées, illisibles; on voyait que la mort avait surpris le jeune frère lorsqu'il les traçait encore.

« Le supérieur, après avoir réfléchi, prononça ces paroles :

« Père Timothée, exécutez les dernières volontés de votre ami. Et nous, mes frères, sortons et prions. »

« Ils sortirent de la cellule, et y laissèrent enfermé le père Timothée. Rangés sur deux files à la porte, ils se mirent ensuite à réciter, à basse voix, les prières des morts.

« Un grand cri, qui partait de la cellule, interrompit leur plaintive psalmodie. Le supérieur ouvre brusquement la porte, et rentre avec tous les moines autour de lui. Quel spectacle s'offre à leurs regards! le corps nu d'une jeune fille étendue sur le lit, et père Timothée tenant encore dans ses mains la longue robe dont il venait de la dépouiller. La mort n'avait point défiguré ses traits; sa peau avait conservé sa blancheur, et son beau sein toute sa fermeté.

« O mes frères, s'écria le supérieur, voilà donc le séducteur de Thécla!.... le père de Marinello! Quelle injustice nous avons commise!...

notre devoir est de l'expier, de la réparer autant qu'il est en notre pouvoir. »

« Il fut convenu, à l'instant même, que le corps de frère Marin, ou plutôt de la généreuse Marina, serait exposé, pendant trois jours, dans l'église du monastère, le sein découvert, et que sur sa tête on poserait une couronne de roses blanches.

« Tous les Tiburtiens vinrent jouir de cet étrange spectacle, et Thécla, que l'on accusait dès lors d'un mensonge impie, d'une atroce calomnie, n'osa plus paraître au milieu de ses concitoyens. On la maudissait; et pourtant elle n'était pas coupable.

« On éleva ensuite dans l'église un tombeau, dans lequel fut déposé le corps du prétendu frère Marin; et un moine composa, en mauvais latin, l'épitaphe que voici, et qu'on y lit encore:

HIC SITA EST MARINA,
RARISSIMA FEMINA,
QUÆ
UNDENOS VIXIT PER ANNOS
DUCENTOS INTER MONACHOS,
ET TAMEN VIRGO DECESSIT [*].

---

[*] « Ci-gît une femme telle que rarement on en trouve, MARINA, qui, pendant onze années, vécut au milieu de deux cents moines, et pourtant mourut vierge! »

« Toutes les fois qu'un père venait confier au supérieur du couvent ses soupçons sur la vertu de sa fille; un amant, un époux, sur la fidélité de sa maîtresse ou de sa femme, le digne moine les conduisait au tombeau de Marina.

« Faites-vous conter, leur disait-il, l'histoire de la femme qui repose ici; et vous apprendrez que les apparences sont bien trompeuses : *Ne vous fiez point aux apparences.* »

Godiva cessa de parler. Toute l'assemblée la félicita, et trouva très-juste la moralité qu'elle avait tirée de son histoire; tous, excepté la dévote Odille qui s'en alla la tête baissée, et murmurant quelques mots entrecoupés qu'on ne put entendre, et que, par conséquent, je ne puis répéter ici.

CHAPITRE XXVIII.

LE ROI ALFRED.

« Puis prist congié Rou (Rollon) ; et Ancelme (Alfred) lui voult donner la moitié de son royaume. Mais Rou lui dist qu'il n'en prendroit point ; mais s'il vouloit donner congié à ses hommes de le venir servir pour son argent, il lui en sauroit bon gré. Ancelme repondit qu'il lui plaisoit bien. »

(MANUSCRIT de la Bibliothèque du roi, n° 9,857, p. 24.)

LE lendemain, tous les hôtes de l'ermitage réunis, suivant la coutume, autour d'une large table, finissaient leur repas du matin.

Déjà Adalbert s'était levé pour prendre congé de sa mère : il s'apprêtait à sortir, un arc à la main, pour aller chasser dans les environs les bêtes fauves qui se répandaient dans les campagnes pour s'y nourrir des herbes nouvelles que faisait croître la chaleur des premiers jours du printemps. Tout à coup, entra dans la salle, d'un pas précipité, un des Normands préposés à la garde de l'ermitage ; il annonça que

des messagers venaient d'arriver, et apportaient des nouvelles de Rollon.

A ce nom, un cri de joie s'échappa de toutes les bouches; et Judith ordonna d'introduire les envoyés.

On vit presque aussitôt s'avancer, d'un air respectueux, trois guerriers scandinaves couverts de sueur et de poussière. Ils saluèrent Judith, à qui ils remirent des tablettes, dont elle rompit avec empressement le sceau. Après les avoir parcourues un instant des yeux :

« Écoutez, dit-elle; Rollon nous gronde. » Et voici ce qu'elle lut :

« Judith, ma noble épouse, pendant que je
« battais les Anglo-Saxons dans la Grande-Bre-
« tagne, d'étranges nouvelles sont venues me
« surprendre et m'affliger. On répandait le bruit
« que Paris avait arrêté, dans leur course, nos
« troupes victorieuses; que, désespérant de
« prendre cette ville, Sigefroi avait marché dans
« le midi de la France avec une partie de l'armée;
« qu'en attendant son retour, Adalbert oisif, in-
« souciant, se contentait de bloquer Paris, et
« passait les journées entières aux pieds de notre
« belle captive.

« Est-ce là ce que j'attendais de lui, quand je
« le chargeai du commandement de l'armée des
« Normands?

« J'ai abandonné aussitôt l'Angleterre, et je
« viens de débarquer près de *Juliobona** avec dix
« mille Anglo-Saxons qui ont voulu me suivre.

« Dans quelques jours, je serai sous les murs
« de Paris; je ne veux m'arrêter à Rouen que le
« temps nécessaire pour y faire pendre un évêque
« qui a excité les habitants à se révolter contre
« les Normands, malgré la foi qu'il nous avait
« jurée.

« Si Adalbert veut se réconcilier avec moi,
« qu'il aille, sans délai, choisir autour de Paris,
« et le plus près qu'il sera possible de la ville,
« un vaste emplacement pour les troupes nou-
« velles que je conduis, et au milieu desquelles
« je veux toujours rester. Elles serviront de mo-
« dèle à nos anciennes troupes, dont le courage,
« pendant mon absence, me paraît s'être amorti.

« Mes envoyés te diront ce que j'ai fait en
« Angleterre; ils te diront aussi que j'ai refusé
« une couronne... C'est en France que je veux
« régner, et seulement après que j'aurai vengé,
« dans le sang, notre brave compatriote Gode-
« frid, lâchement assassiné sous les yeux de
« l'empereur Charles.

« Adieu... Rollon. »

Judith, quand elle eut cessé de lire, s'aperçut

* Lillebonne.

que de grosses larmes tombaient des yeux d'Adalbert ; elle s'approcha de lui.

« Ne sois pas si sensible, mon fils, à des reproches qui peuvent n'être pas mérités. Rollon m'écoutera : il est juste ; il te rendra sa confiance et son amitié. »

« C'est moi qui lui attire ces reproches, » disait Adelinde. Et elle témoignait une vive douleur.

Judith s'approcha des envoyés de Rollon, et, tout en s'excusant d'avoir paru les oublier pendant qu'elle s'occupait de leur message, elle les invita à s'asseoir et à prendre quelques rafraîchissements ; ce qu'ils acceptèrent. Elle leur dit ensuite :

« — Rollon me mande que vous nous raconterez ses aventures en Angleterre. N'abusé-je point de votre complaisance en vous priant de satisfaire notre curiosité ?

— C'est toujours un nouveau plaisir pour nous, répondirent-ils, de parler de notre digne chef : nous voudrions que le monde entier connût son courage, ses exploits, sa justice. »

Et aussitôt le plus vieux des trois envoyés commença, en ces termes, le récit que l'on va lire.

EXPÉDITION DE ROLLON EN ANGLETERRE.

« J'étais du nombre des guerriers avec les-

quels Rollon, il y a neuf mois environ, redescendit la Seine, après avoir remis à son fils Adalbert et à Sigefroi le commandement de l'armée qui devait traverser la France. Des vaisseaux nous attendaient à l'embouchure de la Seine; ils nous transportèrent, en peu de jours, sur les côtes orientales de la grande île qu'habitèrent autrefois les Bretons, mais qu'ont depuis occupée des Angles, et ensuite des Saxons.

« Quand nous arrivâmes, tout ce pays d'*Estanglie* (c'est ainsi qu'ils le nomment) était dans une confusion extrême : les Anglo-Saxons venaient de chasser du trône leur roi Alfred, qu'ils croyaient peu propre à régner sur des braves comme eux, parce qu'il employait ses jours, les nuits même, à étudier les langues, les mœurs, les lois des autres peuples. Ils lui reprochaient de ne s'être pas vigoureusement opposé à l'établissement, dans plusieurs parties de l'Estanglie, d'une foule de Danois qui y avaient élevé des forts, et qui menaçaient d'envahir le reste du pays.

« On ne savait ce qu'était devenu le malheureux Alfred depuis son expulsion. Dix chefs à la fois prétendaient au pouvoir ; et chacun d'eux avait de zélés partisans qui, tous les jours, s'attaquaient, se combattaient les uns les autres.

« Rollon résolut de profiter de ce moment de

discorde et de troubles intérieurs pour s'emparer plus facilement de l'Estanglie entière. Les Danois, qui en occupaient déjà quelques contrées, s'empressèrent, à son nom seul, de se réunir autour de lui. Il marcha à leur tête, et s'avança rapidement dans le pays.

« Partout où nous portions nos armes, les Anglo-Saxons fuyaient devant nous, en abandonnant leurs champs et leurs chaumières. Nous ne trouvions à prendre et à dévaster que des églises désertes, que des monastères où les vieillards seuls étaient restés ; et ces vieillards, il nous fallait les égorger jusque sur leurs autels.

« Nous cherchions des femmes, des religieuses surtout (les chefs de nos guerriers étaient avides de ce butin-là); mais il était rare que nous pussions en prendre, quelque mystère que nous missions dans nos irruptions sur les moutiers des femmes. Presque toujours on les prévenait de notre approche ; et elles s'enfuyaient, leurs psautiers sous le bras, leurs grandes croix au cou, des reliques dans leurs poches. Quelques-unes seulement restaient parfois en arrière, et se laissaient saisir, dans l'espoir de gagner le ciel, en se livrant, comme elles disaient, à la rage effrénée de ces lubriques hommes du Nord. Elles appelaient cela souffrir le martyre.

« Il faut en convenir, il y en eut, de ces

femmes-là, qui furent véritablement des martyres; mais elles le voulurent bien : vous allez en juger.

« Notre armée était arrivée près de je ne sais quelle petite rivière qui coule dans l'Estanglie, et nous nous apprêtions à la passer sur des radeaux, lorsque nous aperçûmes, au milieu d'un bois épais qui en couvrait les bords, la pointe d'un clocher ; et bientôt après, le son argentin d'une cloche vint frapper nos oreilles. Tous s'arrêtent à ces sons inattendus. Mille guerriers s'élancent aussitôt dans le bois, et découvrent, non sans surprise, au milieu d'un épais groupe de vieux chênes, une église d'une blancheur éclatante, et tout près, un assez vaste bâtiment d'une extrême propreté. Des voix douces et plaintives semblaient sortir de l'église : on eût dit qu'elle n'était remplie que d'oiseaux du plus mélodieux ramage.

« Enfin, nous aurons donc des femmes ! » s'écrièrent nos chefs; et déjà ils se partageaient, en idée, les timides colombes qu'ils s'attendaient à trouver dans le temple. Nous n'eûmes pas besoin d'en briser les portes : elles étaient ouvertes. Nous entrons. Dans un chœur semi-circulaire, cent religieuses, couvertes d'un long voile noir, et tranquillement assises dans leurs stalles, chantaient, autour d'un autel, de lan-

goureuses litanies. A notre approche, elles n'interrompirent point leurs chants; mais une grande femme, qui se tenait debout près de l'autel, en descendit, traversa gravement le sanctuaire, et vint se placer à la porte du chœur.

« Hommes sans religion et sans mœurs, s'é-
« cria-t-elle, vous chercheriez vainement ici des
« objets qui pussent assouvir vos passions bru-
« tales. Je suis Ebba, abbesse de ce couvent, et
« j'ai trouvé le plus sûr moyen d'éviter l'hor-
« rible souillure dont nous étions menacées, mes
« sœurs et moi. A mon exemple, elles ont vo-
« lontairement renoncé à leurs charmes pour
« conserver leur virginité. Quel crime, si les
« épouses du chaste Jésus avaient pu consentir
« à passer dans les bras des sectateurs d'Odin! »

« A ces mots, un de nos chefs fit un pas pour la saisir et lui arracher son voile; mais elle:

« Point de violence! vois si c'est là ce que tu
« cherches. » Et, en même temps, elle jette à terre son long voile, et toutes les nonnes, qui occupaient les stalles, en font autant.

« Non, jamais, plus hideux spectacle ne s'offrit à mes yeux. L'abbesse qui nous avait parlé et toutes ses religieuses avaient le nez coupé, ainsi qu'une grande moitié de la lèvre supérieure. A toutes on voyait, du milieu d'une grande plaie encore saignante, jaillir trois ou quatre dents

blanches, telles qu'en montrent les tigres en furie. Je l'avouerai, un froid mortel courut par tous mes membres ; tous nos guerriers baissèrent humblement leurs glaives, et nous sortîmes en silence, mais en frémissant, de ce lieu d'horreur [*].

« A peine nos guerriers étaient-ils dehors que l'un d'eux, plus irrité encore que les autres d'avoir été déçu dans son espoir de satisfaire d'impérieux désirs, s'écria :

« Mes compagnons, vengeons-nous de l'injure que nous ont faite ces nonnes insensées ! Nous égorgeons tous les jours les moines que nous rencontrons, s'ils emportent avec eux l'or de leurs couvents ; elles, aussi, nous ont ravi un trésor qui n'était pas moins précieux pour nous qui manquons encore plus de femmes que d'or. Qu'elles périssent ! Brûlons-les dans la maison même de leur *chaste époux*, car c'est ainsi qu'elles appellent leur dieu. »

« Il en fallait moins pour donner l'essor à la rage que nos guerriers concentraient dans leurs cœurs. Tous les chênes des environs furent bientôt dépouillés de leurs rameaux séculaires : on entassa autour de l'église des monceaux de bois, auxquels on mit le feu. L'incendie ne tarda pas

---

[*] Voyez la note XL.

à dévorer l'église entière. Les religieuses chantaient toujours ; mais les voix semblaient s'éteindre l'une après l'autre. Le dernier son qui parvint à notre oreille fut celui de *Jésus* et de *Marie* ; puis, succéda un silence que n'interrompit plus aucune plainte, aucun cri.

« Rollon, quand il nous vit de retour et qu'il eut appris le tragique événement, réprimanda nos guerriers, et infligea même une sévère punition à celui qui les avait excités à ce forfait.

« De telles actions, disait-il, déshonorent le nom normand. Il fallait plaindre et respecter ces folles, mais vertueuses victimes de leurs opinions religieuses. Guerriers, je vous l'ai dit cent fois : épargnez la faiblesse, n'usez de votre force que contre ceux qui résistent. »

« L'armée passa ensuite à gué la petite rivière qui nous séparait d'un autre pays plus fertile et plus habité. Après quelques heures de marche, nous aperçûmes, de loin, un immense amas de maisons de bois, du milieu desquelles s'élevaient une vingtaine de tours en briques rougeâtres. C'était *Londinum**, la plus considérable ville du pays. Elle couvre les deux rives d'un fleuve qui nous parut d'une largeur extraordi-

---

* Londres.

naire, et sur lequel voguaient des navires aussi grands, pour le moins, que ceux dont nous nous servons dans nos expéditions maritimes.

« Rollon jugea que l'on ne s'emparerait pas de cette cité, où les Anglo-Saxons avaient dû réunir leurs troupes et leurs richesses, sans de grands efforts, sans des combats meurtriers ; et il se décida à former un camp dans un emplacement qui lui sembla favorable. Trois mille guerriers se mirent aussitôt à creuser de larges fossés, tandis que d'autres dressaient nos tentes. Et bientôt, à l'abri de toute surprise, nous nous livrâmes au repos.

« Au milieu de la nuit, des guerriers qui veillaient pour la garde du camp entendirent tout près d'eux les sons harmonieux d'une harpe ; et, bientôt après, une voix pleine d'expression chanta, en langue scandinave, et les hauts faits des Danois, et la gloire de Rollon. Surpris, émerveillés de rencontrer, dans un pays ennemi, un partisan de leur nation, ils appellent le chanteur, et, dans leur enthousiasme, l'invitent à entrer dans le camp. Il ne se fit pas prier ; et le reste de la nuit, il charma, par ses chants, l'ennui des sentinelles. Quand le jour vint, il fut accueilli, fêté par tous les Danois : il fallait que, dans chaque tente, il bût et chantât.

« Rollon lui-même voulut entendre le fameux

joueur de harpe, et le fit appeler dans sa tente, où je me trouvais seul avec lui. Nous fûmes frappés de la physionomie grave et noble de ce singulier personnage. Mais quel puissant intérêt il inspira à Rollon quand il se mit à chanter, en s'accompagnant de la harpe, les malheurs du roi Alfred, banni par d'ingrats sujets de son toit paternel! Il le peignit errant dans les forêts, arrachant de la terre, pour se nourrir, des racines amères. Il nous dit ensuite comment, poursuivi par l'un des usurpateurs de son trône, il s'était réfugié dans la cabane d'un misérable porcher; comment il fut forcé de servir le plus ignoble, peut-être, de ses sujets, de mener ses porcs dans les marais, et, souvent, de partager avec eux le reste des mets grossiers que le porcher leur abandonnait.

« A ce récit, les yeux de Rollon exprimèrent la pitié, l'indignation.

« Oh! s'écria-t-il, s'il m'était donné de venger l'injure de ce roi, dont on m'a vanté si souvent l'esprit et la sagesse; de le replacer sur un trône qu'il était si digne d'occuper ; je ne regretterais pas mon expédition en Estanglie! Mais où le trouver?.... que sera-t-il devenu?.... »

Le joueur de harpe jeta alors les yeux autour de lui ; et, voyant qu'il n'y avait dans la tente nul autre guerrier que Rollon et moi, il nous dit :

« Je suis Alfred ! »

« A ce mot, Rollon lui tendant les bras :

« Viens, mon respectable hôte, viens, que je te presse sur ma poitrine, en attendant que je replace sur ta tête une couronne. »

« Alfred voulut s'incliner devant lui : « Oh! mon héros, disait-il, recevez ma foi, je me fais votre vassal. »

« Rollon, le relevant, le fit asseoir à ses côtés, et ils se concertèrent ensemble sur les moyens les plus prompts de soumettre les Anglo-Saxons, et, surtout, de s'emparer de leur grande cité, en face de laquelle notre camp était assis.

« Les renseignements que donnait Alfred étaient très-importants : il connaissait des chemins secrets qui conduisaient dans les forteresses mêmes, ou dans des quartiers de la ville, qu'il était impossible de défendre.

« Afin que la nouvelle du retour de leur roi ne parvînt pas aux oreilles des Anglo-Saxons qui, pour ne pas retomber sous son joug et s'exposer à sa vengeance, combattraient sans doute avec plus d'opiniâtreté, il fut convenu, entre Rollon et lui, qu'il continuerait, dans le camp des Danois, son rôle de joueur de harpe; mais que, toutes les nuits, il viendrait conférer avec

Rollon sur les meilleurs plans à suivre pour mettre à fin leur grande entreprise.

« Depuis près d'un mois, nous étions restés oisifs dans notre camp, n'ayant pour toute distraction que des exercices militaires et les chants de notre joueur de harpe. Le bruit se répandit que Rollon ne songeait plus à s'emparer de Londres; qu'il préférait de conduire l'armée dans le nord de l'île, où nous trouverions, et plus de butin, et des succès plus faciles. Et, en effet, on nous avertit de nous tenir prêts à partir dans trois jours.

« Au terme fixé, nous pliâmes nos tentes en plein jour, et sans même chercher à éviter les regards des habitants de la ville qui, du haut de leurs tours, riaient de notre lâcheté, et, par des gestes insultants, nous témoignaient leur mépris. Rollon eut beaucoup de peine à nous empêcher d'aller nous venger à l'instant de ces insultes.

« Quand l'armée fut à quelques milles du camp qu'elle venait d'abandonner, elle reçut l'ordre de pénétrer dans un bois très-sombre qui était à notre droite, et de ne suivre d'autre guide que le joueur de harpe, qui marchait à sa tête, un haut panache rouge sur son bonnet. La nuit vint, et nous ne cessâmes pas de mar-

cher dans ce bois : c'étaient alors les sons de la harpe de notre chanteur qui nous indiquaient la route qu'il fallait suivre.

« Quand l'aurore parut, nous nous trouvions sur la lisière du bois, et notre surprise fut extrême de voir devant nous une des portes de Londres : nous comprîmes que, pendant la nuit, nous avions tourné la ville.

« On n'entendait au dedans aucun bruit, pas même une voix ; et, autour, on ne voyait point de soldats, pas même une sentinelle. C'est que tous les habitants en étaient sortis pour aller visiter notre camp désert, et s'emparer de ce que nous avions pu y laisser en armes ou subsistances. Nous ne trouvâmes donc dans les rues que des femmes et des enfants qui, à notre aspect, couraient s'enfermer dans leurs maisons. C'était une précaution inutile ; car il nous avait été défendu de faire le moindre mal à tout habitant désarmé. Nous occupâmes, sans résistance, les tours et les fortifications. De là, nos soldats purent voir la foule immense des curieux, qui étaient allés visiter notre camp, retourner vers la ville, heureux et triomphants. Ils avaient orné leurs têtes de pampres verts, et revenaient, en chantant, chargés du maigre butin qu'ils avaient fait dans leur expédition,

butin qui ne consistait qu'en de vieux bois de lances, en casques troués, en marmites cassées.

« Quand ils virent une partie de notre armée autour de la ville, et qui leur en défendait l'entrée, leur terreur fut si grande qu'ils ne songèrent pas même à fuir. Tous tombèrent à genoux, en criant : Miséricorde !

« Rollon alors s'avança vers eux, les rassura par des paroles bienveillantes; il leur permit même de rentrer dans leurs foyers, leur disant que le lendemain il les convoquerait pour leur faire connaître ses intentions. Ils passèrent entre deux rangs de nos guerriers, le front humble, les yeux baissés; mais ils n'entendirent aucun mot injurieux. Et bientôt après, dans la ville occupée par nos troupes, régna un calme profond.

« Le lendemain, tous les habitants furent appelés sur une grande place qui bordait la Tamise. Au milieu s'élevait une large estrade, sur laquelle étaient rangés des évêques et des prêtres; ils entouraient deux siéges plus élevés que les autres. Au-dessus de l'un de ces siéges flottait une bannière rouge.

« Des cors annoncèrent l'arrivée de Rollon, qui venait à l'assemblée accompagné d'un personnage vêtu d'un manteau royal, et portant sur la tête une couronne : c'était Alfred. Tous

deux montèrent sur l'estrade, et occupèrent les deux trônes. Rollon se leva, et dit :

« Anglo-Saxons, des méchants, parmi vous, « avaient proscrit votre roi, qui ne s'occupait « que de votre bonheur. Je suis venu vous le « rendre. Le voilà, cet Alfred, si injustement « banni de ses États! Il vous pardonne. Qu'il soit « désormais votre roi. »

« Toute l'assemblée s'écria : « Qu'Alfred soit notre roi! Gloire à Rollon qui nous le rend ! »

« Alfred alors s'élance jusqu'au bord de l'estrade :

« Peuples de l'Estanglie, trop long-temps nous « avons refusé aux Danois de venir se confondre « avec nous sur une terre assez vaste pour tous « nous contenir. Cédons-leur une portion de « nos contrées. Que leur brave chef, qui m'a « ramené parmi vous, règne sur la riche pro« vince de *Norfolcia**; qu'il en partage les terres « entre ses braves compagnons. Je le déclare « dès à présent roi de Norfolcia. »

« En cet instant un évêque se leva, et dit :

« Des chrétiens ne peuvent accueillir, au milieu d'eux, des adorateurs d'un autre dieu. Que Rollon et ses braves compagnons se purifient dans les eaux saintes du baptême, et alors nous

---

* Norfolck.

les traiterons en frères. Mais je ne consentirai jamais à ceindre du bandeau des rois de l'Estanglie, le front d'un guerrier qui pourrait ramener au milieu de nous l'affreux culte des idoles. »

« Rollon sourit, et prenant à son tour la parole :

« Peuples d'Estanglie, dit-il, la reconnaissance
« d'Alfred l'a porté à me sacrifier une portion de
« ses États : je lui en rends grâces; mais je n'en
« veux point. Mon ambition est tout autre. J'ai
« laissé, de l'autre côté de la mer, une Neus-
« trienne pour qui, il est vrai, je désire une
« couronne; mais c'est dans son propre pays, sur
« sa terre natale, que je veux ceindre sa tête du
« diadème : nulle part ailleurs, je ne veux être,
« je ne serai roi. Pour vous, obéissez à un seul
« maître, au sage Alfred. Ou je me trompe bien,
« ou vous admirerez, vous conserverez les justes
« lois qu'il se propose de vous donner, et, jus-
« que dans les siècles à venir, l'Estanglie bénira
« sa mémoire. »

« Toute l'assemblée témoigna sa satisfaction par des murmures approbateurs, et elle se sépara. Le nom de Rollon était dans toutes les bouches.

« Cependant un assez grand nombre de nos guerriers, las sans doute de la guerre et de la vie aventureuse qu'ils avaient menée jusque-là, avaient été séduits par les offres brillantes d'Al-

fred. Ils demandaient à rester dans les contrées qu'on avait promises aux Danois, et ne répugnaient point à se faire chrétiens pour posséder des terres. Rollon ne s'y opposa point. Il ne voulait, disait-il, autour de lui, que des hommes fidèles à leur dieu comme à leur chef. Nous vîmes avec regret plusieurs milliers de Danois se séparer de notre armée, et, entre autres, un des principaux chefs, *Gudrun*, que nous appelions nous-mêmes *le Féroce*, parce qu'il s'était toujours montré implacable. Quel fut notre mépris pour lui, quand nous le vîmes, au milieu des évêques, vêtu de la longue robe blanche des néophytes !

« Au reste, nous fûmes amplement dédommagés de ces pertes. Le courage, la justice de Rollon avaient exercé un tel empire sur les Anglo-Saxons, qu'il s'en présenta une foule qui voulaient le suivre en Neustrie. Leur roi Alfred consentit à leur émigration [*].

« Ce sont ces milliers de braves que vous allez voir paraître, dans quelques jours, en ces lieux, et à la tête desquels Rollon se propose de finir ce trop long siége de Paris. »

« Oh ! ma mère, s'écria en ce moment Adal-

---

[*] Voyez l'épigraphe de ce chapitre, et la note XLI.

bert, voyez comme il est urgent que j'exécute les ordres de Rollon ; que j'aille choisir le lieu où doivent se réunir tant de braves guerriers. Je pars, à l'instant même, pour Paris ; je veux placer, tout près du camp de Sigefroi, celui qu'occuperont ces nouvelles troupes. Mais où trouverai-je un édifice convenable où mon père puisse, à l'abri de toute attaque imprévue, mûrir paisiblement ses plans de bataille, d'où il transmette promptement ses ordres à ses bataillons d'élite...

« — Il me semble, dit vivement Adelinde, que le palais des Thermes serait bien propre à cet usage. Dans ses vastes jardins, les troupes pourraient dresser leurs tentes, tandis que votre père occuperait le palais. Il est d'ailleurs, dans cet édifice, de longs souterrains qui conduisent jusque dans.... »

Ici Adelinde s'arrêta tout à coup, et, se couvrant le visage de ses mains :

« Oh! qu'ai-je fait ? s'écria-t-elle ; je suis Française, et j'indique les moyens de soumettre mon pays! »

« Quel trait de lumière! s'écria le jeune guerrier ; et nous vous le devons, chère Adelinde! Oh! comment n'avais-je pas songé à ce vieux palais, à son parc ? Tout cela est désert depuis

notre furtif départ ; rendons des habitants au plus délicieux des séjours... »

Pendant cette conversation, Judith paraissait réfléchir profondément. Sortant bientôt de sa rêverie :

« Adelinde, dit-elle, nous a confié que, dans ce palais, il y avait de longs souterrains.... Il ne faut pas négliger cet avis; il faut qu'elle nous les fasse connaître ces souterrains. Dès demain, à l'aube du jour, nous partirons avec vous, Abalbert, pour le palais de Julien. Sans doute nous n'avons rien à craindre pour notre sûreté?...

— Rien! s'écria Adalbert, au comble de la joie. Les Parisiens ne songent point à sortir de leur île : ils ont trop peur de nos troupes; d'ailleurs, nous ne marcherons point sans escorte. »

Adelinde elle-même ne put s'empêcher de témoigner de la satisfaction, lorsqu'elle entendit que, dès le lendemain, elle reverrait les lieux témoins de ses premiers jeux, comme de ses premiers soupirs; qu'elle s'y retrouverait encore avec l'amant qui l'en avait arrachée.

Il fut convenu que toutes les habitantes de l'ermitage accompagneraient le lendemain Adalbert et les messagers de Rollon dans leur visite au palais de Julien, toutes, excepté la dévote Odille.

Judith avait observé que le saint jour de Pâques arrivait le lendemain.

« Odille se doit tout entière, dans un si grand jour, avait-elle dit, aux exercices de son culte; il faut qu'elle reste à l'ermitage. »

Odille feignit d'en être satisfaite; mais, au fond de son cœur, elle était cruellement blessée :

« On m'exclut, se disait-elle, de cette espèce de fête, et l'on y admet cette impudente Godiva! On me la préfère en tout; on l'aime plus que moi!... »

Le soir, en se déshabillant, elle parla sur ce ton à la Neustrienne qui la servait. Quelle imprudence, et qu'elle eut des suites fatales! Cette esclave communiquait secrètement avec des espions apostés par Gozlin, non loin de l'ermitage.

Dans la nuit même, l'évêque de Paris eut connaissance du projet de voyage au palais de Julien.

CHAPITRE XXIX.

L'EMBUSCADE.

.... *Ubi vincere aperte*
Non datur, insidias, armaque tecta parant.

« Ne peuvent-ils vaincre en employant des armes loyales ? ils recourent aux embûches, et se servent d'armes proscrites. »

OVIDE.

Le jour commençait à poindre ; et déjà Adalbert donnait les ordres les plus précis pour que le voyage projeté s'exécutât presque sans fatigue pour les femmes. Il décida qu'elles feraient la route sur des brancards, couverts de moelleux coussins et portés par des Danois qu'il choisit parmi les plus vigoureux de ceux qui étaient préposés à la garde du Mont-Valérien. Comme il fallait traverser deux fois la rivière pour arriver plus directement sur la rive méridionale où s'élève le palais des Thermes, il expédia des ordres pour que de grands bateaux se trouvassent aux lieux qu'il désigna, prêts à transporter sur la rive opposée les voyageuses et leur cortége.

Tout promettait le jour le plus serein. Pas un nuage dans le ciel : le soleil, à l'horizon, brillait d'un éclat doux, que l'œil pouvait supporter.

Les trois voyageuses voulurent descendre à pied le monticule qu'elles habitaient, pour mieux respirer l'air que parfumaient les fleurs des champs, qui commençaient à s'entr'ouvrir, et les buissons d'aubépine qui, semés çà et là, des deux côtés du chemin, ressemblaient à des monceaux de neige.

Quand elles eurent passé le premier bras de la rivière, elles se placèrent demi couchées sur les trois brancards, dont chacun était porté par quatre Danois. Adalbert marchait devant elles, et tournait souvent la tête pour leur adresser quelques mots de tendresse. Cent guerriers, armés de lances, formaient leur escorte.

Nos voyageurs avaient pris le chemin qui traverse dans toute sa longueur la forêt de *Roveritum**. Godiva, qui si long-temps avait passé de tristes, de funestes jours dans l'obscurité d'une caverne, jouissait plus que ses compagnes du spectacle de ces grands arbres dont les branches commençaient à se revêtir d'un vert tendre ; son âme s'épanouissait comme celle d'un esclave dont on a

---

* Aujourd'hui le bois de Boulogne.

brisé les chaînes. Dans son enthousiasme, elle ne put s'empêcher de chanter, de célébrer le printemps et l'amour. Jusque-là, ses deux compagnes ne l'avaient point encore entendue chanter : la beauté, surtout l'expression de sa voix, les surprit, les émut. Oh! pourquoi chanta-t-elle?.... Adelinde, en l'écoutant, sentit se rouvrir la plaie mal cicatrisée de son cœur.

Ils arrivèrent ainsi à l'autre bras de la rivière, qu'ils traversèrent, aussi facilement que le premier, sur les bateaux qui les attendaient, et abordèrent sur la rive méridionale, un peu au-dessous de la cabane qu'avait abandonnée le pêcheur Marc-Loup. Adalbert la fit remarquer à son amie, qui d'abord sourit, puis soupira ; et, sans dire un seul mot, elle indiqua de la main à son amant la roche près de laquelle ils s'étaient furtivement embarqués près de neuf mois auparavant.

Ils eurent bientôt traversé la plaine si unie et si verdoyante de Saint-Germain. Lorsqu'ils furent près du camp de Sigefroi, le lieutenant qui commandait les troupes que ce chef y avait laissées fit ranger ses bataillons sur leur passage, et reçut les félicitations d'Adalbert sur le bon ordre qui régnait dans sa petite armée.

De là, ils apercevaient les hauts toits du palais des Thermes ; et ils ne tardèrent pas à se

retrouver dans ce palais, sous le vestibule même où Adelinde avait accueilli avec tant de bienveillance le *pélerin* Adalbert. Ils s'y délassèrent un moment, et s'y restaurèrent par un bon repas; car les Danois, en quittant le matin l'ermitage, n'avaient point négligé de se pourvoir de vin, et de se charger de provisions de bouche.

Le palais, les jardins, tout était désert : il n'était pas même resté un concierge. Adalbert et les trois femmes allèrent parcourir l'antique demeure, tandis qu'à son tour, l'escorte réparait ses forces par des mets substantiels. Dans cette excursion, Adalbert reconnut qu'on pourrait fort bien placer le camp des dix mille hommes qu'amenait Rollon dans le vaste jardin du palais; qu'aucun travail n'y était nécessaire, puisque les murs épais qui en formaient l'enceinte suffiraient à la sûreté du camp. Quant à Adelinde, elle faisait remarquer à son ami, et le créneau d'où elle lui avait parlé pour la première fois, et le bosquet où elle reçut ses premiers serments. La vive Godiva sautait, bondissait sur la pelouse, comme la génisse qui, sortant au matin de l'étable, peut errer en liberté dans un gras pâturage. Mais Judith paraissait rêveuse, mélancolique : ses yeux étaient incessamment tournés vers une colline voisine, sur le penchant

de laquelle on apercevait les ruines d'un vaste édifice, d'un monastère. « C'est là, se disait-elle, que se sont écoulées rapidement les années de mon adolescence! »

Le soleil commençait à décliner vers l'occident; il fallut songer au retour. Mais Judith se rappela qu'Adelinde avait dit, la veille, qu'il y avait dans les Thermes des souterrains dont elle ignorait l'issue; et elle pensa qu'il serait prudent de les visiter, avant que Rollon vînt s'établir dans le palais.

« Rien de mieux, dit Adelinde; accompagnez-moi, je vais vous en montrer l'ouverture. »

Et elle les conduisit vers une espèce de tourelle qui occupait un des angles de la grande cour. Pour entrer dans cette tourelle, il fallait repousser et faire rentrer dans le mur une grosse tige de fer qui en fermait la porte. Après bien des efforts (car le fer s'étant rouillé, la barre ne coulait plus facilement dans la mortaise tracée dans le bois de la porte), Adalbert était parvenu à l'ébranler, à en faire rentrer une partie dans le mur, lorsqu'il crut entendre un bruit de pas dans l'intérieur de la tourelle, et même un bruit d'armes qui se choquaient. Il prête de nouveau l'oreille, et ne doute plus qu'il n'y ait du monde dans l'intérieur; que même on s'efforce, du dedans, de repousser cette porte que, lui-même,

allait si imprudemment ouvrir. Il fait signe aux femmes de s'éloigner, et leur recommande tout bas d'avertir les guerriers de l'escorte.

Toutes trois volent à la salle du festin, où elles trouvent leurs Danois buvant, chantant en toute sécurité. A peine leur ont-elles dit quel danger les menaçait que tous prennent les armes, et courent se ranger autour d'Adalbert. Échauffés par le vin qu'ils avaient bu, ils tentent aussitôt d'ouvrir la porte pour combattre les ennemis que renfermait la tourelle; ils jurent que pas un ne leur échappera. En vain Adalbert aurait voulu qu'ils différassent, qu'ils prissent quelques mesures de prudence : rien ne peut les arrêter. Vingt bras vigoureux ont bientôt fait rouler la barre de fer qui résistait : la porte fut ouverte; et Adalbert ne vit pas, sans frémir, dans l'intérieur une foule de guerriers bien armés qui se pressaient pour sortir dans la cour.

Pendant quelques instants, les Normands parvinrent à les empêcher de déboucher : ils en firent tomber plusieurs; mais, tandis qu'on s'occupait à combattre ceux qui se montraient les premiers, d'autres se glissaient par derrière les combattants; et déjà une partie de la cour était remplie d'ennemis. Adalbert craignit avec raison que sa petite troupe ne fût bientôt enveloppée, et lui ordonna de se retirer en bon ordre, s'il

était possible, vers le palais. Mais les Danois étaient trop animés; il ne fut point obéi. Il n'y avait plus pour lui, dès lors, d'autre parti à prendre que d'empêcher que ceux des ennemis qu'il voyait s'étendre, sans combattre, sur les côtés de la cour, ne gagnassent du terrain. Il s'élance, comme un trait, à la tête de trois guerriers seulement qui consentirent à le suivre, sur un peloton de Parisiens qui s'étaient plus avancés que les autres. Mais, à peine se trouvait-il devant eux, qu'un autre peloton bien plus nombreux, qu'il n'avait pas aperçu, parce qu'il était caché par des buissons touffus qui croissaient dans la cour, l'enveloppa, le saisit, l'entraîna vers la tour, où étaient encore un grand nombre de leurs camarades. Les Danois qui l'avaient suivi voulurent en vain le reprendre, avant qu'on lui eût fait franchir le seuil de la tour : ils succombèrent sous le nombre.

Cependant le combat continuait toujours dans la cour. Les Danois se battaient avec tant d'ardeur qu'ils ne s'aperçurent même pas que leur jeune chef leur manquait. Les Parisiens comprirent qu'ils ne parviendraient jamais à vaincre de tels guerriers, quand même ils pourraient les envelopper; et trop des leurs avaient mordu la poussière, ils étaient réduits à un trop petit nombre, pour qu'ils pussent espérer quelque

succès de cette manœuvre. D'ailleurs, ils avaient à craindre que les troupes de Sigefroi, averties par le bruit du combat, n'accourussent de leur camp au secours de leurs compatriotes. Ils ne songèrent donc plus qu'à la retraite; mais, en reculant, ils combattaient toujours. Les Normands les poursuivirent avec acharnement jusqu'à la porte de la tour : tous s'empressaient d'y entrer, et les Normands ne s'y opposaient même pas, dans l'espoir de les y prendre ainsi entassés.

Les Normands ignoraient que, dans cette tour, était l'ouverture d'un vaste souterrain par où s'échappaient leurs ennemis. Les premiers guerriers normands qui entrèrent dans la tour furent très-surpris de n'y trouver personne; mais ils découvrirent bientôt l'ouverture du souterrain. Ils hésitèrent à s'élancer, dans de telles ténèbres, à la poursuite de leurs ennemis : quelques-uns plus intrépides osèrent franchir l'entrée de la voûte souterraine, et, la lance en avant, ils y marchèrent quelque temps dans la plus épaisse obscurité. Ils entendaient, non loin d'eux, les pas et même les voix des fuyards, ce qui redoublait leur courage et leur espoir. Mais, tout à coup, ils se virent arrêtés dans leur marche par une forte grille de fer, qui traversait le souterrain dans toute sa largeur, et qu'ils voulurent

en vain ébranler. Aussitôt, la partie du souterrain que séparait la grille retentit de bruyants éclats de rire; et, bientôt, se joignirent aux ris moqueurs des propos plus insultants encore. Ils frémissaient de rage; mais que pouvaient-ils faire? il fallut qu'ils revinssent, tristes, honteux, sur leurs pas.

Hélas! ils étaient loin de penser que les Parisiens qui fuyaient par le souterrain emmenaient avec eux une riche proie. Quels furent leur rage, leur désespoir, quand, revenus au jour, ils entendirent des gémissements retentir dans tout le palais; que partout, on appelait, en sanglotant, le brave fils de Rollon, le jeune Adalbert!

La nuit était venue. Marc-Loup, qui avait été informé d'avance du projet de l'excursion au palais des Thermes, avait profité de l'obscurité pour descendre la rivière dans sa barque, et se rendre secrètement près de Judith. En arrivant, il fut témoin de la douleur des trois femmes. Il avait bien entendu parler à Paris d'une escarmouche des Parisiens contre les Normands; mais on n'y savait point encore, et il ignorait aussi qu'Adalbert fût resté dans les mains des vaincus. Cette nouvelle le troubla.

« Oh! s'écria-t-il, quel a été mon aveuglement! et comment n'ai-je pas deviné que les Parisiens allaient tenter de vous surprendre! Même en plein jour, et au risque de me compromettre, de perdre la vie peut-être, je serais venu vous avertir des dangers qui vous menaçaient. J'ai bien vu, ce matin, lorsqu'à peine il faisait jour, des pelotons d'hommes armés qui passaient rapidement sur le petit pont pour se rendre sur la rive du midi. Au lieu de suivre le chemin direct qui conduit aux Thermes, ils descendaient à gauche sur la grève, et, bientôt après, disparaissaient sous une voûte, dont l'ouverture est sur la rivière même. Mais j'avais toujours cru que cette voûte, que j'avais bien des fois remarquée, n'était qu'un de ces anciens aquéducs, dont on voit des restes dans toute la campagne qui environne Paris, et je pensais que les troupes parisiennes ne s'engageaient dans ces souterrains que pour aller, sans être aperçues des Normands, chercher aux environs des vivres, dont on commence à sentir le besoin dans la ville. Il ne m'est nullement venu dans l'idée que Gozlin et le comte Eudes avaient pu être informés de votre projet de voyage aux Thermes. Quel est donc le démon qui les instruit de vos démarches les plus secrètes? Tous vos Da-

nois, je le crois, sont fidèles, incorruptibles ; mais prenez garde aux Neustriennes qui vous servent !

« Vous voilà échappées, du moins vous et vos compagnes, aux embûches des Parisiens ; mais ici vous n'êtes point encore en sûreté. Qui sait si, fiers d'un premier succès, les Parisiens ne tenteraient pas, cette nuit même, quelque autre entreprise qui pourrait n'être pas moins funeste. Il faut, sans perdre de temps, monter sur des bateaux armés, et retourner par eau jusqu'à l'ermitage. Quant à moi, je regagne aussitôt Paris : j'y ai beaucoup d'amis ; un petit juif, entre autres, qui a un libre accès dans le palais du comte Eudes, parce qu'il trouve moyen de lui procurer de l'argent et des femmes, m'informera de tout ce que l'on dira dans l'intérieur du palais, de tout ce qu'on y pourrait tramer de funeste contre Adalbert. Vous serez informées de tout, soit par moi, soit par quelque autre partisan des Normands que je dépêcherai vers vous. Mais ne perdez pas de temps pour fuir. »

Judith reconnut que, dans les fatales circonstances où l'on se trouvait, il n'y avait rien de plus sage que de suivre les avis du pêcheur, et donna ordre qu'on fît approcher des bateaux chargés d'hommes armés. Adelinde fondait en

larmes : elle aurait voulu rester, mourir aux lieux où elle avait été violemment séparée du seul être qui pouvait l'attacher à la vie; mais il lui fallut se résigner à suivre Judith. Quant à Godiva, elle disait :

« Me voilà donc encore témoin d'un grand désastre ! Il semble que, toujours, j'appelle le malheur sur la tête de quiconque me protége et m'aime ! »

Marc-Loup accompagna Judith et ses compagnes jusqu'aux bateaux, où elles s'embarquèrent avec leur escorte. Lui, rentra dans sa barque, et remonta vers Paris.

CHAPITRE XXX.

LE SINGE ACCUSATEUR.

Crescit in adversis virtus....
   Lucan., Pharsal., III.

« C'est dans l'adversité qu'éclate le courage. »
   Lucain.

Les guerriers parisiens, commandés pour l'expédition des Thermes, n'étaient point encore de retour. Marc-Loup trouva tous les habitants de la ville dans une grande anxiété. Réunis sur la grande place, en face de la cathédrale, ils avaient tous les yeux tournés vers une des tours de l'église, attendant que l'on élevât la torche allumée, qui devait annoncer l'arrivée des guerriers, dès que, sortis du long souterrain, on les verrait paraître sur le petit pont.

La torche ne tarda pas à briller sur le haut de la tour ; et, aussitôt, mille cris de joie partent de tous les coins de la grande place. Mais emmènent-ils avec eux la famille de Rollon ?

c'est ce qu'on brûle d'apprendre; et la foule se précipite à leur rencontre, et remplit la rue qui aboutit au petit pont.

Ils criaient bien : Victoire! et pourtant, on ne voyait point, comme on s'y était attendu, des femmes enchaînées au milieu d'eux. Les Parisiens n'étaient pas entièrement satisfaits; mais lorsqu'on s'aperçut que les gens de l'expédition traînaient après eux un jeune guerrier danois, sans casque, les mains liées derrière le dos; lorsque, à la richesse de ses habits, on ne put douter que ce prisonnier ne fût un des principaux chefs de l'armée ennemie, l'air retentit d'acclamations. On se pressait sur le passage de l'escorte: vieillards, femmes, enfants, tous voulaient voir le chef danois. Son attitude était calme et noble; il inspirait l'intérêt. Les femmes, surtout, paraissaient le plaindre; plus d'une pleura en le voyant passer.

On le conduisit, ainsi garrotté, au palais du comte, et l'on allait lui en faire franchir la porte, lorsqu'une femme, qui sortait en ce moment du palais, poussa un cri de surprise.

« C'est lui! dit-elle à haute voix : je le reconnais; c'est le compagnon du pèlerin... »

Ici, elle se tut, car elle sentit qu'une main tirait sa robe par derrière; elle se détourna brusquement, et reconnut Marc-Loup. Dans ses

yeux sévères, elle lut qu'elle ferait une faute, si elle ajoutait un mot de plus. Mais elle en avait déjà trop dit, comme on le verra bientôt.

Cette femme indiscrète, c'était Barbara, l'ancienne suivante d'Adelinde, celle qui, si l'on veut bien se rappeler le commencement de notre histoire, avait involontairement coopéré à l'enlèvement de cette sœur du comte Eudes. Depuis quelques mois elle était l'amie intime de Marc-Loup, pour ne pas dire sa maîtresse. L'adroit pêcheur était parvenu, grâces au petit juif qui la connaissait depuis long-temps, à se faire admettre auprès d'elle ; et comme Barbara n'avait jamais repoussé les hommes dont les traits mâles et prononcés annonçaient une grande vigueur d'âme et de corps, Marc-Loup n'avait pas eu de peine à prendre sur elle beaucoup d'empire. Tout ce que l'on faisait ou disait dans le palais du comte, où elle demeurait en qualité de directrice des femmes qu'autrefois Adelinde avait eues à sa suite, il l'apprenait d'elle, ou du petit juif qui leur vendait des bijoux, des voiles, des parfums. Mais le prudent Marc-Loup ne lui avait jamais fait confidence des relations secrètes qu'il entretenait avec les Normands.

Les mots échappés à Barbara avaient été avidement recueillis par quelques témoins, qui se firent un mérite d'aller les répéter, à l'instant

même, au comte Eudes et à Gozlin. Le prisonnier ayant été introduit dans la principale salle du palais, les deux souverains du pays, le comte et l'évêque, l'interrogèrent d'abord sur son nom et son titre dans l'armée. Adalbert ne cacha point qu'il était fils de Rollon, et qu'il commandait l'armée en son abence.

Ce fut alors qu'on fit paraître Barbara, et qu'on la somma de déclarer si, comme elle l'avait dit hautement, elle reconnaissait ce jeune guerrier, et dans quelle circonstance elle l'avait connu. Marc-Loup, qui avait bien prévu qu'elle serait appelée en témoignage, lui avait représenté que, si elle avouait que ce chef pouvait bien être le ravisseur d'Adelinde, elle ne pourrait plus le soustraire au supplice qui le menaçait; qu'elle serait la cause de la perte, et presque le bourreau d'un si beau jeune homme. Il en fallait moins pour toucher le cœur de Barbara. Toutes les réponses qu'elle fit aux questions qu'on lui adressa, Marc-Loup les lui avait préparées d'avance. Elle se contenta de déclarer que, si elle avait paru reconnaître ce jeune chef, c'est qu'elle avait vu autrefois errer, dans les rues de Paris, un jeune jongleur qui lui ressemblait pour la taille, la figure, la couleur des cheveux; que sa beauté l'avait frappée; qu'il accompagnait un pélerin plus âgé....

«Voilà tout, ajouta-t-elle, absolument tout ce que je puis déposer. Je n'ai nulle certitude que ce soit là le jongleur que j'ai vu; et même, à présent que je considère avec plus d'attention le prisonnier, je ne lui trouve plus avec le jongleur autant de ressemblance.»

Gozlin crut remarquer quelque chose de louche dans cette déclaration.

«Si ce Normand, dit-il, est le jongleur que l'on a vu dans Paris, comme je suis très-porté à le croire, c'est pour prendre une idée de nos forces, explorer l'état de nos fortifications, qu'il s'est introduit, sous un déguisement, dans nos murs. Nous ne devons plus dès lors le considérer comme un prisonnier ordinaire : espion, il mérite la mort. Mais attendons de plus sûres informations. »

On remit au lendemain le jugement de cette importante affaire; et, en attendant, on décida qu'Adalbert serait conduit dans la prison de la ville.

Déjà l'on s'apprêtait à emmener le prisonnier, lorsqu'on entendit gratter fortement à une porte qui conduisait, de la salle d'audience, à l'appartement qu'occupait, dans le palais, l'évêque Gozlin. Tous les assistants prêtent l'oreille; les grattements redoublent de force, et il s'y mêle des accents d'impatience, de désir, ou plutôt des espèces de gémissements. Un garde, qui

était posté près de la porte, s'empresse de l'ouvrir, sans attendre qu'on lui en donne l'ordre; et aussitôt s'élance dans la salle un singe qui, dans quelques sauts, parvient jusqu'aux pieds d'Adalbert, le caresse en jetant de petits cris de joie, vifs, pressés; monte à son cou, sur ses épaules, redescend à ses pieds, qu'il baise, et sur lesquels il se couche avec un frémissement de plaisir.

Adalbert avait reconnu ce pauvre animal qu'il avait tant fait danser au son de sa rote; mais il aurait bien voulu qu'en telle circonstance il ne lui eût pas donné de si vifs témoignages d'affection. C'était bien là, en effet, le singe de Nitard. Depuis son exorcisme, il n'avait point quitté la demeure de Gozlin, et le prélat s'amusait souvent à jouer avec lui dans ses heures de loisir.

« Eh bien ! dit Gozlin en regardant Barbara d'un œil sévère, nierez-vous à présent que ce prisonnier ne soit vraiment l'espion qui parcourait, il y a quelques mois, avec ce singe, les rues de Paris ; qui osa même s'introduire dans le château des Thermes ? »

Barbara, confuse, troublée, baissait la tête, et ne répondait rien.

Gozlin ordonne qu'à l'instant même l'espion Adalbert soit conduit au supplice.

Mais le comte Eudes se lève, et déclare qu'il lui accorde deux jours pour se préparer à la mort. Ce n'était point par pitié, par esprit de justice, qu'il consentait à ce délai; mais il pensait, avec raison, que les Normands, pour obtenir la délivrance de leur jeune chef, d'un fils du puissant Rollon, feraient des propositions avantageuses, se résoudraient peut-être à lever le siége de Paris. Il était donc prudent, politique, de différer, de deux jours au moins, l'exécution d'un arrêt qui, du reste, lui paraissait équitable et conforme aux lois de la guerre.

Des gardes saisirent Adalbert, chargèrent ses mains de chaînes. On ne le conduisit point dans la prison publique; mais on le descendit dans le cachot le plus profond de cette même forteresse dont le comte Eudes avait fait son palais, cachot où le jour n'avait jamais pénétré.

A quelles amères réflexions se livra le malheureux Adalbert, seul, séparé de toute société humaine, enseveli, vivant encore, dans un tombeau froid et humide! Ce n'était point cette mort si prochaine, dont il était menacé, qui troublait son esprit: il avait appris de son maître Egill à mépriser la vie, à la considérer comme un songe, plus ou moins pénible, qui finit sans laisser ni trace, ni souvenir. Mais il était aimé de

deux êtres dont il eût voulu faire le bonheur et la gloire ! Toute sa fermeté l'abandonnait, lorsqu'il se représentait, en idée, et le muet désespoir de Judith, et l'immense douleur de cette jeune Adelinde, qu'il avait ravie à un frère qui la chérissait, mais de qui elle ne pouvait plus espérer de pardon.

Il avait passé dix heures entières dans ces mélancoliques idées, et, vaincu par le sommeil, il allait s'étendre sur la paille qui couvrait le sol, lorsqu'il crut entendre, dans le long escalier de pierre qui conduisait à son cachot, le bruit des pas d'une personne qui descendait les degrés ; et, peu de temps après, on repoussa les verrous, mais avec de grandes précautions, et comme si l'on eût craint d'éveiller les sentinelles.

La porte s'ouvrit, et une faible lumière éclaira les murs et la voûte du cachot. Adalbert voit s'approcher de lui une femme qui, levant jusqu'à la hauteur de son visage la lanterne qu'elle porte à la main, le considère quelques instants avec attention. C'était encore Barbara.

« Pauvre jeune guerrier, lui dit-elle, je suis la cause, bien innocente, il est vrai, de votre malheur ; mais que ne puis-je vous sauver, dût-il m'en coûter la vie ! Écoutez : Marc-Loup m'a dit : « Barbara, tire-le de sa prison ; et, dès de-
« main, je t'épouse, et, dès demain, je te don-

« nerai plus d'or, de bijoux que n'en possède
« ton maître, le comte Eudes. » Hélas ! il était
peu nécessaire de me faire de si brillantes promesses ; je n'étais que trop disposée à vous servir ; j'avais fait le mal, et déjà je songeais aux
moyens de le réparer. La difficulté, pour moi,
n'était pas de pénétrer dans votre cachot. Le
fils du concierge m'aime depuis quelque temps :
je l'avais toujours rebuté ; mais je viens de lui
promettre un rendez-vous pour demain, si, dérobant les clefs de la prison sous le chevet du
lit de son père, il me les confiait pour une heure
seulement. Ces clefs, les voilà ! mais, hélas ! de
quoi vous serviront-elles ? J'ai vu à la porte extérieure de la prison deux sentinelles, une épée
nue à la main. Oh ! il vous serait impossible de
franchir cette porte !....

« Cependant, ajouta-t-elle, vous êtes robuste,
et ne manquez pas de courage. Voici un poignard
que je vous apporte. Vous pouvez surprendre
ces gardes, les égorger..... Marc-Loup vous attend à quelques pas : vous parviendrez facilement jusqu'à la rivière, où vous trouverez sa
barque...... »

Adalbert saisit avidement le poignard, réfléchit un moment, et lui dit :

« Bonne, excellente Barbara, pour sauver mes
jours je n'immolerai point deux hommes inno-

cents. Je combats volontiers les guerriers corps à corps, je ne les assassine pas....... J'attendrai donc ici la mort. Mais, ce poignard, je ne l'accepte pas moins avec reconnaissance. Tu ne pouvais me faire un présent plus précieux ; je ne périrai point de la mort des lâches! Les yeux des Francs ne se repaîtront point du spectacle d'un Normand expirant sur un échafaud! tu m'as donné de quoi me soustraire à leur fureur... Va, ma chère Barbara, retourne vers Marc-Loup, et dis-lui que l'un de mes plus vifs regrets est de ne pouvoir le récompenser, comme je l'aurais tant désiré, de sa fidélité, de son zèle.... »

Barbara fondait en larmes : elle aurait voulu qu'il la suivît, armé de son poignard; mais elle l'en priait en vain.

Voyant que toute instance serait inutile, et que l'heure qui lui avait été accordée était bien près de finir, elle se disposait à remonter l'escalier du cachot; mais Adalbert, la retenant par le bras, lui dit :

« Encore quelques instants, Barbara ; tu peux me rendre un service. »

Et aussitôt, coupant avec le tranchant du poignard deux longues mèches de ses cheveux, il les remit à Barbara :

« Marc-Loup, lui dit-il, ira les donner, l'une à ma mère, et l'autre à celle qui devait être la

compagne de ma vie. Il leur dira : « Vous le
« voyez, c'est à vous seules qu'il pensait en mar-
« chant au trépas. Mais consolez-vous de sa perte ;
« si ce que nous apprennent les scaldes, dans
« notre enfance, a quelque vérité, vous le re-
« trouverez dans le vaste palais d'Odin. Là, il
« n'y aura plus d'Eudes, ni de Gozlin qui puis-
« sent vous séparer de lui ! »

Barbara promit tout : elle inondait de larmes
les mèches des blonds cheveux qu'elle avait dans
les mains; puis, elle se hâta de les envelopper
dans un mouchoir qu'elle cacha dans son sein.
Reprenant alors sa lanterne, elle quitta tristement le prisonnier, et alla rendre les clefs de la
prison au fils du concierge, qui l'attendait avec
impatience à la porte même de la chambre où
reposait son père.

Adalbert, plus tranquille, et résigné, sentit
ses yeux se fermer. Il put goûter quelques heures
de repos.

CHAPITRE XXXI.

LES NÉGOCIATIONS.

Dubia plus torquent mala.
SENEC. Tragediæ. — Agamemnon. act. III, sc. 1, v. 29.

« C'est le mal incertain qui tourmente le plus. »
SÉNÈQUE.

Le sommeil, qui apportait quelque calme dans l'esprit d'Adalbert, n'approcha des yeux, ni de sa mère, ni de son amie, ni même de Godiva et d'Odille. Cette dernière, à genoux, toute la nuit, ne cessa d'invoquer sa sainte patronne pour la délivrance du jeune guerrier, qui lui paraissait si digne de devenir un jour un adorateur du Christ. Oh! si elle avait su qu'elle seule, par son indiscrétion, par son trop de confiance dans les Neustriennes qui la servaient, était la cause du fatal événement, que sa prière eût été bien plus fervente! quelle rude pénitence elle se serait infligée!

Judith était sérieuse, mais ne répandait pas

une larme : elle méditait sur les moyens d'arracher promptement son fils à la prison ; car, pour sa vie, elle ne la croyait pas en danger.

Godiva cherchait à consoler Adelinde par toutes ces expressions de dévouement et de zèle qu'inspire la vive amitié. Tout à coup elle se leva de son siége, et prenant vivement une main de Judith :

« Oh! quelle idée vient d'éclairer mon esprit! ma généreuse protectrice, que je suis heureuse! je puis vous rendre votre fils ; oui, je puis le racheter des fers. Vous le savez, Gozlin avait fait proposer pour ma rançon des monceaux d'or et une foule de prisonniers normands. Eh bien! Judith, proposez-lui de me rendre en échange de votre fils. Il acceptera, car il a pour moi l'affection la plus tendre. »

Judith, la regardant avec le plus tendre intérêt, lui répondit :

« Si les conjectures que j'ai formées, en écoutant ton histoire, Godiva, sont fondées, comme je le crois, il se pourrait qu'en effet Gozlin fût disposé à accepter cet échange..... Nous tenterons peut-être..... Mais non ; nous nous flatterions en vain : la politique, l'intérêt de son pays, l'emporteront en lui sur tout autre sentiment. Il tient dans ses serres le fils de Rollon, du chef suprême de l'armée : jamais, il ne voudra lâcher

une proie si précieuse qu'à des conditions, peut-être, que l'honneur, l'intérêt de sa gloire défendront à Rollon d'accepter. »

Tels furent leurs discours pendant une longue nuit. Le jour commençait à paraître, et Judith était surprise et inquiète de n'avoir reçu aucun message de Marc-Loup. « Il m'avait tant promis, se disait-elle, de m'informer de tout ce qui se passerait à Paris! Voilà le jour venu, et je ne sais rien encore. »

En ce moment, elle s'aperçut qu'à la porte extérieure de l'enceinte de l'ermitage des hommes se disputaient; et, d'après quelques mots qui parvinrent à son oreille, elle devina facilement qu'on en refusait l'entrée à quelqu'un qui insistait avec force, et demandait que, du moins, on consultât la maîtresse de l'ermitage. Godiva, sur l'invitation de Judith, courut aussitôt vers la porte, et ordonna qu'on laissât pénétrer quiconque se présenterait sans armes. Tout obstacle cessa aussitôt; et Godiva reparut bientôt dans la chambre commune, avec le petit juif, marchand de parfums et de bijoux pour les femmes.

Cet honnête juif, que nous avons déjà vu paraître quelquefois dans cette histoire, avait l'art de se glisser partout, tenant toujours sous un bras la boîte qui lui servait de magasin. A l'aide

de cette boîte, il parcourait librement, tantôt le palais du comte Eudes, et quelquefois les deux camps des troupes normandes. Il observait tout, sans paraître prendre garde à rien, et rendait ensuite des comptes plus ou moins fidèles de ce qu'il avait observé, tantôt aux chefs du gouvernement français, tantôt aux agents des hommes du Nord ; pourvu, toutefois, que de bonnes récompenses le dédommageassent des fatigues et des dangers d'un tel emploi. Comme Marc-Loup, depuis quelque temps, le payait beaucoup mieux qu'Eudes et Gozlin, il s'était entièrement dévoué à la cause des Normands, et avait juré par Jéhovah de ne jamais les trahir, surtout pour des chrétiens qui méprisaient et persécutaient sa nation, chez laquelle, pourtant, avait pris naissance celui qu'ils appelaient le Messie.

Dès qu'il fut en présence de Judith, il affecta un air consterné, baissa les yeux : « Je suis chargé, dit-il, d'un bien douloureux message. » Et alors, il raconta, sans oublier le plus petit détail, par quel fatal accident Adalbert avait été reconnu comme espion et *condamné à mort*. A ces derniers mots, Adelinde s'évanouit ; Judith elle-même, la ferme Judith se troubla ; les gémissements, les sanglots retentirent dans toute la cellule.

Adelinde n'était point encore revenue à elle,

malgré les secours que lui prodiguait la sensible Godiva, lorsqu'on entendit, au loin dans la plaine, un bruit sourd et confus, qui ressemblait à celui d'une tempête dans une épaisse et vaste forêt. Bientôt après, toute la plaine, au-delà du Mont-Valérien, se couvrit d'une poussière blanchâtre, au milieu de laquelle on voyait étinceler les fers de plusieurs milliers de lances.

« Nous sommes sauvés, s'écria Judith; voici Rollon! il ne laissera pas périr son fils. Oh! qu'il arrive à propos!.... »

C'était en effet Rollon à la tête de sa nouvelle armée. Dans son impatience de revoir Judith, il avait hâté la marche de ses guerriers, et arrivait un peu plus tôt qu'il ne l'avait annoncé.

A peine son armée était-elle au pied du Mont-Valérien qu'il ordonna une halte; et, pour lui, franchissant le mont d'un pas rapide, il parvint en quelques minutes à la porte de l'enceinte de l'ermitage. Il y trouva les messagers qu'il avait expédiés à Judith, et qui venaient à sa rencontre, pour le prévenir d'avance des tristes nouvelles qu'il allait apprendre. Mais son empressement ne lui permit pas de les écouter; il ne remarqua même pas qu'une profonde affliction était peinte sur tous leurs traits. Ce ne fut qu'en entrant précipitamment dans la salle commune qu'il pressentit qu'un grand malheur venait de

frapper sa famille : de tous côtés des femmes éplorées; Adelinde pâle, les yeux tournés, renversée sur un siége, ne donnant des signes de vie que par des mouvements convulsifs.

Judith, le serrant dans ses bras, lui dit :

« O mon cher et noble époux! tu me retrouves la plus malheureuse des femmes. Notre fils est tombé hier dans une embuscade de nos ennemis; il est entre leurs mains! »

Le front de Rollon s'obscurcit à ces mots. Il fallut lui conter l'histoire du douloureux événement. A chaque détail, son œil devenait plus sombre, plus farouche; et, quand Judith finit son récit par ces mots : « Ils l'ont condamné à périr; demain ils le tueront! »

« Demain! s'écria-t-il, demain!.... Ils veulent donc que je n'épargne pas un habitant de leur ville; que je n'y laisse pas pierre sur pierre! »

Ses yeux lançaient des éclairs. Puis, redevenant un peu plus calme :

« Il me reste peut-être encore assez de temps pour prévenir le crime. Adieu, Judith; vous me reverrez bientôt. Armez-vous de votre courage accoutumé. Prenez soin d'Adelinde; et lorsqu'elle pourra vous entendre, dites-lui que je lui rendrai son amant, son époux, ou que Rollon aura cessé de vivre. »

Et, sans attendre une réponse, il redescendit,

en courant, vers son armée, et donna le signal du départ pour Paris. En quelques heures, ses nombreux bataillons couvrirent toute la rive gauche de la Seine; ils s'avançaient comme ces nuages épais qui portent la foudre.

Les Parisiens, du haut de leurs tours, virent avec effroi les plaines de Saint-Germain inondées d'un torrent de troupes nouvelles. Leur consternation fut au comble, lorsque, pour aller occuper leur camp dans le palais des Thermes, elles approchèrent des murs de la ville plus près que n'en avaient jusque-là approché aucun des anciens bataillons des Danois. On s'attendit à une prochaine et vive attaque; et presque aucun Parisien ne croyait qu'on pût se défendre avec quelque espoir de succès.

Dans cette extrémité, le comte Eudes appela l'évêque Gozlin pour délibérer avec lui sur les moyens de sortir avec honneur de la crise dont on était menacé.

L'avis de Gozlin fut de se préparer à la défense la plus opiniâtre; d'armer jusqu'aux femmes, s'il était nécessaire, et de ne faire jamais aux Normands aucune proposition de paix.

« Voyez, disait-il, s'ils ont exécuté fidèlement aucun des nombreux traités qu'ils ont faits avec nous. Ils prennent bien l'argent que nous leur

donnons pour qu'ils évacuent notre pays; mais ils ne s'éloignent que pour aller ravager quelque autre comté voisin, puis reviennent plus nombreux, plus formidables qu'ils n'étaient. Avec ces envahisseurs sans lois, sans morale, ces persécuteurs de notre saint culte, on ne peut espérer ni paix ni trève : il faut ou les détruire ou succomber. »

Mais Eudes lui représentait que les Parisiens étaient découragés et mouraient de faim; que l'empereur Charles, à qui il avait, depuis si longtemps, demandé des secours, et qui en avait promis, avançait si lentement qu'à peine il avait dépassé le Rhin; qu'il n'y avait donc rien à attendre de ce lourd, de ce stupide souverain....

Ils en étaient là de leur délibération, lorsqu'on vint remettre au comte Eudes une lettre que lui adressait le chef des armées normandes; et l'on ajouta que les envoyés porteurs du message, à qui l'on n'avait pas permis d'entrer dans la ville, attendaient dans leurs barques une réponse à ce message, qu'ils disaient très-important.

Eudes s'empresse d'ouvrir la lettre. Voici ce qu'elle contenait :

« ROLLON *au comte* EUDES. »

Dès ces premiers mots, Eudes s'écria :

« Quoi ! Rollon est à la tête des assiégeants !... et nous l'ignorions ! »

Sa main trembla, il pâlit. Gozlin lui-même ne put dissimuler sa surprise, ou plutôt son trouble.

Eudes continua de lire d'une voix émue :

« A mon arrivée au milieu de mes braves
« Normands, j'ai appris qu'Adalbert, mon fils,
« était prisonnier des Parisiens.

« Que demande le comte Eudes pour sa ran-
« çon ? J'attends sa réponse à l'heure même. »

Gozlin s'écria : « Enfin, Rollon tremble ! il craint notre vengeance !... Comte, pour de l'or vous laisseriez-vous séduire ? Nous pouvons, en nous montrant fermes, inébranlables, délivrer à jamais notre pays de la présence des barbares. Ne consentons point à briser les fers du fils de Rollon, quelles que soient les conditions qu'on nous propose.

— Cependant, disait Eudes, s'ils voulaient s'éloigner de cette terre qu'ils dévastent, quitter cette malheureuse Neustrie ?... »

Gozlin, jetant alors sur lui un œil sévère, lui dit :

« Vous croiriez-vous plus sage que votre évêque, que l'organe, le ministre du Très-Haut ? Je vous ai parlé au nom du ciel : soumettez-

vous aux conseils qu'il vous donne par ma voix. C'est moi qui dois répondre à Rollon. »

Et aussitôt prenant une plume, il écrivit à l'instant même, et au-dessous de l'écriture de Rollon :

« Le jeune chef normand qui est dans nos « fers a été convaincu d'espionnage : nos lois le « condamnaient ; la sentence est prononcée. De-« main, avant la chute du jour, il aura cessé de « vivre. »

Il replia froidement la lettre, et ordonna qu'on la reportât aux envoyés du chef des Normands.

Quand Rollon lut cet audacieux billet, il frémit, il écuma de rage. Il fut tenté d'ordonner, à l'instant même, un assaut général ; mais il réfléchit qu'il allait peut-être hâter le supplice d'Adalbert.

Au milieu de ses irrésolutions, une idée se présenta à son esprit ; une idée qui fit battre son cœur d'espérance :

« Il ne faut que gagner du temps, s'écria-t-il... Oh ! du moins, je suis bien sûr à présent que, demain, ils ne l'égorgeront pas... Nous verrons après... »

Et aussitôt, il envoya au comte Eudes un second message qui contenait ces mots :

« Ta sœur Adelinde est ma prisonnière. Si
« demain, avant que le soleil ait atteint la
« moitié de sa course, mon fils Adalbert ne
« m'est pas présenté vivant, la tête de ta sœur
« tombera aux yeux de tous les Parisiens. »

Quand Eudes reçut cette lettre, Gozlin était encore auprès de lui.

« — Oh! qu'avons-nous fait? s'écria le comte : ma sœur est dans les mains de Rollon !

— Je le savais depuis long-temps, dit Gozlin.

— Et pourquoi me l'avoir caché?

— Parce que je craignais votre faiblesse. Pour retrouver votre sœur, vous auriez peut-être livré votre patrie, renoncé à la gloire. Les Normands ont pillé nos églises, égorgé les saints ministres des autels. Resterions-nous sans venger la cause de Dieu pour sauver les jours d'une femme, qui, j'oserai le dire, mérite de souffrir tous les maux, puisqu'elle s'est volontairement donnée à un étranger, qu'elle a suivi un païen, et qu'elle a sans doute renoncé à notre sainte religion?

— Homme cruel, vous me percez le cœur... Mais, à présent, dites-moi du moins quel parti je dois prendre?

— Laissez-moi agir comme Dieu m'inspirera, répondit froidement Gozlin. Je tâcherai que votre sœur ne périsse pas; mais s'il fallait qu'elle

fût sacrifiée, pourvu que la cause de l'église triomphât, je pense que vous ne balanceriez pas. »

En même temps, il appela un garde, et lui ordonna de congédier les envoyés de Rollon, sans leur donner aucune réponse.

Il se disposa ensuite à quitter le comte Eudes, qui n'osa le retenir, quoiqu'il eût bien voulu connaître quels étaient ses projets.

En voyant l'évêque s'éloigner, le comte, indigné, ne put s'empêcher de dire tout bas :

« Toujours dur! toujours inexorable et sans pitié! toujours prêtre! »

CHAPITRE XXXII.

UNE SCÈNE SUR LE GRAND PONT.

Mucro, mucro, evagina te ad occidendum; lima te ut interficias, et fulgeas.

ÉZECHIEL, XXI, 28.

« Glaive ! glaive ! sors du fourreau. Aiguise ton tranchant, et brille dans la main de qui doit frapper. »

Le prophète ÉZÉCHIEL.

Qui pourrait exprimer l'indignation, la fureur de Rollon quand il vit ses envoyés revenir de Paris sans réponse !

Aussitôt il donne des ordres pour que ses troupes des deux rives de la Seine se préparent à un assaut général, qu'il fixe au lendemain, peu après que le soleil aura atteint la moitié de son cours. En vain on lui représenta que les machines que l'on fabriquait, d'après les avis du savant Egill, n'étaient point encore entièrement terminées.

« Des machines ! s'écria-t-il ; les hommes de

cœur ont-ils besoin de recourir à ces inventions de la faiblesse? Des lances et des bras vigoureux, voilà les meilleurs instruments de guerre; voilà ce qui, seul, procure la victoire. Avons-nous en besoin de machines pour inspirer la terreur partout où l'on nous a vus paraître; pour soumettre cent formidables cités? »

Les ordres de Rollon furent transmis aux deux camps; et les Parisiens s'aperçurent, non sans de vives inquiétudes, du haut de leurs tours, qu'un mouvement extraordinaire semblait agiter les deux corps d'armée des assiégeants.

En même temps, Rollon expédia vers le Mont-Valérien de fidèles messagers, qu'il chargea d'emmener avec eux, et dans le jour même, Adelinde.

Voici la lettre qu'il écrivait à Judith :

« Chère épouse, j'ai toujours l'espoir de re-
« mettre bientôt dans tes bras ton fils bien-aimé.
« Mais il faut qu'Adelinde vienne me trouver;
« il faut qu'elle parte, à l'instant même, seule,
« avec l'escorte des braves que je lui envoie.
« Qu'elle vienne sans nuls bagages, dans ses
« plus simples atours; je l'attends.
« Je ne puis encore te dire quels sont les mo-
« tifs de mon impatience. Mais qu'elle vienne. »

Judith ne douta plus dès lors qu'Adelinde ne dût être la rançon qu'il faudrait céder pour la

délivrance de son fils ; et elle s'empressa de montrer sa lettre à sa jeune amie, sans lui faire part de ses idées, sans même l'engager à obtempérer à la pressante demande de Rollon. Mais Adelinde qui, depuis le jour fatal où son amant était devenu prisonnier du comte son frère, n'avait cessé de verser des larmes que pour tomber dans une langueur qui ressemblait presque à la mort, se lève aussitôt dans un état d'exaltation impossible à dépeindre.

« Oh ! s'écria-t-elle, je le vois, je le sens, c'est moi qui suis destinée à le délivrer de ses fers, à lui sauver la vie ! Mon Dieu, que je te remercie ! Partons, partons à l'heure même. Où sont les messagers de Rollon ? sont-ils prêts ? me voilà. Mon frère et l'évêque Gozlin, quand je serai dans leurs mains, m'accableront sans doute d'injures, de reproches; peut-être ils me tueront..... mais il sera sauvé ! il me devra la vie, comme il l'a doit à Godiva ! Elle n'aura plus sur moi cet avantage..... »

Et aussitôt elle va trouver les guerriers de Rollon, et hâte leur départ. Judith, qui suivait tous ses pas, l'admirait, se sentait attendrie. Elle lui pressa tendrement la main, et imprima sur son front un long baiser.

Le jour était sur son déclin lorsque la petite

escorte, au milieu de laquelle voyageait Adelinde, arriva près du camp établi dans le parc du palais des Thermes. Rollon se promenait alors, plein d'une sombre mélancolie, sur la grève que la Seine avait laissée à découvert à quelques pas du camp.

Il fit approcher Adelinde, qui voulut, à son aspect, se jeter à ses pieds ou dans ses bras. Il la retint, et, prenant un visage sérieux et presque sévère, il lui dit : « Demain, Adelinde, il vous faudra faire preuve de courage; mais, je l'espère, vous verrez du moins votre amant. Allez vous reposer dans la chambre que vous occupiez autrefois en ce palais; à demain..... »

Comme il s'aperçut qu'elle se disposait à parler, à lui demander quelques explications : « Ne m'interrogez pas, ajouta-t-il; je ne vous dirai point, et vous ne devez pas connaître mes projets. » Puis, jetant sur elle un froid regard : « C'est bien : vous voilà telle que je voulais vous voir, sans parure, les cheveux en désordre. Restez ainsi : c'est ainsi qu'il faut que vous soyez demain. Retirez-vous. »

On fit entrer Adelinde, confuse et tremblante, dans le palais des Thermes.

Quand elle se vit seule dans cette même chambre qui lui rappelait tant et de si douces sensations, son cœur se brisa, elle fondit en

larmes. Ce *lendemain*, qu'on lui avait annoncé d'une voix si grave, presque sinistre, elle le redoutait comme un jour de mort. Mais elles revenaient aussi à son esprit, ces consolantes paroles : *Demain, vous verrez votre amant;* et, alors, elle eût désiré que l'aurore parût. Ce fut ainsi qu'elle passa la nuit entière, flottant entre la crainte et l'espérance.

Dès l'aube du jour, les troupes normandes des deux camps étaient sous les armes : tant au nord qu'au midi, les rives de la Seine étaient couvertes de guerriers dont les casques de fer, les boucliers, les lances réfléchissaient les premiers rayons du soleil. Leurs bannières de couleur rouge s'élevaient comme des phares éclatants au milieu de ces forêts de lances. Les Parisiens s'étaient réunis sur leurs murs, sur leurs tours, sur le grand pont : l'inquiétude, l'anxiété se peignaient sur tous les visages. On observait le plus profond silence.

Les Normands aussi restaient immobiles : ils semblaient attendre le signal de l'assaut.

Une heure avant le milieu du jour, on vit s'avancer, à force de rames et dans le plus grand ordre, cinq cents barques remplies de guerriers normands. Le vaste canal qui séparait les deux

divisions des troupes de Rollon disparut bientôt aux yeux ; on n'apercevait plus qu'une seule grande armée rangée en face du grand pont, et qui le débordait beaucoup de l'un et de l'autre côté. Quel aspect pour les Parisiens qu'un long armistice avait déshabitués des soins, des fatigues de la guerre !

A un signal donné par Rollon, qui, d'un tertre qu'il avait fait élever sur la rive, inspectait toute l'armée, une grande barque qui était à la tête des autres s'en détacha, et s'approcha du tertre. Au milieu de la barque s'élevait une estrade couverte d'un drap noir, et sur l'estrade on voyait dominer un poteau, haut seulement de quatre pieds.

D'après les ordres de Rollon, on avait amené près de lui Adelinde. Il n'avait seulement pas jeté les yeux sur elle, et paraissait uniquement occupé de l'ordre à établir dans son armée et des apprêts du combat. Mais enfin il s'en approcha, et, lui prenant durement la main, la força de le suivre et de monter avec lui sur la barque où était dressée la noire estrade. A peine y a-t-elle posé le pied que deux vigoureux Normands la saisissent, la font monter sur l'échafaud, et la lient fortement au poteau par le milieu du corps. Tremblante, éperdue, se croyant à sa dernière heure, elle leva les yeux vers le ciel, et puis

laissa retomber sa tête sur son sein, qui, comme son cœur, palpitait avec force.

Rollon se place aussitôt debout près d'elle. Il tient à la main un sabre nu.

La sinistre barque a quitté la rive : elle vogue vers le grand pont; dix autres barques couvertes de guerriers, dont l'arc est tendu, la suivent, lui servent d'escorte. Ils sont tout prêts à lancer leurs dards contre tout Parisien qui tenterait seulement de bander un arc.

La plus petite de ces barques, qui portait des hérauts d'armes, s'approche de très-près de la plus grande arche du pont : les hérauts, après avoir sonné deux fois du cor, somment, au nom de Rollon, le comte Eudes de faire conduire Adalbert sur le pont. Ils ne lui accordent qu'une heure pour se décider.

La grande barque qui portait Adelinde et Rollon s'était assez rapprochée du pont pour que la multitude qui le couvrait pût reconnaître la sœur de leur comte, et même entendre ses gémissements. Bientôt l'air retentit d'accents plaintifs et douloureux. Des hommes de toutes les classes du peuple se précipitaient vers les parapets du pont : ils tendaient vers Rollon des bras suppliants : « Grâce ! grâce ! s'écriaient-ils, brave chef des Normands ! Cette jeune fille nous est si chère ! elle fut toujours le refuge, la conso-

latrice des malheureux! Votre fils vous sera rendu ; nous ne permettrons pas qu'il lui soit fait le moindre mal. »

Rollon baissa alors le glaive que, jusque-là, il avait tenu levé sur la tête d'Adelinde; mais il conserva son aspect menaçant. Sa stature colossale, l'expression terrible de ses traits, inspiraient à la fois aux Parisiens de l'admiration et de l'effroi.

Pour se décider à prononcer la grâce d'Adalbert, le comte Eudes n'avait pas attendu que tout le peuple de Paris manifestât ses sentiments. Bien qu'il ne lui pardonnât pas d'avoir enlevé sa sœur le jour même où elle allait conclure un brillant hyménée, il avait senti que faire périr sur l'échafaud le fils d'un chef d'ennemis si puissants, c'était s'exposer à de sanglantes représailles. Gozlin, lui-même, qui n'avait d'abord montré tant de rigueur, d'inflexibilité, que dans l'intention d'amener Rollon à faire quelques propositions de paix avantageuses, voyait à présent qu'avec un homme du caractère de ce magnanime mais orgueilleux chef, des menaces seraient toujours sans succès. D'un commun accord, le prince et l'évêque avaient ordonné qu'on fît sortir Adalbert de son affreux cachot, et qu'on l'amenât en leur présence. Eux-mêmes avaient détaché ses chaînes.

Au moment même où le peuple de Paris demandait à grands cris que l'on présentât le jeune prisonnier à son père, le comte et l'évêque étaient sortis du palais, et s'avançaient vers le pont. Adalbert, au milieu d'eux, marchait libre, sans entraves ; un seul garde les devançait, qui portait et faisait flotter dans l'air un long drapeau blanc.

A cette vue, le peuple battit des mains, les accueillit par des cris de joie ; la foule se séparait avec respect pour leur ouvrir un plus libre passage, et bientôt ils se montrèrent sur le pont, aux yeux du chef des Normands.

Rollon s'apercevant que son fils était sans chaînes, qu'il n'était même pas entouré de gardes, qu'un drapeau, emblème de paix, avait été placé à dessein près de lui, ordonne aussitôt qu'on brise les liens qui retenaient Adelinde au poteau.

La jeune fille alors tombe à genoux sur l'estrade noire, et levant les bras vers l'endroit du pont où se tenaient, dans un morne silence, le comte Eudes, l'évêque Gozlin dans ses habits pontificaux, et, entre eux, son amant Adalbert, tel qu'il était, au palais des Thermes, lorsqu'il tomba dans les mains des ennemis, elle cria de toute la force qu'elle put donner à sa voix :

« Cher Eudes, mon noble frère, je suis cou-

« pable envers toi, envers mon pays. La mort
« qu'un ennemi généreux répugne à me donner,
« je te la demande. Je bénirai le coup qui me
« frappera, si tu rends le fils innocent à son
« père..... »

Eudes se couvrit les yeux de ses deux mains. Voulait-il cacher ses larmes, ou se dérober à un spectacle humiliant pour son orgueil ?...

Mais Adalbert, s'adressant à la foule qui l'environnait :

« Braves Parisiens, cria-t-il, vous ne permet-
« trez pas que la sœur de votre comte, celle dont
« vous avez apprécié les vertus, ait jamais à re-
« douter la vengeance d'une famille offensée. Elle
« est ma bien-aimée, celle que j'avais choisie
« pour épouse : mes compatriotes la respecte-
« ront, l'honoreront, comme ils respectent et ho-
« norent mon père. Qu'elle reste au milieu d'eux.
« Quant à moi, disposez de ma vie, elle est entre
« vos mains. Vous croyez voir en moi un per-
« fide, un vil espion : vengez-vous; mais appre-
« nez que l'amour seul m'avait conduit dans vos
« murs ; que l'amour seul avait pu m'inspirer
« l'idée de paraître au milieu de vous autrement
« qu'en guerrier. Tout déguisement est indigne
« de moi.... »

Il allait continuer; mais le peuple l'interrompit par les cris unanimes de « *Vive le fils de*

Rollon ! Grace pour le jeune guerrier, pour l'amant d'Adelinde ! »

L'évêque Gozlin s'avança alors plus près du parapet.

« — Chef des Normands, dit-il en s'adressant à
« Rollon, vous en qui je me plais à reconnaître
« une magnanimité que nous n'avons pas tou-
« jours rencontrée dans les autres chefs de votre
« nation, n'est-il aucun moyen de terminer une
« guerre qui, depuis trop long-temps, fait couler
« le sang des hommes? Peut-être ces jeunes gens
« qui s'aiment, qui voudraient s'unir, sont-ils
« les instruments dont s'est servie la Providence
« pour réconcilier nos deux nations. D'après mes
« avis, le comte Eudes est disposé (et ce matin
« même il m'en a donné sa parole) à vous pro-
« poser des conditions de paix, que sans doute
« vous accepterez. Dans quelques jours, vous re-
« cevrez de lui un message qui vous fera con-
« naître ses intentions. Jusque-là, que chacun
« de nous garde l'otage que la fortune a remis
« dans ses mains.....

— J'y consens, répondit Rollon ; mais si mon fils reste parmi vous, jurez qu'il sera honorablement traité, comme je jure que la belle Adelinde recevra de Judith, ma noble épouse, tous les soins qu'une mère doit avoir pour sa fille chérie.... »

Eudes aussitôt s'écrie, transporté de joie :

« — Rollon, crois à la parole du comte de Pa« ris ; il prend ton fils sous sa sauvegarde. Ton
« fils a déjà mon estime par sa valeur, un jour
« peut-être il aura mon amitié ; et, si tu ac« ceptes les propositions qui te seront bientôt
« faites..... ma sœur....

« — Et moi, dit à son tour Gozlin en élevant
« un bras, je jure, par l'Évangile, que votre fils
« n'aura point d'autre prison que le palais où
« j'habite ; qu'il vivra près de moi ; que....

« — C'est assez, dit Rollon. Prélat, je m'en
« repose sur tes serments. »

Et, en même temps, il étend sur la tête d'Adelinde une main protectrice ; et, de l'autre, donne à ses troupes le signal du départ.

On vit toutes les barques des Normands descendre rapidement le fleuve, et les troupes qui étaient sur les deux rivages reprirent en même temps la route de leurs camps. Le peuple parisien battait des mains, remplissait l'air de cris d'allégresse. Rollon regagna le rivage, pressant Adelinde dans ses bras.

Quand il l'eut ramenée au palais des Thermes, il la regarda avec plus de tendresse encore.

« Pauvre enfant ! lui dit-il, je t'ai fait bien peur, n'est-il pas vrai ? Il le fallait. Si tu avais su que ma colère n'était qu'une feinte, que tu

n'avais aucun risque à courir, tu n'aurais pas joué avec tant de vérité ton personnage de victime. Pardonne-moi, en faveur d'Adalbert, tout le mal que je t'ai fait. Pourrais-tu penser encore que j'aie voulu te sacrifier! Moi, j'aurais fait tomber cette tête innocente! Jamais.... Si tes barbares compatriotes eussent tué mon fils, mes troupes seules m'auraient vengé : les représailles eussent été terribles; mais ta vie eût été sauve.... »

Adelinde, le cœur gros de soupirs, pressait les mains de Rollon dans les siennes, les arrosait de ses larmes.

« Je savais bien, disait-elle sans cesse, que le père d'Adalbert ne pouvait être ni injuste, ni cruel.....

— A présent, ma fille, lui dit Rollon, retourne vers Judith. Raconte-lui les événements de la journée : ne retarde pas la joie qu'elle en doit ressentir. »

Adelinde partit aussitôt pour le Mont-Valérien, escortée par cent braves Normands.

CHAPITRE XXXIII.

LA CONFÉRENCE.

Inde furor vulgi, quod numina vicinorum
Odit quisque locus, cum solos credat habendos
Esse deos, quos ipse colit. . . . . . .
     JUVENAL., Sat. XV, v. 37.

« D'où provient la haine des peuples entre eux ? De ce que chaque peuple déteste les dieux de ses voisins, et croit qu'il ne peut y en avoir d'autres que ceux qu'il adore. »
     JUVÉNAL.

Depone colla leniter
Et adora quod usseras,
Sicamber, et alacriter
Exure quod colueras.

« Fier Sicambre, fléchis la tête. Adore ce que tu livrais aux flammes ; brûle ce que tu adorais. »
    PROSE chantée à l'église.

L'ÉVÊQUE Gozlin, fidèle à ses serments, donna au jeune Adalbert des témoignages d'une extrême bienveillance. Ce fut dans le palais même du comte qu'il le plaça : sa chambre était tout près de celle de ce ministre tout-puissant, qui voulut qu'il n'eût point d'autre table que la sienne.

Dans cette conduite, la politique entrait pour beaucoup : Gozlin espérait, en gagnant la confiance d'Adalbert, apprendre quelque chose des projets de Rollon, de ses secrets sentiments. Aussi, dès le premier jour, il demanda à son jeune hôte, sur la fin du repas qu'ils venaient de faire ensemble, s'il pensait que son père tînt fortement à la religion des Scandinaves, religion qu'il voulut bien n'appeler que *bizarre;* s'il n'adopterait pas, ne fût-ce qu'en apparence, le vénérable culte des chrétiens, surtout s'il en résultait pour lui d'immenses avantages?

Adalbert sourit à cette question; car il voyait bien où elle tendait.

« Mon père, dit-il, ne s'occupe guère que de ses armées, des conquêtes qu'il compte entreprendre. La religion est, pour lui, une chose assez indifférente. Mais, comme il a remarqué des abus dans l'institution de l'ordre de nos prêtres, il a entrepris de les réformer. Quelques horribles cérémonies s'étaient introduites, ou plutôt conservées dans notre culte, il les a abolies. C'est ainsi qu'il a défendu tout sacrifice humain, ce qui a fort irrité nos drotters et nos prophétesses. »

Une vive satisfaction se peignit dans les yeux de Gozlin.

« S'il en est ainsi, s'écria-t-il, je ne désespère

pas de le voir bientôt, ainsi que vous, un ardent prosélyte de notre religion, de cette religion douce, qui abhorre le sang, qui ne prescrit aux hommes que d'offrir à l'Éternel des vœux de reconnaissance, de simples prières, de l'encens, des fleurs, mais, surtout, un cœur pur !

— Il est vrai, docte prélat; mais n'avez-vous point aussi quelques dogmes qui blessent l'équité naturelle? Ne faut-il point croire à certains mystères qui choquent la raison ?

— Expliquez-vous, jeune homme.

— On m'a dit qu'il fallait nécessairement admettre que Dieu punissait, dans les enfants, les fautes de leurs pères; que toute votre religion même était fondée sur cette singulière opinion, que tous les hommes naissaient souillés, parce que le premier homme s'était rendu coupable envers Dieu d'une très-légère désobéissance; on m'a dit que votre dieu s'était montré, en mainte occasion, vindicatif et cruel; qu'une fois il noya toute l'espèce humaine, excepté une famille privilégiée... Et, quant à vos mystères, ferez-vous bien comprendre à Rollon que trois dieux n'en font qu'un; que, pour le salut des hommes, il fallait que Dieu le père fît naître, d'une jeune Juive, un autre dieu, le fît crucifier, ou plutôt se fît crucifier lui-même; car

cet autre dieu-homme n'était autre que Dieu le père; que....

— Arrêtez, jeune homme! Qui vous a si mal instruit de nos dogmes? Vous ne savez pas qu'il est on ne peut plus facile de répondre à ces objections mille fois répétées par les ennemis de notre culte; mais ce n'est pas le moment d'entrer en discussion avec vous. Dites-moi seulement comment vous avez une connaissance, bien imparfaite, il est vrai, de notre sainte religion.

— Ma mère était née chrétienne; mais elle a abjuré, depuis long-temps, ses anciennes croyances....

— Quoi! elle a renié son dieu pour adopter celui des Scandinaves! C'est à Odin qu'elle sacrifie!...

— Oh! non. Je ne saurais vous dire quelles sont ses croyances. Jamais elle ne parle de religion, si ce n'est pour se moquer de votre culte, et maudire les prêtres de tous les cultes du monde; et pourtant, je dois le déclarer hautement, il n'est point de femme plus vertueuse, plus généreuse, d'un caractère plus noble et plus ferme...

— Je sais que Rollon l'aime; que même elle le dirige dans presque toutes ses actions importantes. Oh! sans doute, elle lui aura inspiré son

indifférence pour toutes les religions. Tant mieux! il sera plus facile de le faire accéder à nos projets...»

Ces derniers mots, Gozlin les avait dits d'une voix basse, et comme s'il se fût parlé à lui-même. Il changea ensuite de sujet, parla des mœurs des Normands, de leurs rois, de leurs chefs, de leurs émigrations, de leurs entreprises. Toutes les réponses d'Adalbert étaient sages, mesurées. En paraissant répondre aux questions de Gozlin, il ne disait rien qui pût compromettre les intérêts de sa patrie. Gozlin s'en apercevait, et regardait avec admiration ce prudent jeune homme. Il lui échappa même cet aveu singulier, qui fit sourire Adalbert: «—Je croyais avoir à ma table un ignorant, un stupide homme du Nord, enfin un demi-barbare; et c'est presque un philosophe! Chez lequel de mes jeunes compatriotes trouverais-je une raison si formée, des sentiments si élevés, tant de prudence!.. O vous qui m'étonnez, quel a donc été votre instituteur, votre maître ?

— Egill, un de nos scaldes. Oh! si vous saviez comme il connaît l'histoire de tous les peuples, combien il parle de langues différentes! Il est, avec ma mère, le seul conseiller de Rollon. »

« Un scalde! c'est bon, se disait en lui-même Gozlin ; je trouverai moyen de le séduire. »

Ce fut avec peine qu'il quitta le jeune Adalbert, dont la conversation l'intéressait vivement. Il se sentit dès lors pour lui un goût, une estime, des sentiments dont il ne se croyait pas susceptible, et que depuis long-temps il n'avait éprouvés pour personne.

Voici ce que, le lendemain, il écrivit à Rollon :

« Brave Rollon, l'objet des continuelles inva-
« sions des guerriers qui vous ont choisi pour leur
« chef, est sans doute de s'établir dans notre Neus-
« trie. La tyrannie d'un de leurs rois les a chas-
« sés de leur patrie ; ils en cherchent une nouvelle,
« une plus douce dans nos contrées.

« Pourquoi n'obtiendriez-vous pas par de pa-
« cifiques traités des terres que vous ravagez
« inutilement, que vous couvrez de ruines et de
« sang. Notre pays est si vaste, et la population qui
« le couvre est si faible ! Il vous sera facile de trou-
« ver place parmi nous. Et cette place, nous vous
« l'offrons, le comte Eudes et moi, vous promet-
« tant que l'empereur Charles, qui prétend à la
« suzeraineté de notre pays, ratifiera toutes les
« conventions que nous aurons souscrites.

« Mais nous mettons une condition à nos of-
« fres.

« Vous renoncerez, ainsi que vos compagnons
« d'armes, au culte d'Odin et de vos autres pré-
« tendus dieux. Comment deux nations pour-
« raient-elles vivre en paix sur le même sol, si
« elles sacrifiaient à des dieux différents?...

« D'après un entretien que je viens d'avoir
« avec votre digne fils, le jeune Adalbert, dont
« j'admire la précoce sagesse, et qui a déjà toute
« mon affection, vous avez souvent reconnu que
« la plupart des dogmes religieux de la Scandi-
« navie ne pouvaient soutenir l'examen. Si vous
« connaissiez mieux les dogmes de notre sainte
« religion, vous les adopteriez, je n'en puis dou-
« ter. Rollon, devenez chrétien, et nous vous
« donnons une grande part de la Neustrie. »

† Gozlin.

A la lecture de cette lettre, Rollon fut d'abord
indigné de la proposition que lui faisait l'évêque; mais après y avoir réfléchi, il se contenta
de répondre :

« J'ai toujours cherché la vérité. Si l'évêque
« Gozlin parvient à me convaincre que sa reli-
« gion est plus vraie, est meilleure que la mienne,
« je demanderai aussitôt le baptême.

« Mais je veux juger des deux cultes. Qu'il
« charge des prêtres chrétiens de développer de-
« vant moi, et en présence de mes drotters qui

« leur répondront, tout le système du christia-
« nisme.

« Qu'il fixe un jour, un lieu pour cette solen-
« nelle conférence, à laquelle j'assisterai. »

ROLLON.

Le comte Eudes et Gozlin étaient loin de s'attendre à une réponse si prompte, et qui était, suivant eux, très-satisfaisante; car ils ne doutaient point que vu la justesse et la supériorité d'esprit que Rollon manifestait en tout, il ne se décidât en faveur de la religion chrétienne. Ils supposèrent même que déjà son opinion était formée, et que, s'il exigeait cette solennelle conférence, c'était pour ne pas paraître, aux yeux de ses compatriotes qu'il devait ménager, abandonner trop légèrement sa croyance. C'est, se disaient-ils, une formalité qu'il veut, qu'il doit remplir. Qui sait si la préférence qu'un tel chef donnera à notre culte, ne sera pas pour toute son armée un motif qui la déterminera à l'adopter à son exemple? Ainsi, nous aurons fait, par la seule puissance de la parole, presque autant de fidèles, nous aurons converti presque autant de Danois et de Suédois que Charlemagne en vingt ans convertit de Saxons par la force et par le glaive.

Pour le lieu de cette grande conférence, ils choisirent une petite île dans la Seine, qui n'est

séparée de la grande forteresse, ou palais des comtes de Paris, que par un ruisseau de douze à quinze pieds de largeur*. Ils ordonnèrent aussitôt que l'on y élevât une vaste tente capable de contenir deux cents personnes au moins, et en firent orner l'intérieur de tapis précieux. Ils désignèrent ensuite trois évêques des diocèses les plus voisins de Paris, et de plus prirent dans les monastères de la ville six moines, qu'ils supposaient les plus subtils théologiens de toute la chrétienté. Ce fut à ces neuf personnages qu'ils confièrent le soin d'exposer devant Rollon les principes de la religion chrétienne.

Au jour fixé par eux et agréé par Rollon, le chef des Normands remonta la Seine avec dix barques seulement, magnifiquement ornées et pavoisées, qui portaient la garde qu'il s'était choisie. Il descendit dans l'île, sans armes, pour mieux témoigner sa confiance, à la tête de trois scaldes qui le suivaient de près, leurs harpes à la main, et de six drotters vêtus de leurs longues robes blanches, et portant chacun une branche de chêne.

A son entrée dans la grande tente, Rollon fut surpris de la magnificence qu'on y avait étalée. De l'un des côtés, sur des gradins recouverts

---

* C'est aujourd'hui le terre-plein du Pont-Neuf.

de tapis de soie, siégeaient déjà et les trois évêques et les six moines, champions du christianisme. Au-devant des gradins, sur deux siéges dorés, ou plutôt sur des trônes, étaient le comte Eudes et l'évêque Gozlin qui avait à la main une superbe crosse étincelante de pierreries. Entre le comte et lui, se tenait debout le jeune Adalbert dans son habit de guerrier : par égard pour Rollon, on avait décidé qu'il serait présent à la conférence.

Du côté opposé s'élevaient, non moins ornés que ceux des prêtres chrétiens, les gradins destinés aux drotters amenés par Rollon. Ces prêtres du culte d'Odin allèrent s'y asseoir. Pour lui, on l'invita à se placer sur un riche siége qui était en face même de celui du comte Eudes. Ses trois scaldes se postèrent derrière lui, tout près de son siége.

Gozlin alors se leva. Il dit avec solennité :

« Le Dieu que nous adorons a créé, d'un seul
« mot, le ciel, la terre et les astres. Il est par-
« tout. C'est lui qui conserve la nature, qui y
« maintient l'ordre que l'on y voit régner. C'est
« par lui que le soleil parcourt un espace qu'il
« ne franchit jamais; lui qui fait que la nuit suc-
« cède au jour, les saisons aux saisons. Il est
« éternel, immuable; mais il est invisible pour

« tout œil humain; il ne se montre que dans ses
« ouvrages... O mon Dieu! où pourrais-je fuir,
« si je voulais me dérober à tes regards? M'en-
« foncerais-je dans les profondeurs du ciel? tu
« les remplis, tu l'as semé de corps étincelants
« de feu; dans les ténèbres intérieures de la terre?
« là, tu es encore : quand j'aurais les ailes de la
« colombe, et que je volerais par-dessus les mers,
« aux extrémités du monde, je t'y trouverais
« toujours*... O Rollon! ô vous tous! hommes
« du Nord qui m'écoutez, parlez, n'est-ce pas là
« le vrai Dieu, le seul que l'on doit reconnaître
« et servir? »

Rollon se leva.

« Digne prélat, s'écria-t-il avec enthousiasme,
« si c'est là toute ta religion, pourquoi prends-
« tu la peine de m'en instruire? je n'en eus ja-
« mais d'autre. Les Scandinaves croient à l'exi-
« stence de cet Être suprême dont tu viens de
« décrire si magnifiquement, de prouver la puis-
« sance... Parle, sage Egill, tu expliqueras mieux
« que moi nos dogmes, notre croyance. »

Egill prit la parole.

« De tous temps, les peuples du Nord ont
« adoré un Dieu unique, créateur et maître de
« l'univers. C'était, ô Francs qui m'écoutez, la

---

* Voyez la note XLII.

« religion des Celtes, vos ancêtres. Et quelle idée
« grande et pure ils se formaient de cet Être su-
« prême ! Ils auraient cru l'offenser en le repré-
« sentant sous l'image d'un homme, en plaçant
« cette image dans des temples. C'est sur les
« hautes montagnes, ou dans des antres pro-
« fonds, ou dans les sombres et mystérieuses
« retraites des plus épaisses forêts, qu'ils se plai-
« saient à reconnaître sa puissance, à l'invoquer...
« Mais, il faut bien l'avouer, ce culte, si raison-
« nable et si simple, a subi de grandes altérations
« en des temps que je ne saurais désigner. Des
« peuples étrangers vinrent se mêler à nous;
« ils nous apportèrent d'autres dieux, d'autres
« croyances. Et pourtant notre antique dieu con-
« serva toujours la prééminence sur tous les au-
« tres. Mais on partagea presque toutes ses at-
« tributions entre des divinités subalternes. On
« le laissa seulement présider à la guerre, sous le
« nom d'Odin ; et on le désigna par les épithètes
« de *père du carnage*, de *dépopulateur*, d'*incen-*
« *diaire*. On lui associa, il est vrai, une autre
« divinité, dont on fit sa femme : c'était *Frigga*
« ou *Frea*, à qui l'on donna pour dot la terre, et
« que l'on appela *la Mère des dieux*.

« Je craindrais de lasser votre patience en énu-
« mérant toutes les divinités entre lesquelles on
« a partagé l'empire du seul Dieu, de l'Être su-

« prême, en vous disant quelle est leur histoire,
« et quels sont leurs emplois dans le monde.
« Qu'il vous suffise de savoir qu'aujourd'hui
« nous avons des temples, de magnifiques. tem-
« ples, que là on fait de sanglants sacrifices, et
« que nos *drotters* ont sur l'esprit de nos Scan-
« dinaves la même influence, le même pouvoir
« qu'en ont sur les peuples chrétiens les évê-
« ques, les prêtres et les moines*. »*

C'est avec une espèce de surprise et d'indignation que les drotters que Rollon avait amenés
entendaient discourir ainsi le scalde Egill. Ils auraient bien voulu l'interrompre, prendre la parole lorsqu'il témoignait quelque doute sur l'existence des nombreuses divinités scandinaves ; mais
s'ils entendaient assez bien la langue des Francs
dans laquelle s'exprimait Egill, ils ne savaient pas
la parler. Ils ne pouvaient donc que murmurer
sourdement. Rollon jeta sur eux un regard sévère qui leur imposa silence.

Egill reprit ainsi :

« Vous le voyez, illustre comte et doctes pré-
« lats, je n'ai point dissimulé tous les reproches
« que l'on peut faire au nouveau culte des Scan-
« dinaves. Mais ne pourrait-on point en adresser
« de semblables à celui que vous nous proposez

---

* Voyez la note XLIII.

« d'adopter. On nous accuse, par exemple, d'avoir
« plusieurs dieux; mais, si l'on m'a bien instruit,
« vous en avez aussi trois, sans compter une
« certaine *Marie*, l'épouse momentanée de Dieu
« le père, que nos Scandinaves ne manqueraient
« point de prendre pour leur Frigga. Il est vrai
« que de ces trois dieux vous n'en faites qu'un,
« ce que, je l'avoue humblement, je n'ai jamais pu
« comprendre. Mais les Scandinaves, du moins, ne
« mangent aucun de leurs dieux, et l'on m'as-
« sure que vous.... »

A ces derniers mots, un brouhaha bruyant se fit entendre dans toute la salle. Les moines furieux se levaient de leurs banquettes, criaient à tue-tête : *C'est un blasphémateur! mort au païen!* Ce ne fut pas sans peine que le comte Eudes et Gozlin obtinrent un peu de calme. Et Gozlin, quoiqu'il fût lui-même irrité du discours d'Egill, sentant qu'il fallait en cette circonstance user de modération, lui dit d'un ton mielleux :

« Nous pardonnons à votre ignorance. Ces
« mystères que vous ne pouvez comprendre, et
« beaucoup d'autres dont vous n'avez point parlé,
« forment en effet une partie de notre croyance.
« Nous les admettons, parce qu'ils nous ont été
« révélés par la voix même de Dieu. Oui nous
« croyons en un dieu unique et pourtant triple,
« parce que de saints personnages, que la Divi-

« nité avait gratifiés du don de prophétie, sont
« venus nous enseigner ce mystère, et que, pour
« prouver leur divine mission, ils accompagnaient
« d'un miracle chacun de leurs actes, de leurs pa-
« roles. Si chaque jour nous faisons descendre
« Dieu sur nos autels, c'est que, par ses apôtres,
« il nous en a donné le pouvoir ; si nous osons
« nous nourrir de sa chair et de son sang, c'est
« pour lui prouver combien nous désirons nous
« unir intimement à lui ; c'est... »

Un moine interrompit Gozlin. « Est-ce ainsi qu'il faut instruire des ignorants, s'écria-t-il ; que comprendront-ils à vos belles paroles ? Dites-leur que l'homme naît souillé, coupable même, et cela, par la faute de leur première mère, qui mangea une pomme à laquelle on lui avait défendu de toucher. Dites que ce fut depuis ce temps que les hommes furent enclins à tous les vices, éprouvèrent des passions désordonnées ; que, pour les punir, Dieu les noya un jour presque tous, ainsi que les animaux qui, probablement aussi, avaient péché ; que cette terrible vengeance n'amenda point les descendants de la petite famille qu'il avait sauvée du déluge ; qu'il pouvait sans doute, encore une fois, anéantir l'espèce humaine, mais qu'il aima mieux s'allier intimement à elle, en choisissant pour épouse une jeune Juive, chaste,

pure; qu'en conséquence il envoya un jour, vers elle, un ange qui lui dit, dans la belle langue hébraïque, la première de toutes les langues : « Dieu vous a distinguée parmi toutes les femmes. Vous concevrez. L'enfant que vous mettrez au monde sera le fils de Dieu.... »

— Que mon docte confrère me permette de l'interrompre, dit ici un petit moine, vif, pétulant. Ce ne fut point en langue hébraïque que l'ange adressa son compliment à Marie. Comment Dieu aurait-il voulu s'exprimer dans l'idiome de ces barbares Juifs, qui devaient un jour, ce qu'il savait très-bien, faire périr son fils sur une infâme croix? »

Un autre moine se lève aussitôt : « Eh ! sans doute, ce serait ignorance, ce serait une hérésie de croire que l'ange parla en hébreu à la Vierge : ce fut en latin, dans la langue des Romains, qui étaient alors les maîtres de la Judée. »

— Non, non ! crie le moine-poète Abbon. Dieu ne pouvait se servir de la langue de ces Romains qui ne le reconnaissaient pas pour le seul dieu de l'univers, qui adoraient un *Jupiter*, une *Vénus*, un *Mercure*. Il parla dans la langue des sages, des philosophes, dans la belle langue dont se servit Socrate pour prêcher aux Grecs un *dieu unique*.

Des clameurs se firent entendre dans tous les coins de la salle. Ici l'on criait : Ce fut *en hébreu!* là : *Non, en latin*; ailleurs : *Non, non! ce fut en grec.*

La gravité que s'était imposée Rollon ne put tenir plus long-temps au spectacle d'une telle dispute. Il partit d'un grand éclat de rire : « Que m'importe, cria-t-il, en quelle langue votre dieu a parlé pour séduire une vierge !.... vous êtes, tous, des fous..... »

Oh! quels cris, quels hurlements se firent entendre à ces mots! Prélats et moines quittèrent leurs siéges, s'élancèrent au milieu de la salle, tournant sur Rollon des yeux enflammés, lui montrant le poing, criant : *Qu'on chasse le païen! il souille notre sol!*

Et deux moines, sortant de la foule, tirent de dessous leurs longues robes un poignard, et s'avancent vers l'estrade qu'occupaient Rollon et les scaldes. Mais Adalbert les avait aperçus; il s'élance sur eux, et retient leurs bras à l'instant où peut-être ils allaient frapper Rollon et Égill.

Le chef normand et le scalde voient qu'il n'y a plus de sûreté pour eux au milieu de ces prêtres furieux. Ils font signe aux drotters et aux scaldes de les suivre, et tâchent de gagner la porte de la tente.

Ils auraient couru des dangers en sortant, car le peuple avait déjà appris qu'ils avaient insulté les prêtres chrétiens, et s'étaient moqués du Christ et de la Vierge; mais le comte et Gozlin les avaient fait suivre par des gardes qui continrent la populace, et protégèrent leur marche jusqu'aux barques qui les attendaient.

CHAPITRE XXXIV.

LES DOUZE BRAVES DE PARIS.

*Quos valide numero bellantes sub duodeno
Rhomphea vel formido Danum non terruit unquam.
Difficile est dictu bellum, sed nomina subsunt :
Ermenfredus, Eriveus, Erilandus, Odaucer,
Ervic, Arnoldus, Solius, Gozbertus, Uvido,
Ardradus, pariterque Eimardus, Gozsuinusque;
Seque neci plures sociarunt ex inimicis.*

ABBONIS Bell. Parisiac. I, v. 521—528.

« Ces braves, quoique réduits au nombre de douze, ne se laissèrent point effrayer par les javelines des Danois. La terreur qu'inspire cette nation ne les atteignit jamais. Il serait difficile de raconter tous leurs exploits; mais, du moins, leurs noms sont connus. C'étaient Hermaufred, Herivée, Hériland, Odoacre, Hervic, Arnold, Soli, Gozbert, Uvidon, Harderad, Eimard et Gossuin. Ils périrent; mais que d'ennemis ils entraînèrent avec eux au tombeau ! »

ABBON, Siége de Paris.

D'APRÈS la scène affligeante et bizarre qu'avait excitée une conférence dont il se promettait un tout autre résultat, Rollon jugea qu'avec des prêtres fanatiques et insensés qui gouvernaient

despotiquement un peuple ignorant, imbécile, il ne pouvait espérer un traité raisonnable ; que la force seule assurerait sa puissance sur le pays qu'il convoitait, et qu'il eût désiré obtenir sans être obligé de verser encore des torrents de sang humain. Il se décida, non sans regret, à recourir de nouveau aux armes.

Il expédia aussitôt des messagers vers Sigefroi, qu'il somma de revenir en toute hâte, avec ses troupes, des bords de la Loire où il avait établi des cantonnements, à son camp sous Paris. Un tel renfort lui parut nécessaire.

Tranquille sur la sûreté de son fils, parce qu'il avait entre ses mains un précieux otage dans Adelinde, et plus encore parce qu'il avait remarqué que le comte Eudes, ni même Gozlin, ne partageaient nullement le ridicule fanatisme des moines qui avaient rompu la conférence, il alla exciter ses troupes à tirer vengeance de l'insulte faite à leur chef. Déjà le bruit des dangers qu'il avait courus dans Paris s'était répandu dans les deux camps; tous les guerriers demandaient, à grands cris, l'entière destruction d'une cité perfide. Loin d'avoir à les encourager, il lui fallut les calmer, modérer leur fougue, les prier de différer de quelques jours l'assaut qu'ils voulaient livrer à l'instant même.

En passant en revue les troupes de la rive sep-

tentrionale de la Seine, il aperçut les machines qu'avait fait exécuter Egill, et qui étaient presque achevées. Il les examina avec soin, en prit une meilleure opinion, et trouva qu'en effet c'était un assez bon moyen, peut-être même le seul, de battre avec succès la forteresse protectrice de Paris, la tour du grand pont. Il résolut donc de les employer lorsque le moment serait venu d'attaquer sérieusement la ville.

Dans Paris, les esprits n'étaient pas moins agités que dans les deux camps ennemis. Les prêtres, les moines criaient partout que les Normands n'avaient feint d'être disposés à embrasser le christianisme que pour venir au milieu des chrétiens proclamer leurs faux dieux, outrager notre sainte religion, se moquer de la mère du Sauveur des hommes. Les Parisiens reprirent aussitôt leurs armes, délaissées depuis plusieurs mois : jamais ils n'avaient ressenti plus de haine pour les hommes du Nord, détestables païens, disaient-ils, qui ne se convertiront jamais, puisqu'ils ont pu résister à la douce et persuasive éloquence de tant de saints évêques, de tant de savants et pieux moines.

C'est ainsi que, de part et d'autre, on se préparait au combat. Mais le prudent Rollon, pour recommencer vivement la guerre, attendait, comme nous l'avons dit, l'arrivée des troupes

de Sigefroi. Il ne voulait combattre qu'avec la certitude de vaincre. Les Parisiens, au contraire, se fiant sur la solidité de leurs murs et surtout des tours qu'ils avaient élevées en tête de leurs deux ponts, se plaisaient à narguer les assaillants et les qualifiaient de lâches.

Un accident imprévu, et qui leur fut bien fatal, changea leur jactance en consternation.

La fonte des neiges et des glaces dans les contrées où la Seine prend sa source, avait singulièrement grossi les eaux de ce fleuve, en avait fait un torrent dévastateur. Une nuit, il emporta, avec impétuosité, le petit pont par lequel Paris communiquait à la rive méridionale de la Seine. Dès lors, la tour qui en défendait l'extrémité, se trouvant séparée de la cité, avec laquelle il n'était plus possible de communiquer, devenait une proie facile pour les Normands.

Et, en effet, dès que les troupes de la rive gauche virent que le petit pont avait disparu, que le fleuve en jetait les débris jusque près des retranchements de leur camp de Saint-Germain-des-Prés, rien ne put les retenir dans leurs tentes; ils se portèrent en masses pressées vers la tour, que bientôt ils environnèrent. L'élite des guerriers parisiens s'y trouvait renfermée: ils virent sans pâlir le danger dont ils étaient menacés. En vain une grêle de pierres et de dards

tombait sur eux de tous côtés, ils se défendirent tant qu'il leur resta un javelot ou une pierre à lancer, et ils firent mordre la poussière à plus d'un Danois. Malheureusement vers la fin du jour, ils manquèrent de tout moyen de défense. Douze guerriers seulement survivaient : aucun d'entre eux ne parlait de se rendre. Mais les assiégeants s'aperçurent qu'on ne répondait plus que mollement à leurs vigoureuses attaques et qu'ils pouvaient, sans danger, s'approcher de plus près de la tour ; ils résolurent aussitôt d'y mettre le feu. Un chariot plein de bois et de paille enflammés fut placé par eux près de la porte; le feu y prit ainsi qu'aux poutres immenses sur lesquelles reposaient les assises de briques dont la tour était formée. En vain les douze intrépides Parisiens cherchent à éteindre l'incendie : bientôt l'eau qu'ils avaient en réserve leur manque; ils veulent en puiser dans le fleuve, mais ils n'ont qu'un grand vase, qui échappe de leurs mains, et se brise lorsqu'ils tentaient de le descendre par une des ouvertures de la tour. Dès ce moment, il n'y eut plus d'espoir de salut pour eux.

Il leur restait une issue qui communiquait à une des piles du pont, qui était restée debout, soutenue par la terre du rivage : sortant de la tour embrasée, ils se placent sur cette ruine, où

ils combattent encore. Les Danois, émerveillés d'un si rare courage, leur crient : « Braves guerriers, rendez-vous; ne craignez rien, reposez-vous sur notre foi. » Ils crurent à ces paroles, mirent bas les armes. Mais, honte éternelle pour la nation normande! dès que les assiégeants les virent désarmés, ils les égorgèrent sans pitié, pour venger, disaient-ils, l'injure faite à leur chef le jour de la solennelle conférence sur la religion. Ils n'en épargnèrent qu'un seul, remarquable par la noblesse de sa figure et la beauté de ses formes. Le prenant pour un roi, ils espéraient obtenir de lui une riche rançon. Mais *Hérivée* (c'était son nom), voyant étendus autour de lui les corps de ses onze compagnons d'armes, ne voulut point leur survivre. Il arrache, des mains de l'un des Normands qui l'entouraient, une hache, l'en frappe, et se jette ensuite comme un furieux sur tous les autres; mais il est presque aussitôt percé de vingt coups de lance, et tombe en criant : *Vive Jésus!*

On vante les Grecs, les Romains, pour leur patriotisme et leur courage : peut-on citer dans leur histoire beaucoup de traits qui égalent celui que nous venons de rapporter? Oh! n'en doutons pas, les noms des douze Parisiens qui défendirent, tout un jour, une tour mal fortifiée contre une armée entière de braves, se-

ront redits d'âge en âge, passeront à la postérité la plus reculée*.

Rollon, quand il apprit que les douze guerriers parisiens avaient été immolés après le combat, manifesta la plus vive indignation contre les meurtriers. « C'est à ces actes d'une froide barbarie, s'écria-t-il, que les Normands doivent cette réputation, qui partout les devance, d'hommes sans honneur et sans foi. A quelles représailles, d'ailleurs, ne nous exposons-nous pas! Nous ne sommes plus aussi redoutables qu'autrefois à nos ennemis, et nous semblons prendre plaisir à les outrager! Il fut un temps où il nous suffisait de nous présenter devant Paris pour le prendre et le saccager ; aujourd'hui il nous résiste, il arrête pendant des mois entiers notre armée. Qui sait si quelque jour il ne nous faudra pas traiter pour entrer dans ses murs? Et, par la plus blâmable conduite, nous rendons toute négociation presque impossible! »

Cependant, quelque irrité qu'il fût, il lui parut convenable, en chef expérimenté, de profiter de la terreur qu'avait dû inspirer aux Parisiens la prise et la destruction de la forteresse du petit pont. Le combat avait commencé malgré lui et contre ses ordres ; mais il jugea qu'il

* Voyez la note XLIV.

fallait continuer avec ardeur cette attaque intempestive. Il se hâta donc de passer sur la rive septentrionale de la Seine, et trouva tous les guerriers du camp de Saint-Germain-le-Rond prêts à combattre et même à tenter un assaut. Il ordonna, en conséquence, de conduire contre la tour du grand pont les trois machines en construction sur la rive. Il voulait en faire l'essai.

Quand les Parisiens virent s'avancer du camp vers la forteresse, qui leur restait seule pour leur défense, tous les Danois du camp, leurs enseignes déployées, et, à leur suite, se mouvoir les trois énormes machines, une terreur subite et générale les saisit, leur fit renoncer même à tout espoir de défendre la ville. Les guerriers qui remplissaient la tour, voyant que, du sommet des machines bien plus hautes que cette tour, on leur lancerait des quartiers de rochers qui les écraseraient dans leur chute, tandis que les béliers qu'elles renfermaient démoliraient le bas de la forteresse, se pressèrent de s'enfuir par le pont vers la ville. Un seul homme resta : c'était un moine, qui s'était muni d'un reliquaire où était enchâssé un morceau de la vraie croix. Cette vénérable relique, il la regardait comme un préservatif certain contre tout danger.

Quelle fut la douleur du peuple, quand il vit les gardiens de la cité abandonner eux-mêmes

leur poste! On n'entendait partout que gémissements, que sanglots. Les femmes s'arrachaient les cheveux, se frappaient la poitrine, prenaient dans leurs bras leurs enfants, à qui elles faisaient les plus tristes adieux. Les religieuses, certaines de perdre bientôt leur innocence, d'être obligées de devenir la proie d'un vainqueur sans pitié, attendaient seules avec plus de résignation le martyre.

Dans cette désolation générale, l'évêque Gozlin sentit qu'il ne pourrait faire revivre le courage et la confiance, si le ciel ne lui accordait pas un miracle. Aussitôt il ordonne que l'on sonne toutes les cloches; et lui-même, à la tête du clergé, tirant de la principale église toutes les reliques qui y étaient déposées, alla les appendre aux murs de la ville, en face même du champ de bataille; et tous les prêtres et moines entonnèrent un *Miséréré*. On voyait, au-dessus de toutes les reliques, flotter, comme un étendard, la chemise de la Vierge, si généreusement prêtée par les Chartrains; plus bas, étaient la houlette de sainte Geneviève et le bâton pastoral de saint Germain : on n'avait pas surtout oublié cette relique si féconde en miracles, apportée de l'Orient par Nitard.

Oh admirable précaution de l'évêque! Paris lui dut encore une fois son salut. Les lour-

des machines, dont chacune était montée sur seize roues, n'avaient pas roulé plus de deux cents pas sur la rive de la Seine, que l'une d'elles tombe sur le côté, et écrase cent Danois dans sa chute; les essieux d'une autre crient, se rompent, et elle semble s'enfoncer humblement dans la terre; la troisième, et c'était la plus grosse, celle qui était chargée d'un plus grand nombre de combattants, avançait encore, mais lentement : bientôt les sables de la rive s'opposent à sa marche, elle n'a plus de mouvement; on joint trente nouveaux bœufs aux trente qui y étaient attelés : vains efforts ! ses roues s'engravaient de plus en plus; elle continua de rester immobile au milieu des milliers de guerriers qui l'entouraient*.

A ce spectacle, les Parisiens, pleins de reconnaissance pour leurs saints qui, pour la seconde fois, dans cette guerre, les garantissaient de périls imminents, battaient des mains, criaient tous : Miracle! Ils firent plus; ils insultèrent les Normands par des rires de mépris, leur lançaient des épithètes ironiques, les accablaient d'injures.

Rollon vit que désormais toute entreprise contre la tour serait sans succès. La nuit était venue; il ordonna aux troupes de se retirer dans

---

* Voyez la note XLV.

leur camp. Lui-même regagna tristement le palais de Julien, se promettant bien de faire payer cher aux Parisiens leur triomphe d'un moment.

Des feux furent allumés dans la ville, en signe de réjouissance, sur les tours et dans toutes les rues. Prêtres, moines, guerriers, tous se livrèrent à une joie effrénée : les femmes, naguère si désolées, semblaient avoir oublié tous leurs chagrins, et même la pudeur tant recommandée à leur sexe; elles buvaient, chantaient, dansaient avec les gens d'église. On les eût prises pour ces anciennes bacchantes, lorsqu'elles fêtaient le dieu qui portait le thyrse, ou son fils, le dieu des jardins.

Cependant l'évêque et le comte Eudes étaient loin de partager ce délire général. Retirés tous deux dans l'appartement le plus secret du palais, ils se communiquaient mutuellement leurs tristes réflexions sur la situation vraie de la cité. Il n'y avait plus de vivres, en tout genre, que pour une quinzaine de jours au plus; et certainement les Normands, désormais convaincus qu'ils ne pourraient, sans une grande perte d'hommes, prendre la ville d'assaut, allaient s'appliquer à la forcer de capituler, en fermant, de tous côtés, les routes, dont quelques-unes servaient encore à l'approvisionnement.

«Ah! du moins, s'écriait le comte Eudes, si ce lâche et indolent empereur Charles venait à notre secours, comme il l'avait promis, avec des troupes, même peu nombreuses! elles suffiraient pour en imposer à nos ennemis, tant que cette armée de Normands ne sera pas complète, tant qu'un de leurs plus braves chefs, Sigefroi, ne sera pas revenu de son expédition sur les bords de la Loire. Mais s'il revient (et sans doute Rollon l'a déjà rappelé) renforcer l'armée qui nous assiége, c'en est fait des Parisiens; toute résistance serait inutile. D'ailleurs, tous sont fatigués, ennuyés de la longueur du siége. Avez-vous vu comme, à la moindre apparence d'un danger réel, ils ont abandonné leurs postes? Oh! que ferons-nous, et comment songer à nous défendre avec de si faibles appuis? »

Il réfléchit alors profondément; puis, comme sortant d'un pénible sommeil : « Il faut savoir si l'on nous joue, si l'on a l'intention de nous abandonner. C'en est fait; je veux aller trouver l'indolent monarque, lui reprocher ses lenteurs, et, s'il craint de venir lui-même, emmener avec moi une partie de ses troupes. Je sais qu'il est en ce moment à Metz, passant tous les jours dans les festins, perdant, chaque soir, dans l'ivresse, le peu de raison que le ciel lui dé-

partit. Je le verrai, je le ferai rougir, pour peu qu'il ait de pudeur, pour peu qu'il se rappelle qu'un reste de sang carlovingien coule dans ses veines. Pour vous, vénérable Gozlin, pendant ma courte absence, gouvernez seul, dirigez cette cité, qui a grand besoin des avis d'un homme aussi sage, aussi éclairé que vous l'êtes. »

Gozlin ne fit aucune objection; il trouva même que le projet d'Eudes était très-raisonnable, et que, dans les circonstances, il ne connaissait aucun autre moyen de salut.

Le comte Eudes fit aussitôt seller un cheval; et, au milieu de la nuit, il quitta secrètement la ville.

Quand les Parisiens apprirent, le lendemain, que leur comte était parti, ils se crurent abandonnés, trahis. Aux chants de triomphe de la veille succédèrent des murmures, des gémissements. Mais, par le conseil de Gozlin, l'abbé Ebles parcourut toutes les rues, en invitant le peuple à la confiance dans le prélat aussi sage que valeureux qui restait seul chargé du gouvernement. L'abbé Ebles était aimé de la multitude, que charmaient toujours son air martial, la mâle régularité de ses traits : il parvint à ramener le calme dans les esprits.

Depuis qu'Adalbert était l'hôte, le commensal

de Gozlin, et mangeait chaque jour avec lui, une douce confiance, et presque de l'intimité, s'était établie entre eux. Le prélat, qui avait d'abord été grandement surpris de trouver dans un jeune Normand tant de prudence, d'amabilité, et, plus que cela, des connaissances au-dessus de son âge; le prélat, dis-je, n'avait point de plus grand plaisir que de s'entretenir avec son prisonnier; et, de son côté, le jeune homme, qui l'avait d'abord cru un de ces fanatiques durs, impitoyables, si communs dans la chrétienne Neustrie, le jugeait bien plus favorablement. Il avait trouvé en lui un homme d'un grand caractère, un de ces prêtres qui, tout en reconnaissant en secret la fausseté, l'absurdité de la plupart des superstitieuses croyances répandues dans le peuple, s'en servent au besoin, comme d'un puissant levier pour ébranler la multitude, et la porter partout où les intérêts de l'église d'abord, et ensuite ceux de l'état réclament ses bras. Adalbert admirait, sans pouvoir l'approuver, une telle politique. Dans sa candeur, il pensait qu'il eût mieux valu conduire les hommes au flambeau de la vérité, dût-on quelquefois s'en repentir, que de les laisser errer en aveugles et sans fin dans un inextricable labyrinthe, afin de profiter de leurs égarements.

Adalbert était resté enfermé dans le palais, pendant les combats de la veille et la nuit même du départ du comte Eudes : il ignorait tout ce qui s'était passé. Gozlin le fit appeler, et, dès qu'il entra, l'embrassa presque avec tendresse. « Mon jeune hôte, lui dit-il, vous êtes menacé de rester avec moi plus que je ne croyais, et sûrement plus que vous ne voudriez. Le raccommodement entre nos deux nations est plus éloigné que jamais... » Et il lui raconta comment un accident bien imprévu (la rupture du petit pont) avait amené une bataille qui pouvait avoir de déplorables suites. « Mais, je l'espère, ajouta-t-il, vous-même contribuerez à ramener une réconciliation entre votre père et nous. Écrivez-lui : je ne demanderai même pas à voir vos lettres. Je ne veux pas que vous sentiez l'espèce d'esclavage où, malgré moi, je vous assure, je dois vous retenir. » Adalbert lui rendit grâces, attesta que jamais il n'abuserait de la confiance qu'il lui témoignait; et il lui baisa les mains avec respect.

Quant à Rollon, dès qu'il fut informé que le comte Eudes n'était plus dans Paris, il ne lui fut pas difficile de deviner qu'il était allé chercher du secours près de l'empereur Charles. Il s'en inquiéta peu, car il espérait avec raison que les troupes de Sigefroi seraient revenues avant

que les Parisiens reçussent le renfort qu'ils croyaient si nécessaire. En attendant, il jugea utile de faire partir un fort détachement de troupes, qui devaient s'embusquer, à quelques lieues de Paris, sur le chemin qui conduit à Metz, afin de tomber à l'improviste sur le comte Eudes et les troupes qu'il pourrait amener avec lui.

Et comme il prévit que, du moins pendant quelques jours, sa présence allait être inutile à l'armée, il se décida à aller prendre quelque repos près de sa Judith, au Mont-Valérien.

CHAPITRE XXXV.

LA SÉDUCTION.

Quare hoc fecisti? Quæ respondit : Serpens decepit me, et comedi.
      GENES., II, 13.

« Pourquoi avez-vous mangé du fruit défendu? Elle répondit : « Le serpent m'a séduite. »
      GEN.

Vineam meam non custodivi.
      SALOM., Cant. cant.

« Je n'ai pas su garder ma vigne. »
      SALOMON, Cantique des cantiques.

MARC-LOUP n'aurait pu quitter Paris sans devenir suspect de trahison; mais il avait trouvé moyen de communiquer avec Judith par l'entremise du petit juif, qui parcourait, sans obstacles, tous les environs, et même les camps ennemis, ne cherchant, en apparence, qu'à vendre ses bijoux et ses élixirs de toute espèce. Barbara, toujours passionnée pour Marc-Loup, lui confiait tout ce qui se passait dans l'intérieur

du palais d'Eudes et de l'évêque Gozlin; et presque aussitôt, la nouvelle en était portée par le juif, et dans tous ses détails, à Judith. Ce fut par Judith que Rollon apprit combien Adalbert était devenu cher à l'évêque son gardien; et il en augura que le siége de Paris aurait une issue moins funeste à cette ville qu'il ne l'avait d'abord imaginé.

Le lendemain du jour de l'arrivée de Rollon au Mont-Valérien, Judith voulut célébrer, par une espèce de fête, le retour de son mari en France, après ses glorieux exploits dans l'île des Anglo-Saxons. Elle réunit toute la colonie qui l'entourait dans la plus grande salle de l'ancienne demeure des ermites. Les chefs danois s'assirent tous autour d'une table abondamment couverte de mets substantiels et de vins de différents crus. Au haut de la table était Rollon, et, à ses côtés, Judith et Adelinde, qu'accompagnait toujours la vive et folâtre Godiva.

La dévote Odille ne se trouvait point là. Rollon en fit la remarque; et Judith lui répondit que, depuis plusieurs jours, Odille ne quittait point sa cellule, qu'elle était toujours triste et paraissait malade. « Sans doute nos plaisirs ne sont pas de son goût, ou elle craint d'offenser son dieu, dit Rollon : laissons-lui toute liberté. » Et il ne songea plus à elle.

Le repas fut joyeux. Les Danois burent immodérément, chantèrent les louanges de leur glorieux chef, et la beauté des femmes qu'ils voyaient à ses côtés. Par des images gracieuses, par des allusions piquantes, ils témoignaient aux femmes, en général, les sentiments de confiance et de vénération qu'elles inspirent à tout homme du Nord. Le scalde Egill s'abstint de mêler sa voix à celle de ses compatriotes. Depuis qu'il ne vivait plus près d'Adalbert, son jeune élève, il était triste, rêveur, sa harpe était muette.

Vers la fin du repas, une esclave neustrienne vint annoncer qu'Odille demandait à Rollon et à Judith de les entretenir secrètement. Rollon, s'imaginant qu'elle allait sans doute leur découvrir quelque important secret, une conspiration peut-être contre leur vie, congédia, dès qu'il lui fut possible, les nombreux convives, et même les deux jeunes filles que Judith, pleine de confiance dans leur fidélité, aurait voulu retenir auprès d'elle. Il ordonna ensuite que l'on introduisît Odille.

Elle entra pâle, tremblante, les yeux baissés. Sa longue robe blanche flottait sur son corps, sans être retenue par une ceinture, pas même par une agrafe; ses cheveux en désordre, et sans aucun ornement, tombaient en longues mè-

ches aiguës sur son sein. Rollon fut frappé du changement de ses traits; sa physionomie n'était plus la même, il avait peine à la reconnaître.

« Eh! quoi, lui dit-il avec bonté, êtes-vous malade, chère Odille, ou n'avez-vous pu vous accoutumer à nos mœurs? Parlez. »

Odille ne répondait qu'en versant un torrent de larmes.

« — Si c'est la vie monastique que vous regrettez, ajouta Rollon, j'ai conservé, dans une contrée voisine, un monastère où vivent ensemble douze honnêtes filles dont mes Normands ont respecté les vertus. Voulez-vous que je vous y fasse conduire?

— Je ne serais plus digne d'y entrer, répondit Odille.

— Et pourquoi? » repartit Rollon, sans dissimuler son extrême étonnement.

Odille alors tomba à genoux devant Judith et Rollon.

« — Hélas! s'écria-t-elle, moi qui trouvais si coupables les femmes qui cèdent à ce penchant qu'on nomme amour; moi qui espérais éviter, toute ma vie, les piéges que le démon de la luxure.....

— N'est-ce que cela? » dit Rollon en souriant.

Judith l'aida à se relever, et lui dit :

« — Eh bien! vous avez appris, ma pauvre Odille, qu'il ne faut pas être si sévère envers les autres femmes..... Vous le voyez, ni Dieu, ni ses saints, ni la Vierge même, n'ont pu vous préserver d'une chute presque toujours inévitable à votre âge.

— Oh! dites-nous, reprit Rollon, quel est l'adroit séducteur qui a su triompher d'une vertu si austère!

— Si vous daignez m'entendre, répondit Odille, peut-être vous paraîtrai-je mériter quelque indulgence, ou du moins de la pitié. J'ai cédé parce que le ciel l'ordonnait. J'ai cru faire une action louable, et qui me serait comptée dans l'autre vie..... »

Cette fois Rollon ne put s'empêcher de rire.

Mais Judith, prenant Odille par la main, la fit asseoir entre elle et son mari. Et voici comme notre infortunée dévote raconta sa fatale aventure.

« O mes dignes protecteurs, lisez enfin dans
« cette âme qui fut toujours moins pure que
« peut-être vous ne l'avez cru jusqu'à ce
« jour. Dans l'asile de paix où vous m'avez re-
« cueillie, j'apportais le souvenir des galantes
« intrigues, disons mieux, des scènes d'amour
« qui, dès mon enfance, s'étaient passées sous

« mes yeux. Elles se présentaient vives, animées,
« à mon imagination. Je voulais en repousser le
« séduisant tableau. C'était en vain : je me sen-
« tais dévorée d'un feu que ne pouvaient calmer
« ni les prières, ni les larmes que je répandais
« en secret.

« Parmi les hommes qui habitent dans cet
« ermitage, il en était un qui amusait mon es-
« prit par le récit de mille aventures qu'il avait
« l'art de rendre intéressantes. Hélas! je n'aurais
« peut-être pas dû les entendre, car il peignait
« sous des couleurs séduisantes tout le bonheur
« qu'éprouvent, dans une intime union, deux
« êtres qui se conviennent, qui s'aiment avec
« mystère : il disait que le scandale seul, qui ré-
« sulte d'une liaison qu'on ne sait pas cacher
« aux yeux du monde, offensait la Divinité;
« enfin, il m'offrait le vice, comme sans doute
« le serpent l'offrit, dans le paradis terrestre, à
« la mère de tous les hommes. J'étais émue,
« et pourtant je résistais à la tentation. Je me
« rappelais le serment que j'avais fait à Jésus
« et à sa divine mère, d'être toujours chaste,
« toujours pure, et j'imposais silence aux per-
« fides suggestions de l'esprit immonde. Mais
« cet homme ne me quittait que bien rarement.
« Partout, je le voyais sur mes pas ou à mes
« côtés : était-il absent ? son image me poursui-

« vait jusque dans mes prières. Non, je ne puis
« vous exprimer tout ce que j'ai souffert.

« Un jour, il vint me trouver dans ma
« cellule. Le désespoir était peint sur tous ses
« traits. Il me dit avec violence, que, las de
« mes continuels refus, de ma résistance obs-
« tinée, il avait résolu de quitter la religion de
« ses pères, d'adopter celle des Scandinaves ;
« que chez eux, du moins, on n'érige point en
« vertu la privation des plaisirs les moins cri-
« minels ; que là les femmes sont tendres, ai-
« mantes...Je frémis à l'idée d'être la cause d'une
« apostasie : j'étais indécise, ébranlée. Mais, oh
« écoutez! dois-je attribuer au ciel ou à l'enfer
« la vision qui m'a perdue ? Une nuit, pendant
« mon sommeil, un ange m'apparut, un ange
« d'une beauté ravissante. Des cheveux blonds
« et bouclés entouraient son visage, où les roses
« se mêlaient aux lis ; ses ailes étaient d'azur ;
« aucun vêtement ne couvrait son corps d'une
« blancheur, d'un éclat merveilleux. Je l'admi-
« rais, je voulais me prosterner devant lui. Il me
« retint, et, me prenant la main : « — *Réserve,*
« *me dit-il, tes adorations pour un être bien plus*
« *puissant que moi. Je ne suis que l'envoyé de*
« *l'Éternel, celui à qui il confie toujours le soin*
« *de calmer les mouvements des âmes trop sen-*
« *sibles. C'est ainsi qu'il me députa près d'une*

« vierge de la Judée, une branche de lis à la
« main, pour lui annoncer qu'il voulait en faire
« son épouse, la rendre mère... Tu aimes, Odille ;
« je connais les tourments que tu éprouves, et
« je viens y mettre fin. Dieu le père veut con-
« server pour son saint paradis un mortel qui
« ne peut vivre sans toi. Il te permet, il t'or-
« donne de le rendre heureux. A mes paroles, la
« vierge de Judée se résigna aux ordres du
« Très-Haut : résigne-toi comme elle. L'enfant
« qui naîtra de toi sera le plus ferme soutien
« de la sainte religion catholique. Et c'est ainsi
« que tu auras préservé un digne homme de
« l'enfer, et donné un héros de plus à l'église
« militante. » — Je m'éveillai, ivre de joie ; j'é-
« prouvais une ineffable volupté qui m'était in-
« connue. Mais quelle fut ma surprise, quand
« je sentis deux bras qui me pressaient, m'en-
« laçaient fortement ! Il s'était introduit secrète-
« ment dans ma cellule, celui qui depuis si long-
« temps... Que vous dirai-je ? Avant même qu'il
« eût recours à des caresses, j'étais vaincue.
« Mon cœur, les paroles de l'archange Gabriel,
« la situation dans laquelle je me trouvais, tout
« lui était favorable ; il triompha... Et il me
« sembla entendre un concert de bienheureux
« qui, du haut du ciel, applaudissaient à sa
« victoire. »

« Voilà bien comme devait succomber une dévote, dit Rollon en souriant. Mais, dans votre récit, chère Odille, vous n'avez oublié qu'une chose, c'est de nous faire connaître le nom du fortuné séducteur... »

Odille se tournant alors vers Judith, lui dit : « Oh! accablez-moi de vos reproches, de vos mépris! Celle dans les veines de qui coule le sang des rois, une fille du noble Charles-le-Chauve a pu s'abaisser, s'avilir jusqu'à prendre un amant dans une classe abjecte que les Francs dédaignent, qu'ils emploient aux plus grossiers travaux... »

Et elle se couvrait le visage de ses deux mains.

« Je l'avais deviné, dit Judith. Le coupable est Nitard, notre conteur en titre. »

« Oh! dit Rollon. Cela ne m'étonne plus; il avait déjà séduit une autre nonne, une certaine Pétronille... »

Et puis, d'un air de bonté :

« Allons, Odille, la faute n'est pas si grande que vous l'imaginez. Consolez-vous; si Nitard refusait de vous rendre, par un bon mariage, l'honneur qu'il vous a ravi, je saurais bien l'y contraindre. »

A ce mot de mariage, tous les traits d'Odille prirent une expression de dédain qui n'échappa point à Rollon.

« — Eh! quoi, ajouta-t-il, vous refuseriez pour époux celui que vous avez trouvé digne de partager votre couche!

— Chez les Francs, répondit-elle, la femme qui compte d'illustres ancêtres ne doit jamais s'unir qu'à l'homme d'une aussi noble origine. Je supporterais tous les malheurs, la pauvreté, l'exil, la mort même, plutôt que de....

— Arrêtez-vous. Certes, je n'ai nulle envie de vous contraindre à contracter des nœuds qui vous répugnent. Nous autres Scandinaves, nous laissons les femmes disposer librement d'elles. Elles choisissent qui bon leur plaît....

« Mais, ajouta-t-il, en arrêtant ses regards sur une partie de son corps, dont la proéminence repoussait, malgré l'ampleur du vêtement, la robe qui la couvrait, il me semble que vous ne pouvez guère vous montrer ici aux yeux de vos compagnes. Eh bien! je vous chercherai un autre asile. Quoique je blâme votre orgueil, et le trouve déplacé, ni moi, ni ma Judith, j'en suis sûr, ne vous abandonnerons. Retournez dans votre cellule. Vous saurez bientôt ce qu'il vous reste à faire. »

Odille se leva, baisa avec respect les mains de ses deux protecteurs, et, en chancelant, prit le chemin de sa cellule.

Rollon et Judith, après le départ de la bâtarde

de Charles-le-Chauve, plaignirent son infortune, et se moquèrent de sa fierté; puis ils se concertèrent sur les moyens de la soustraire aux yeux de ses compagnes, et surtout aux sarcasmes de Godiva, qui n'eût point manqué de se venger, par quelques mots piquants, de l'espèce de mépris qu'elle lui avait témoigné sur sa conduite passée.

Au repas du soir, Rollon, au milieu de sa famille réunie, dit à Nitard, à très-haute voix : « Demain, Nitard, je vous chargerai d'un message. Odille ne se plaît plus avec nous. Elle nous a confié qu'elle regrettait le cloître. Il faut la rendre à la solitude qu'elle aime. Mes troupes ont laissé debout, près de Rouen, un monastère de filles. Vous partirez avec elle dès demain; et, en ordonnant à l'abbesse du couvent de l'admettre parmi ses religieuses, vous la recommanderez comme une protégée de Judith et de moi. » Toute l'assemblée approuva. On exalta la bonté d'âme de Rollon, qui ne s'occupait que du bonheur de tout ce qui l'entourait. Il n'y avait pas une femme, dans la petite colonie, qui ne fût très-contente de voir s'éloigner une compagne triste, morose, et dans laquelle elles croyaient toujours voir un censeur austère qui blâmait les jeux et les plus innocents plaisirs.

Godiva, en écoutant l'ordre que Rollon donnait

à Nitard, ne put s'empêcher de sourire, et de dire tout bas à une voisine : « Oh ! ce n'est pas au couvent qu'il faudrait la conduire, mais à la chapelle de Saint-Nicolas*. » La rusée avait découvert depuis long-temps l'intrigue de la dévote avec Nitard, et se doutait du résultat.

Nitard partit le lendemain, dès l'aube du jour, avec Odille. Mais ce ne fut point au monastère de Rouen qu'il la conduisit ; il avait reçu secrètement d'autres ordres.

Nous retrouverons plus tard notre dévote, qui, bien qu'elle eût refusé pour époux son séducteur, ne fut pourtant pas fâchée de l'avoir auprès d'elle dans son voyage.

Ce jour-là même, un messager, expédié de l'un des camps qui bloquaient Paris, annonça à Rollon que Sigefroi avait ramené les détachements de Norwégiens et de Danois à la tête desquels il était allé parcourir et ravager les contrées situées sur les deux rives de la Loire, et qu'il se proposait de venir rendre compte de cette expédition au chef de l'armée.

A cette nouvelle qui le combla de joie, Rollon ne songea plus qu'à assurer le succès de l'assaut décisif qu'il avait projeté de livrer à Paris. Il ne

---

* Voyez la note XLVI.

voulait pourtant que forcer la ville à capituler, et non la détruire de fond en comble; car elle avait dans ses murs, comme otage, tout ce qu'il avait de plus cher au monde après sa Judith, le jeune Adalbert.

Quelques heures après l'arrivée du messager, on entendit le son éclatant des trompettes, et l'on vit dans la plaine s'avancer vers le Mont-Valérien un groupe de guerriers, au milieu desquels on distinguait Sigefroi magnifiquement vêtu et monté sur un cheval richement caparaçonné. A la suite des guerriers, cent chariots de diverses formes portaient l'immense butin que les troupes de Sigefroi avaient fait dans la Neustrie méridionale. Quant aux innombrables troupeaux de bœufs, de moutons qu'elles avaient aussi enlevés aux habitants de ces contrées, Sigefroi avait ordonné qu'on les dispersât dans les plaines des environs de Paris où le pâturage était abondant.

Rollon s'empressa d'aller à la rencontre de Sigefroi, et, dès qu'il fut près de lui, lui serra la main en le félicitant sur ses succès. Il ne dissimula point pourtant qu'il n'avait pas appris sans quelque regret qu'il eût renoncé, pour un assez long temps, à l'entreprise dirigée contre Paris : « Voilà plus d'un an, lui dit-il, que dure le siége de cette ville ; ce qui ne serait probablement

point arrivé si notre armée était restée complète. » Ce petit reproche n'altéra point l'accord qui avait toujours existé entre les deux guerriers.

Rollon vint présenter son ami à Judith, qui le remercia de la confiance qu'il avait montrée dans le courage et les talents d'Adalbert, lorsqu'il lui avait laissé le commandement de l'armée sous Paris.

Sigefroi ordonna ensuite que l'on fît avancer les chariots qui contenaient le butin qu'il avait recueilli, tant à Orléans qu'à Blois, à Tours et dans les environs de ces grandes villes. Par ses ordres encore, on découvrit trois ou quatre chariots qu'il désigna, et on étala devant Rollon et Judith les richesses qu'ils contenaient. C'étaient des calices enrichis de pierreries, de lourdes croix d'or et d'argent, des livres d'une énorme dimension, dont les couvertures de bois rares, et ornées de sculptures et de peintures, étaient fermées par des agrafes du plus grand prix; des bannières, des chapes, des mitres étincelantes d'or et de rubis : c'étaient des lits, des tables, des siéges couverts d'ornements précieux; des instruments de musique de toute espèce et de différents métaux travaillés avec art; de larges plats d'argent, des coupes d'or, et mille autres objets dont le dénombrement pourrait fatiguer. Judith voulut que ses deux amies, Adelinde

et Godiva, pussent jouir de ce brillant spectacle; et elle les fit appeler.

Adelinde arriva la première. Elle fut émerveillée à la vue de tant de richesses; mais son cœur se serra quand elle vint à penser qu'elles avaient été arrachées à ses compatriotes. Rollon s'aperçut qu'un nuage se répandait sur ses beaux traits; et, devinant le secret motif du saisissement qu'elle éprouvait, il lui dit : « C'est bien, ma fille; il ne faut jamais oublier sa patrie, ni se réjouir de ses maux. »

Quant à Godiva, à peine elle eut aperçu Sigefroi que, riant aux éclats, elle s'écria : « Quoi! ici, l'un de mes anciens amis ! »

Sigefroi, de son côté : « La fille de la sorcière auprès de la noble Judith ! Qui s'y serait attendu ! » Et il fit deux pas, comme pour s'élancer vers elle et la saisir.

Rollon l'arrêta : « —Vous connaissez donc cette jeune fille ? lui dit-il.

— Eh! dans notre armée, qui ne la connaissait pas? Chefs et simples guerriers, tous montaient, chaque jour, vers l'antre d'une sorcière qui s'était établie près de l'un de nos camps. Comme les autres, je fus curieux de voir la gentille nymphe qu'elle avait avec elle, et dont on contait des merveilles : c'était Godiva. Vous le croirez sans peine, elle me plut; oui, elle m'en-

sorcela. Son image m'a suivi dans toutes mes expéditions sur les bords de la Loire. Et voilà que je la retrouve!... Oh ! pour cette fois.... »

Godiva l'interrompit : « Un instant, mon brave ! Laissez-moi expliquer devant mes bienfaisants protecteurs la cause et l'origine de notre liaison. Ils verront que je ne suis pas indigne de la bienveillance dont ils m'honorent. La femme qui se disait ma mère venait de s'établir dans son souterrain, sur le Mont-de-Mars; elle ne pouvait y rester au milieu des troupes, sans en obtenir la permission du guerrier qui paraissait être leur chef, de Sigefroi que voilà. Elle me chargea d'employer, pour l'intéresser à notre sort, tous les moyens de séduction que je pourrais imaginer. J'obéis d'autant mieux (je ne crains point de l'avouer, même en sa présence) que, de tous les chefs de son armée, il était celui que je voyais avec le moins de répugnance. J'ignorais alors les affreux projets de la sorcière contre les plus expérimentés de vos guerriers. En cherchant à vous plaire, Sigefroi, j'exécutais des ordres que j'étais habituée à respecter ; et, je le répète, je me laissais aller aussi à un certain sentiment, un penchant que je ne devrais peut-être pas avouer. Mais qu'il dise, je le lui permets, si jamais, dans le peu de jours qu'a duré notre liaison, je lui ai accordé même

la plus innocente faveur. J'étais peut-être plus gaie, plus folâtre encore que je ne le suis avec les autres hommes ; mais rien de plus...

— Ai-je rien dit, s'écria Sigefroi, qui pût porter atteinte à votre honneur !....

— Oh ! laissons-là, dit Rollon, toutes ces vaines explications. Quand tu l'aimerais, quand elle t'aimerait à son tour, qu'y aurait-il là de répréhensible ? Retourne, mon cher Sigefroi, retourne au camp. Dès demain, j'irai te rejoindre et partager entre tous nos guerriers le butin que tu viens de déployer à mes yeux ; et après, nous concerterons ensemble les moyens de réduire ce Paris qui nous a trop long-temps retenus. Il faut qu'avant cinq jours cette ville soit en notre pouvoir. »

Sigefroi, avant de repartir pour le camp, vint baiser avec transport la main de Godiva, qui riait de le voir si respectueux, si soumis.

Dès le lendemain, il lui envoya, par un messager, une superbe ceinture formée d'anneaux d'argent et d'or artistement entrelacés. Ce précieux bijou avait appartenu à la fille d'un roi, abbesse d'un riche monastère des bords de la Loire.

CHAPITRE XXXVI.

UN DERNIER COMBAT.

Nemo meis super hoc dictis insurgere bello
Decertet ; si quidem nemo verius ullus
Expediet, quoniam propriis obtutibus hausi.
Sic etiam nobis retulit qui interfuit ipse,
Atque natando truces gladios evadere quivit.

ABBONIS Bellum Parisiac., lib. I, v. 593 et seq.

« Que personne n'ose me contredire sur les combats que je raconte ; car nul ne peut mettre, dans les descriptions que j'en fais, plus de vérité que moi : je les ai vus de mes propres yeux ; et, de plus, ce que j'en ai dit a été confirmé par un des nôtres qui avait pris part à toutes les affaires, et qui ne parvint à échapper aux glaives des Normands qu'en traversant la Seine à la nage. »

ABBON. — Siége de Paris.

Le comte Eudes avait parfaitement réussi dans sa mission auprès de Charles-le-Gros : il en avait obtenu des troupes pour la défense de Paris. Un détachement de ces troupes partit avec lui, et un autre détachement quelques jours après, sous les ordres de Henri, duc de Saxe.

L'empereur Charles promit même de venir en personne assister aux exploits futurs de son armée. Et, en effet, il se mit en route, suivi des principaux personnages de sa cour; mais il n'avançait que bien lentement. Il avait découvert, ou cru découvrir, que sa femme Richarde avait une intrigue avec Liudart, évêque de Vercel, et, pour l'éloigner de son amant, il avait exigé qu'elle le suivît, ce qu'elle faisait à contre-cœur : aussi retardait-elle la marche de l'empereur par tous ces mille prétextes qu'une femme sait si bien imaginer en pareille occasion. Au reste, nous devons l'avouer, son lourd mari ne méritait nullement son amour. Si sa tête n'eût été ceinte du bandeau royal, on eût pu le reléguer parmi les bêtes brutes de ses parcs. Comme elle était dégénérée la race de Charlemagne!...

A son arrivée dans les environs de Paris, le comte Eudes voulut examiner par lui-même quels obstacles il aurait à surmonter pour rentrer dans la ville : il ne se fit suivre que d'un petit nombre de guerriers, et gravit le Mont-de-Mars. De là il vit tout le camp des Normands, qui entourait Saint-Germain-le-Rond, et s'étendait jusque près de la tour du grand pont. Il jugea qu'il serait imprudent de chercher à s'ouvrir un passage, pendant le jour, au travers de

troupes si nombreuses. Il attendit donc la nuit pour tâcher de pénétrer jusqu'au pont.

Cette nuit-là, les Normands étaient loin de redouter une attaque. Ils avaient passé tout le jour en fêtes, en divertissements, après la distribution que leur avaient faite Rollon et Sigefroi de leur part dans le butin. Tous dormaient tranquillement près de leurs femmes, lorsque Eudes vint surprendre le peu de gardes qu'ils avaient placés en dehors du camp. Ils s'éveillent en sursaut, se lèvent, saisissent leurs armes, combattent à demi-nus. Beaucoup succombent; mais ils parviennent du moins à disperser une grande partie des assaillants.

Malgré ce succès des Normands, Eudes, à la tête d'une vingtaine de Francs de l'Austrasie, était parvenu jusqu'à une tranchée que les Parisiens avaient faite à l'entrée de leur grand pont. Tous les efforts des Normands se réunirent contre ce petit nombre d'hommes, qui tombèrent l'un après l'autre sous leurs coups : il n'en restait plus que trois autour d'Eudes. Il se crut perdu. Mais heureusement il avait à la main une très-longue lance; à l'aide de cette arme, dont il appuya la pointe au fond de la tranchée, tandis qu'il la tenait fermement par l'autre bout, il s'élança sur le bord opposé. Dès qu'il fut sur le pont, il n'eut plus rien à redouter. La nuit

était si noire que les Normands ne pouvaient diriger leurs traits contre lui. Il fut reçu dans la cité au bruit des acclamations de tout le peuple.

Quand les guerriers, à la tête desquels il avait combattu, apprirent qu'il était parvenu sain et sauf à Paris, ils ne songèrent plus qu'à la retraite : ils se sauvèrent, épars en petits pelotons, et s'empressèrent d'aller rejoindre les troupes du duc de Saxe, qui n'étaient qu'à cinq à six milles de là.

Cet événement apprit aux chefs des Normands qu'ils avaient eu tort de trop compter sur la supériorité de leurs forces et la pusillanimité de leurs ennemis. Comme ils n'ignoraient pas que les troupes du duc de Saxe n'étaient pas loin, ils ordonnèrent cette fois à leurs guerriers de se tenir sur leurs gardes, et de se préparer à recevoir avec vigueur ce nouvel ennemi. On connaissait ce duc pour un des chefs les plus valeureux et les plus expérimentés de l'armée de Charles-le-Gros. Il fallait donc surtout tenter, à tout prix, d'ôter ce bras puissant aux ennemis. Sigefroi, après quelques moments de méditation, jura qu'il l'amènerait à Rollon, mort ou vif.

Dès le lendemain, on vit les troupes du duc se déployer sur les hauteurs du Mont-de-Mars. Les Parisiens, qui pouvaient les apercevoir aussi

bien que les Normands, se laissèrent aller aux plus vifs transports de joie. Ils allumèrent des torches sur leurs tours, des feux sur les places de la ville et devant le portail des églises. Comme le jour baissait, le duc ne jugea pas à propos d'attaquer aussitôt les Normands, que, d'ailleurs, il voyait rangés en bon ordre dans la plaine, et tout prêts à le faire repentir de son audacieuse entreprise. Il laissa ses troupes se reposer, toute la nuit, de leur marche précipitée.

Ce délai lui fut fatal. Sigefroi, pendant la nuit, fit ouvrir une tranchée sur le chemin que le duc devait nécessairement prendre pour en venir aux mains avec les Normands; il la fit ensuite recouvrir de branchages et de terre mêlée de gravois et de gazon. Cette opération fut exécutée avec tant d'art qu'il était impossible, à la première vue, de s'apercevoir que le chemin eût été coupé dans toute sa largeur. Les Normands attendirent ensuite, à quelques pas de la tranchée, que les ennemis se présentassent.

A peine l'aurore éclairait la plaine que le duc Henri de Saxe et deux autres chefs à ses côtés descendirent dans la plaine, suivis de toutes leurs troupes. En voyant les Normands rangés en bataille, ils donnent le signal du combat, et, intrépides comme ils étaient, ils piquent les chevaux fougueux sur lesquels ils étaient montés,

pour être les premiers à se mesurer avec les chefs des Normands. Mais quelle fut la consternation de leurs guerriers, quand ils les virent disparaître soudain à leurs yeux! Ils étaient tombés avec leurs chevaux dans la fosse nouvellement ouverte, et où cent Normands, qui étaient aussitôt accourus, les perçaient de leurs lances.

A ce spectacle, l'armée de l'empereur, sans chefs et découragée, craignant de tomber dans quelque autre piége, ne songea qu'à fuir. Elle se dispersa dans toutes les directions pour gagner les forêts environnantes; mais les Normands, répandus en grand nombre dans la plaine, poursuivaient partout les fuyards : on en fit un horrible massacre.

Les Parisiens, du haut de leurs tours, avaient vu cette triste catastrophe. Aux bruyantes joies de la veille succéda un morne silence; et bientôt après, se firent entendre, de tous côtés, les cris, les sanglots. Les églises se remplirent d'une foule consternée, qui demandait, qui exigeait que l'on exposât sur les places, et autour des murs de la cité, les innombrables reliques que contenait la cathédrale. On s'empressa d'accéder à ce vœu ou à cet ordre.

Quant au comte Eudes, il appela près de lui Gozlin, l'abbé Ebles, et les personnes les plus considérables de la cité, pour délibérer avec eux

sur ce qu'il y avait à faire dans de si tristes circonstances.

L'abbé Ebles présenta le plus triste tableau de la situation de Paris. Depuis plusieurs jours le pain manquait, les habitants ne vivaient que de viandes salées, dont on n'avait plus de provisions que pour quelques jours. De plus, une maladie contagieuse, qui s'était déclarée en même temps que la disette, enlevait, chaque jour, plusieurs centaines d'habitants. Les églises, que l'on avait dépavées pour y faire des fosses, ne pouvaient plus contenir tous les morts qu'on y apportait. Il s'en exhalait une odeur méphitique telle qu'on ne pourrait bientôt plus en approcher. Son avis fut que l'on n'avait plus qu'à capituler, en tâchant d'obtenir de Rollon les conditions les plus avantageuses.

A cette proposition, Gozlin, rouge de colère, se leva, et qualifia son neveu de lâche, et même de traître. « Nous avons juré, s'écria-t-il, de conserver cette cité, ou de mourir sous ses ruines. Serons-nous parjures? Nos souffrances sont extrêmes, notre situation pénible, je ne le nie pas; mais c'est un motif de plus de tenter un dernier effort. Nos ennemis sont fatigués d'un si long siége : ils demandent, à grands cris, à s'en retourner dans leur patrie. C'est ce que m'ont appris des espions fidèles que j'ai dans leurs deux

camps. Présentons-nous donc devant eux avec audace, nous les vaincrons; et alors, au lieu d'implorer d'eux la paix, nous la leur imposerons. »

Le comte Eudes aurait incliné pour la proposition pacifique que l'abbé Ebles avait émise; mais Gozlin lui ayant dit : « Je sais que, si nous sommes forcés de capituler, l'intention de Rollon est d'exiger qu'on lui rende l'otage que nous avons entre les mains, sans qu'il soit tenu de remettre celui qu'il nous a enlevé. Consentez-vous à ce que votre sœur reste esclave chez les Normands? » Eudes frémit à cette idée. « Non, jamais, répondit-il; puisqu'il le faut, courons aux armes. »

La décision du conseil fut que, dès le lendemain, on ferait une sortie contre les assiégeants, avec tout ce que la ville contenait d'hommes en état de porter les armes, et qu'on leur ferait jurer de ne rentrer dans la ville qu'après avoir purgé le territoire, à plus de deux lieues de distance, de tous les Normands qui l'avaient envahi.

Gozlin se chargea de proclamer lui-même cette décision dans toute la cité, d'en exciter les habitants à combattre avec plus de vaillance encore qu'ils n'avaient fait jusqu'à ce jour, puisque c'était le seul moyen de remédier à

tous les maux qui les accablaient. C'est ce qu'il effectua avec zèle, avec talent. « Vous manquez « de pain, disait-il aux Parisiens affamés : c'est « dans les camps ennemis que vous en trouve- « rez en abondance. Entassés dans l'enceinte « de vos murs comme dans une étroite prison, « la maladie vous décime ; reconquérez vos cam- « pagnes envahies, vous y respirerez un air pur « et salutaire. Qui de vous pourrait craindre « d'être repoussé, de succomber ? Vous verrez « combattre pour vous le saint dont vous pos- « sédez les os. Oui, je n'en doute point, l'évê- « que Germain viendra, sur un nuage, à votre « secours ; il lancera contre les païens, qui se « sont établis dans l'église où on l'honorait, une « grêle de traits, et peut-être la foudre. » De tels discours enflammaient bien quelques-uns de ceux qui les entendaient ; mais la plupart se plaignaient hautement de ce que saint Germain eût attendu si long-temps pour manifester son pouvoir.

Aussi Gozlin rentra-t-il dans le palais qu'il habitait, soucieux et très-inquiet sur les suites de la résolution qu'il avait fait prendre au comte Eudes. Il se promena long-temps, seul, dans sa chambre, livré aux plus amères réflexions. Il se fit ensuite apporter sa cuirasse et sa massue ; mais avant de s'armer, il voulut

mettre par écrit quelques pensées qui pesaient sur son cœur. Un pressentiment, qu'il voulait en vain repousser, lui annonçait que sa fin était prochaine, que cette expédition serait la dernière à laquelle il pourrait prendre part.

Quand il eut fini d'écrire, il fit prier Adalbert de se rendre auprès de lui.

Le jeune homme, en entrant, remarqua l'altération de ses traits, et parut surtout surpris de voir près de lui des armes.

« Cet appareil guerrier vous étonne, mon jeune ami, lui dit-il : c'est que demain finira, je ne sais comment, notre trop longue lutte avec vos compatriotes ; demain le sort des armes décidera entre eux et nous. Je combattrai contre votre père ; et, je ne crains pas de vous l'avouer, ce n'est pas sans regret, sans répugnance. Vous m'avez appris à l'estimer. Vos excellentes qualités m'ont séduit, ont mérité mon attachement. Embrassez-moi, fils de Rollon... »

Et il le serra dans ses bras, et Adalbert sentit une larme qui tombait sur son visage.

Il ajouta : « Si l'honneur, si la religion, dont je suis obligé de respecter et de faire observer les sévères lois, me l'eussent permis, j'aurais dit au comte Eudes : « Traitez avec Rollon, et « donnez à son fils votre sœur ; il est digne « de s'allier à votre sang. » Mais... Écoutez : si

nous sommes vaincus, vos compatriotes vous auront, d'eux-mêmes, procuré la liberté, vous n'aurez plus besoin de protecteurs; si nous sommes vainqueurs, je ne vous en rendrai pas moins à votre famille, sans exiger même qu'elle nous restitue le précieux otage que vous avez remis dans ses mains. Prenez cet écrit par lequel je vous donne la liberté, quelle que soit l'issue du combat. Et ne craignez pas que le comte Eudes tente même de s'opposer à ma volonté suprême : j'ai signé cet écrit comme ministre d'un Dieu qu'il redoute. Quand même je n'existerais plus, il exécuterait un ordre que je lui transmets au nom du ciel. »

Adalbert, étonné de tant de magnanimité, ne put exprimer sa reconnaissance qu'en baisant les mains du prélat. Il voulait parler, mais son cœur était oppressé : ses yeux seuls disaient : « Vous avez conquis le respect et l'amour de votre ennemi. » Et au fond de son âme, il se reprochait d'avoir méprisé, d'avoir abhorré le culte des chrétiens, puisqu'il y avait un Gozlin parmi ses ministres.

Gozlin reprit : « Adalbert, vous allez me trouver bien faible, et vous n'aurez peut-être plus une haute opinion de la fermeté de mon caractère, si je vous dis que je ne puis songer, sans trouble et sans effroi, au combat qui s'apprête.

Une funeste idée me poursuit sans relâche ; il me semble qu'une voix funèbre murmure à mon oreille : «Tu n'en verras point d'autres ; tu tomberas dans la mêlée. » O mon jeune ami, ajouta-t-il avec attendrissement, si je ne dois plus vous revoir, vous avec qui j'aurais voulu passer le reste de mes jours, prenez quelque soin de ma mémoire. Vous proclamerez que je n'étais ni aussi impitoyable, ni aussi méchant que l'on m'accuse de l'être ; mais que de fatales circonstances, une impérieuse nécessité m'ont quelquefois forcé de paraître dur et cruel. Adieu, mon brave, adieu, l'élu de mon cœur ! »

Et, après s'être encore étroitement embrassés, ils se séparèrent.

Marc-Loup, par l'entremise du petit juif, avait informé Rollon de la grande expédition qui se préparait à Paris ; et ce chef, aussi prudent qu'expérimenté, fit, pendant la nuit, toutes les dispositions nécessaires pour combattre avec avantage l'ennemi. Quelques milliers de Normands transportèrent secrètement par terre des barques au-delà de Paris, en face de deux petites îles qui se sont formées au milieu de la Seine*. Ils

---

* L'île *Notre-Dame* et l'île *aux Vaches*. Ces deux îles, aujourd'hui réunies, n'en forment plus qu'une seule, sous le nom d'*île Saint-Louis*.

avaient pour instructions de s'emparer, au moment du combat, de ces deux îles qui n'étaient point gardées, et de descendre ensuite vers la pointe orientale de Paris. C'était la partie la moins fortifiée de tous les murs d'enceinte. Le reste des troupes normandes fut placé devant la tour du grand pont, et sur les deux bras de la rivière, dans de longs bateaux. Ainsi, la ville se trouvait presque complètement entourée de forces imposantes.

Quand le jour parut, les Parisiens virent ces préparatifs, et ne doutèrent plus que leurs projets n'eussent été dévoilés aux ennemis. Leur courage n'en fut point ébranlé : ils persistèrent dans la résolution d'effectuer une sortie, de repousser pour toujours leurs ennemis. Ils étaient si las de ce long siége! Et en effet, leur situation dans l'intérieur était intolérable.

Mais, avant de commencer le combat, il leur fallut, d'après l'ordre de leurs prêtres, assister au *Miséréré* qui fut chanté dans la cathédrale, et promener autour des murs les châsses de sainte Geneviève et de saint Germain, et les reliquaires qui contenaient, l'un la chemise de la Vierge, l'autre la jupe de sainte Marie l'Égyptienne. Ces cérémonies et ces processions ne permirent pas de combattre avant l'heure de midi.

A cette heure, les trompettes donnèrent le signal du combat. La plus grande partie des Parisiens armés se précipitent alors vers le grand pont, le franchissent, et se rangent en bataille dans la plaine, au-dessous de la grosse tour. C'est là que les Normands les attendaient. Mais ils ne pouvaient les joindre de près, ni combattre corps à corps, parce que du haut de la tour on leur eût lancé des pierres et de lourdes masses de plomb. Il ne leur restait d'autres armes à employer contre les Parisiens que des flèches.

Sigefroi, qui commandait cette aile de l'armée, voyant quel était leur désavantage, leur donna ordre, par un signal qu'ils comprirent, de reculer, de paraître fuir en désordre.

Les Parisiens, dupes de ce stratagème, s'avancent dans la plaine, s'acharnent à la poursuite des fuyards. Mais bientôt on leur oppose une barrière de nouvelles troupes, qui fondent sur eux, et en tuent un grand nombre. Ce fut le tour des Parisiens de songer à la retraite; mais cette retraite, la tour du grand pont ne put la protéger. Normands et Français couraient ensemble pêle-mêle, ne formant qu'une seule troupe, vers le grand pont. Comment les défenseurs de la tour auraient-ils pu distinguer ceux que leurs traits devaient seuls atteindre? Assiégeants et assiégés, tous traversèrent à la fois ce

pont; tous se trouvèrent en face de la principale porte de la ville.

Pendant la bataille près de la tour, Rollon avait donné ordre aux guerriers qui remplissaient les bateaux de descendre sur la grève qui entourait la cité, malgré les traits qu'on pourrait leur lancer du haut des remparts; et c'est ce qu'on avait effectué sans grande perte.

D'un autre côté, les guerriers qui s'étaient emparés des deux îles au-dessus de Paris attaquaient la pointe orientale de l'île de la cité, qui n'était défendue que par un très-petit nombre de Parisiens. Mais ils avaient à leur tête un chevalier du nom de Gerbold. La petitesse de sa taille fut d'abord un sujet de raillerie pour les Normands; mais ils sentirent bientôt toute la vigueur de son bras. Chaque coup qu'il portait renversait un ennemi[*].

Gozlin s'était posté d'abord avec Ebles et le comte Eudes parmi les troupes qui se battaient contre les guerriers débarqués, à la tête desquels était Rollon. Mais, quand il apprit que les ennemis menaçaient d'envahir sa cathédrale, située à la pointe occidentale de la cité, il s'empressa de voler, avec un renfort d'hommes courageux, à la défense de cet édifice sacré. Il arriva à l'in-

[*] Voyez la note XLVII.

stant même où Gerbold, après des prodiges de valeur, venait de succomber sous le nombre, et lorsque ses compagnons découragés s'apprêtaient à fuir. Il ranima leur courage, leur montra les guerriers qu'il amenait avec lui. Une nouvelle lutte alors s'engagea, plus vive, plus acharnée que la première.

Gozlin se trouvait partout où le péril devenait imminent. Un de ses défenseurs avait-il reçu quelque grave blessure, le voyait-il prêt à succomber? il accourait; et, laissant tomber sa massue sur la tête de l'adversaire, il lui faisait mordre la poussière. Les Normands, étonnés de tant de bravoure, admiraient la force de son bras, éprouvaient pour lui une sorte de respect, et n'auraient pas voulu lui arracher la vie. Mais un guerrier dont il venait d'assommer le compagnon d'armes, l'ami, s'élança vers lui, transporté de rage, et, avant même qu'il eût pu relever sa massue, lui déchargea sur la tête un coup de hache qui fendit le casque, et pénétra jusqu'au crâne qu'il fracassa. Gozlin tomba; et l'on vit, spectacle hideux! la peau de son front se renverser sur elle-même et couvrir ses yeux. Son sang jaillissait de toutes parts sur ses habits pontificaux et sur sa cuirasse.

Les Parisiens demandèrent une trève, afin de pouvoir transporter plus loin leur évêque,

et lui faire donner des secours. Les Normands qui, eux-mêmes, avaient besoin de quelques instants de repos, y consentirent : on eût dit qu'ils regrettaient aussi le brave qu'ils avaient frappé.

Six guerriers portèrent sur leurs bras au palais du comte Eudes leur malheureux évêque. Dans les rues qu'ils traversèrent, il n'y avait que des enfants et des femmes : tous les autres habitants étaient sur les remparts, et aux portes de la ville où le combat continuait avec fureur. Les femmes, en voyant leur évêque couvert de sang, couché sur les bras de six guerriers, jetèrent les plus douloureux cris. En vain leur recommandait-on le silence, afin que la triste nouvelle n'arrivât pas si promptement aux guerriers qui combattaient, et ne portât pas le découragement dans leurs âmes.

Adalbert était resté seul dans le palais. Ce fut à lui que les guerriers confièrent la garde du prélat, après l'avoir couché dans son lit. Leur devoir était de retourner à leur poste.

La douleur du jeune homme fut extrême. Ce prélat, qui, la veille, lui avait témoigné un si tendre intérêt, il le voyait étendu, mourant, sans voix, sans connaissance! Son premier soin fut de laver sa blessure, de rejoindre les longues lèvres de la plaie, d'y mettre un appareil. Il tâ-

cha ensuite de rappeler le prélat à la vie, par des cordiaux qu'il lui fit avaler. Oh! comme il regrettait de n'avoir à sa disposition aucune de ces liqueurs salutaires que sa mère Judith portait toujours avec elle, lorsqu'elle suivait Rollon dans les combats!

Cependant Gozlin revint de l'espèce de léthargie dans laquelle jusque-là il avait paru plongé. Il ne pouvait voir celui qui lui donnait des secours, car l'appareil qui enveloppait sa tête lui couvrait les yeux; mais il entendit les plaintes qui s'échappaient du cœur de son jeune ami, et reconnut sa voix. « Mon Adalbert, lui dit-il, qu'ils me sont doux les soins que vous me prodiguez! Puisse le ciel vous en récompenser! Mais ils seront inutiles, et ne serviront sans doute qu'à prolonger de quelques jours ma triste existence.»

Il lui demanda ensuite des nouvelles du combat. « Les Normands qui entouraient la ville ont-ils forcé quelque porte? Le comte Eudes vit-il encore? Oh! qu'il a de reproches à me faire! » Adalbert lui répondit que, resté seul dans le palais où on l'avait consigné, il n'avait pu rien apprendre de ce qui se passait en dehors; mais qu'il avait vu, par les fenêtres, transporter dans les rues un grand nombre de guerriers ou mourants ou morts, et qu'il craignait que les Parisiens n'eussent bien des braves à regretter.

20.

« Hélas! dit Gozlin, j'ai prévu, dès le commencement du combat, quelle en serait l'issue. Du moment que j'ai vu les Normands envelopper de toutes parts nos murailles, j'ai senti qu'il n'y avait plus de salut pour nous; que les efforts que nous ferions pour nous défendre ne serviraient qu'à augmenter le nombre des victimes...»

Il médita ensuite pendant quelques minutes, et il ajouta : « —Adalbert, mon ami, vous que je serais quelquefois tenté d'appeler mon fils, s'il est vrai que vous m'aimez, et je n'en doute point, vous pouvez rendre moins amers mes derniers moments. Votre père vous chérit : demandez-lui, par une lettre pressante, demandez grâce pour notre ville. Qu'il ne la livre point au pillage, qu'il n'en massacre point les habitants. Dites-lui que le comte Eudes était décidé à capituler; que c'est moi qui l'en ai détourné, que c'est donc sur moi seul que doit tomber sa colère.

—Mon vénérable ami, lui répondit Adalbert, vous serez à l'instant obéi. Je vais supplier mon père d'épargner une ville qui a pour prélat un homme tel que Gozlin. »

Il prit aussitôt une plume, et traça à la hâte sur des tablettes tout ce que son cœur lui inspirait en faveur de l'évêque Gozlin et des Parisiens. Ses phrases étaient vives, énergiques comme ses sentiments. Gozlin en écouta la lec-

ture avec attendrissement, et chercha les mains de son ami pour les presser affectueusement dans les siennes.

L'embarras était de faire porter ces tablettes à Rollon. Quelques vieux domestiques du comte Eudes, la plupart infirmes, étaient seuls restés dans le palais. Leurs débiles mains n'avaient pu saisir ni l'arc, ni la lance. Adalbert en vit un parmi eux qui lui parut un peu plus dispos que les autres : il s'appelait Grosbert, et c'était celui qui, à la procession des reliques, dans les premiers jours du siége de Paris, avait perdu un œil [*]. « Mon ami, lui dit-il, prenez un drapeau blanc à la main, et portez, de la part de l'évêque Gozlin, ces tablettes à Rollon, en quelque lieu qu'il soit. S'il est encore hors des murs de Paris, vous ne pourriez sans doute pénétrer jusqu'à lui. Mais ce sera, j'en suis sûr, par la principale porte, celle qui fait face au grand pont, qu'il tentera d'entrer de force dans la ville. Tenez-vous donc là, dans l'attente de l'événement. Dès que la porte sera forcée, précipitez-vous vers lui, votre drapeau à la main, et suppliez-le de lire, au nom de son fils Adalbert, ce qui est écrit dans les tablettes. Comptez sur une

---

[*] Voyez le chapitre XIII, 1er volume, pag. 245.

magnifique récompense si vous réussissez dans cette mission. »

Grosbert n'hésita pas un instant. Il prend les tablettes, saisit le drapeau, et se dirige en courant vers le lieu où, par le bruit et les cris des combattants, il juge que le combat est le plus animé. C'était sur la grande place même de Paris que l'on combattait quand il arriva. Les ennemis avaient déjà enfoncé la porte du grand pont, et avaient pénétré, en furieux, jusqu'au centre de la cité. Ils y égorgeaient tout ce qu'ils rencontraient sur leur passage, même les femmes et les enfants. Rollon voulait en vain calmer leur soif de sang; un petit nombre écoutait sa voix. Il aperçut le drapeau blanc que portait Grosbert, et ordonna que l'on ouvrît passage à l'envoyé de Gozlin. Cette fois on lui obéit, mais non sans murmure.

Rollon, après avoir lu ce qui était écrit dans les tablettes, cria, de toute la force de sa voix, que les Parisiens se soumettaient; que, bien que leur détermination eût été tardive, il y aurait de la lâcheté à massacrer des ennemis qui s'avouaient vaincus....

Il en était là, lorsqu'il vit arriver, d'un autre côté de la place, Sigefroi à la tête d'un corps nombreux de Normands : ils étaient entrés par une autre porte qu'ils avaient aussi forcée. Rol-

lon fut surpris de trouver à tous ces guerriers, à Sigefroi lui-même, un air calme, pacifique. Qui aurait pu croire qu'ils traversaient une ville qu'ils venaient de prendre d'assaut? Sigefroi lui expliqua ce mystère. Le comte Eudes lui avait envoyé une somme énorme d'argent, à condition que la ville ne serait point pillée, et qu'elle serait même évacuée ce jour même par les troupes normandes, sauf à la leur rendre d'après un traité en bonne forme, qui, du moins, aurait l'avantage de faire respecter les propriétés particulières des citoyens. Il avait cru devoir accéder à ces propositions, et il venait demander que Rollon ne les rejetât pas.

Certes, Rollon, d'après la missive de son fils, était très-disposé à les admettre. Mais il avait peine à s'expliquer comment Sigefroi, qu'il avait toujours reconnu comme un guerrier impitoyable dans les combats, avait pu si promptement, et au milieu de l'ivresse d'une si éclatante victoire, écouter des propositions de paix. C'est qu'il ignorait que, par un traité secret, le comte Eudes s'était engagé à compter particulièrement à Sigefroi une somme aussi forte que celle que l'on avait payée pour l'évacuation de la ville. Ce général avait un grand défaut, c'était d'être très-avide d'or et de présents*.

* Voyez la note XLVIII.

Les deux guerriers, d'accord entre eux, donnèrent ordre à leurs troupes de rétrograder vers le grand pont, et de rentrer ensuite dans leurs camps. Ce mouvement ne s'exécuta point sans murmures de la part des Normands, qui avaient compté sur le pillage de Paris. Pour calmer leur irritation, Rollon, en passant près de la grosse tour, qui était la plus forte défense de la cité, y fit mettre le feu. En peu d'heures, cet immense édifice fut entièrement consumé, du moins jusqu'aux assises en pierre : là s'arrêta l'incendie.

Quand les habitants de la partie de la ville où les Normands n'avaient point pénétré les virent se retirer avec précipitation et regagner leurs camps, ils ne manquèrent point d'attribuer cette espèce de fuite à une terreur panique que leur avait inspirée le grand saint Germain, dont la châsse était restée intacte au milieu d'eux. Ce fut un miracle de plus dont on lui fit honneur.

CHAPITRE XXXVII.

LA CONFESSION.

Qui abscondit scelera sua, non dirigetur : qui autem confessus fuerit et reliquerit ea, misericordiam consequetur.

Proverb. XXVIII, 13.

« Cacher ses fautes, c'est ne vouloir point marcher dans la bonne voie : celui qui les confesse avec l'intention de s'en abstenir, obtiendra miséricorde. »

Salomon, dans le livre des Proverbes.

Une foule de prêtres et de moines, qui exerçaient dans Paris l'art de guérir, vinrent visiter leur évêque, et lui conseillèrent plusieurs centaines de remèdes, que Gozlin se garda même d'essayer. « C'est au jeune homme que voilà, leur disait-il en montrant Adalbert, que je dois de pouvoir encore vous entendre et vous parler. Qu'il soit mon seul médecin, ou plutôt qu'il soit le consolateur de mes derniers moments ; car, je le sens, la Providence a prononcé son fatal arrêt : bientôt il me faudra mourir.... »

Le comte Eudes vint aussi témoigner ses alarmes et ses regrets à son ministre.

En voyant Adalbert au chevet du lit, il éprouva un peu de trouble, une sensation pénible. Bien qu'il rendît justice aux brillantes qualités du jeune Normand, il ne pouvait oublier que c'était le ravisseur d'Adelinde. Mais, quand Gozlin lui eut dit combien Adalbert avait l'âme compatissante et généreuse, et quand il l'eut prié de lui accorder aussi de l'estime et de l'affection, Eudes prit une main d'Adalbert, et la pressa fortement sur son sein.

Adalbert ne voulut point, de toute la nuit, quitter l'évêque Gozlin, dont l'état semblait avoir empiré. Ce n'était point la blessure qu'il avait reçue qui paraissait occuper, agiter l'évêque, lui causer les plus vives douleurs : c'étaient des souvenirs.... Plongé dans une espèce de délire, il se frappait la poitrine, prononçait des noms de femmes, inconnus à Adalbert. Un nom qu'il répétait surtout, et presque toujours en sanglotant, était celui de *Radegonde*.

Vers le matin, il parut plus calme, et pria Adalbert de s'approcher de son lit.

« Mon ami, lui dit-il, j'ai repassé pendant la nuit, dans ma mémoire, toute l'histoire de ma vie, et je me suis rappelé quelques fautes qui

pèsent bien cruellement sur ma conscience : je me sentirais, je crois, soulagé en les confessant avec franchise à quelque homme qui pût, sinon m'absoudre, du moins chercher les moyens, quand je n'existerai plus, de réparer tous les malheurs qu'ont occasionés les funestes erreurs de mon ardente jeunesse.

« Il existe sur le Mont-Valérien un ermite qui fut long-temps témoin de mes actions les plus condamnables, et qui se punit aujourd'hui, par d'austères pénitences, d'y avoir quelquefois participé. C'est dans son sein que je voudrais verser les secrets de mon âme ; c'est à lui que je voudrais confier mon repentir et mes remords ; lui, enfin, que je voudrais rendre dépositaire de mes dernières volontés. Je désire qu'il vienne promptement auprès de moi.

« Envoyez-lui donc une litière dans laquelle il puisse faire le voyage ; car je sais que, plus que l'âge, les austérités auxquelles il se condamne ont singulièrement affaibli son corps. On le trouvera dans une cellule isolée, assez près du grand ermitage où habite votre famille. Votre mère, m'a-t-on assuré, lui a laissé une cellule et un petit enclos sur le mont : elle le protège, et même le visite souvent. Demandez à votre mère qu'elle le fasse accompagner, dans son voyage à Paris, par quelques guerriers normands, qui le

garantiront des insultes qu'il pourrait avoir à redouter de vos troupes qui sont répandues autour de Paris.

« Mon bon Adalbert, consentez-vous à me rendre encore ce service?

— Si j'y consens! s'écria Adalbert. Oh! que n'avez-vous quelque ordre plus important à me donner! »

Et aussitôt il prit une plume, et traça pour sa mère la lettre la plus pressante. Il lui racontait par quel triste événement il allait être privé bientôt de l'homme qu'après elle et son père il respectait, il aimait le plus au monde. Il la priait d'aller elle-même présider au prompt départ de l'ermite, si impatiemment attendu par son ami. On pense bien qu'Adelinde n'était pas oubliée dans cette lettre vive et passionnée : il espérait, disait-il, que bientôt il pourrait presser sa main, comme le comte Eudes, son frère, avait pressé la sienne.

Depuis le dernier combat, Adalbert parcourait librement le palais. Les domestiques lui obéissaient sans réflexions, sans murmures, comme à l'ami plutôt qu'au prisonnier du comte Eudes. Il lui fut très-facile de se procurer une litière commode, et de l'expédier au Mont-Valérien.

En remettant sa lettre pour Judith aux conducteurs de la voiture, il crut devoir y joindre un

sauf-conduit, qu'il signa comme l'un des chefs de l'armée des Normands. Cette précaution était nécessaire ; car ces conducteurs, étant Parisiens, auraient pu être arrêtés dans la route par les troupes du camp de Saint-Germain-le-Rond.

Judith ne vit pas, sans quelque surprise, s'avancer vers l'ermitage une litière conduite par des Parisiens. Rollon l'avait bien informée, par un message, du résultat avantageux du dernier combat; mais elle ne pouvait penser que les négociations sur la paix à conclure fussent assez avancées pour que des Francs, des Neustriens pussent ainsi voyager librement au milieu des troupes ennemies. Une curiosité bien naturelle la porta à se rendre elle-même au-devant de la voiture qui approchait.

Ce fut alors qu'on lui remit la lettre de son fils. Elle fut affectée, plus qu'on n'aurait pu l'imaginer, du tableau qu'il y faisait de la situation presque désespérée où se trouvait l'évêque Gozlin. Son cœur se serra, et elle versa même une larme. Mais, bientôt reprenant sa fermeté d'âme, elle ne songea plus qu'à exécuter, de point en point, tout ce que son fils attendait d'elle.

Dans le nombre des guerriers normands qui entouraient l'ermitage, elle en choisit dix, à qui elle donna ordre de conduire la litière jusqu'à la

porte de l'enclos que cultivait l'ermite, d'attendre là qu'il vînt s'y placer, et de l'accompagner ensuite, sans lui adresser une parole, ni montrer la moindre curiosité, jusqu'au palais qu'habitait Gozlin.

Elle-même les accompagna jusqu'à la porte qu'elle avait indiquée; mais elle entra seule dans l'enclos de l'ermite, pour le prévenir de la demande que lui adressait Gozlin, et des fonctions qu'il aurait à remplir auprès de lui. Son intention surtout était de lui recommander de bien retenir tout ce que le prélat pourrait lui confier de plus secret, et de le prier de lui en faire un rapport fidèle, si toutefois il le pouvait, sans manquer à ses devoirs et aux lois de l'honneur et de la probité.

La cellule de l'ermite était composée de deux petites chambres : dans la première étaient ses instruments de pénitence et les objets qui, comme nous l'avons dit, lui rappelaient ses fautes, ou, si on veut, d'anciens crimes[*]; dans l'autre, était l'humble grabat où, chaque nuit, il goûtait à regret quelques heures de repos.

Judith ne trouva point l'ermite dans la première chambre; mais elle le vit dans la seconde, couché sur un lit de cendre, pâle, les yeux fermés, la bouche entr'ouverte, tenant un cru-

---

[*] Voyez le chapitre XI.

cifix dans ses mains. Elle l'appelle; il ne répond rien. Elle s'approche, le touche; elle le sent froid, glacé... Il était mort.

Que fera-t-elle? Annoncera-t-elle aux envoyés de son fils que leur voyage a été inutile; qu'ils doivent retourner sur leurs pas?... Mais Gozlin a peut-être à faire des révélations qui intéressent les Normands, qui l'intéressent, elle en particulier?... Faudra-t-il qu'il meure en emportant des secrets qu'elle désirerait tant de connaître, certain mystère surtout qu'elle voudrait éclaircir?..

En ce moment, elle aperçut appendue à une poutre de la première pièce, la longue robe que Gozlin avait donnée à l'ermite, et dont jamais il n'avait voulu se vêtir*. Et un projet, qui ne pouvait se présenter qu'à l'esprit d'une femme de ce caractère, le projet le plus extraordinaire lui paraît d'une exécution simple et facile. « Pourquoi n'entendrais-je pas sa confession? Et, s'il ne se repent pas, pourquoi ne lui reprocherais-je pas tous ses méfaits, ses crimes, que je connais si bien?... »

Aussitôt elle arrache de sa tête les ornements d'or qui couvraient ses cheveux; elle chausse les vieilles sandales de l'ermite; elle couvre ses vê-

---

* Voyez le chapitre XI.

tements de soie de l'ample robe de bure dont le hasard lui permet de disposer; elle la serre autour de ses reins par une grossière ceinture de cuir; rabat ensuite, avec plus de soin encore, un large capuchon sur sa figure, de telle sorte qu'il était impossible d'apercevoir un seul de ses traits.

C'est sous ce déguisement qu'elle descend rapidement la colline, et parvient à la voiture qui était destinée pour l'ermite. Les Normands qui formaient l'escorte s'empressent d'ouvrir la portière, et le prétendu ermite se précipite dans la voiture, qui prend aussitôt la route de Paris.

Grâces à son escorte de Normands, la litière ne fut nullement arrêtée en chemin, pas même près du camp de la rive septentrionale. En voyant la robe de l'ermite qui occupait la voiture, le peu de Parisiens qui gardaient le grand pont manifestèrent par des signes de croix le respect qu'ils portaient aux gens d'église. Et quand Judith fut parvenue au palais du comte Eudes, tous les domestiques et gardes du palais, qui savaient que Gozlin attendait un confesseur, s'empressèrent de la conduire en silence à sa chambre. On lisait dans leurs yeux la profonde douleur qu'ils ressentaient de la perte dont ils étaient menacés.

A l'aspect de l'ermite, tous ceux qui remplis-

saient la chambre de Gozlin, le comte Eudes,
l'abbé Ebles, et quelques chefs des troupes parisiennes se hâtèrent de la quitter (ils devaient,
ils voulaient le laisser seul avec son confesseur);
Adalbert fut le dernier qui sortit, et sa mère
put l'entrevoir, le distinguer dans la foule.

Ce fut un moment triste, mais solennel, celui
où Gozlin, resté seul avec le prétendu ermite,
l'invita, d'une voix faible et languissante, à s'approcher de son lit. Judith, au spectacle du déplorable état dans lequel elle retrouvait cet homme
qu'elle avait connu autrefois florissant de jeunesse
et de beauté, sentit son cœur se briser. Elle aurait voulu en vain voir de nouveau ces traits nobles, ce regard vif et spirituel, qui étaient restés
empreints dans sa mémoire; mais de larges bandes
de linge, imprégnées d'huiles aromatiques, couvraient plus de la moitié de son visage, ne laissaient à découvert que cette bouche d'où sortaient
autrefois des paroles si éloquentes, si persuasives,
des accents si affectueux, si tendres. Oh! ce fut
pour elle un besoin de s'asseoir, et ce ne fut
qu'en faisant un effort sur elle-même qu'elle se
disposa à l'écouter en silence, sans l'interrompre par de douloureux soupirs.

Gozlin parla ainsi :
« O vous qui connaissez, au moins en grande

« partie, mes coupables erreurs, je vous ai ap-
« pelé près de moi, dans mes derniers moments,
« pour que vous rendiez témoignage, après ma
« mort, de mes regrets et de mon repentir, et
« aussi pour que vous répariez, s'il est possible,
« tout le mal que j'ai pu faire.

« Les moments sont précieux pour moi. Je ne
« sais si j'aurai la force de vous donner tous les
« renseignements qui vous seraient nécessaires
« pour remplir la mission à laquelle je vous des-
« tine, et que vous accepterez si vous avez con-
« servé pour moi les sentiments d'affection qui
« vous animaient en d'autres temps. Prêtez-moi
« donc une oreille attentive, et tâchez de retenir,
« de point en point, tout ce que je vais confier
« à votre discrétion et à votre zèle.

« J'ai long-temps abusé, vous le savez, du
« pouvoir que me donnaient, sur des âmes cré-
« dules et tendres, ma qualité de prêtre et quel-
« ques avantages que je devais à la nature.

« Parmi les nombreuses victimes de mes fou-
« gueuses passions, il en est deux surtout dont
« je dois déplorer le sort. L'une (elle n'était pas
« de notre pays) crut, trop légèrement peut-être,
« à mes serments d'amour. Elle a expié, par une
« mort cruelle, une faute dont j'étais plus cou
« pable qu'elle. Mais une fille, fruit de notre in-
« trigue amoureuse, vit encore : elle est en ce

« moment près de l'épouse de Rollon, qui la
« chérît, et qui, si l'on ne m'a point trompé sur
« les vertus et le noble caractère de cette femme,
« ne l'abandonnera jamais. Je meurs donc tran-
« quille sur le sort de l'aimable *Godiva* (c'est
« son nom). D'ailleurs, dans mon testament, dont
« je vous parlerai bientôt, je ne l'ai point ou-
« bliée. Hélas! que ne puis-je rappeler à la vie
« sa malheureuse mère ! elle apprendrait que, si
« Gozlin eut des torts envers elle, il voulut du
« moins les réparer.

« L'autre femme, que j'ai bien plus cruelle-
« ment trompée, abandonnée, est cette Rade-
« gonde, près de laquelle je vous envoyai, pau-
« vre ermite, il y a déjà bien des années[*]. Hélas!
« c'est de cette époque que datent tous vos mal-
« heurs! je ne dois pas vous la rappeler...

« Mais ce fils que vous alliez chercher, et que
« vous ne m'avez point amené, il est peut-être
« errant, misérable, ainsi que sa mère, cette femme
« si magnanime, si aimante, mais si fière. J'ai fait
« de vaines recherches pour découvrir Radegonde
« et le fils qu'elle m'avait donné. Oh! je vous en
« conjure, parcourez toute la Neustrie, l'Austra-
« sie même; et si, plus heureux que moi, vous
« pouvez les trouver, dites à Radegonde que, si

---

[*] Voyez le chapitre XI.

« l'ambition, dont j'étais dévoré, me rendit en-
« vers elle injuste jusqu'à l'inhumanité, je ne
« cessai pourtant jamais de l'aimer de toutes les
« forces de mon âme, qu'elle domina toutes mes
« pensées. J'ai tenté de l'oublier auprès de quel-
« ques autres femmes. Efforts inutiles! dans leurs
« bras, son image me suivait comme un remords.
« Dites-lui qu'elle et son fils seront les seuls hé-
« ritiers de mon immense fortune. Voici l'acte
« authentique qui la leur assure; je vous en rends
« dépositaire. Je laisse à leur générosité le soin
« de donner à Godiva une petite part dans mes
« trésors.... »

Et il tira alors, de dessous l'oreiller qui soutenait sa tête, le parchemin où, pendant la nuit
qui avait précédé le dernier combat, il avait
tracé ses volontés suprêmes.

Judith, vers la fin de ce long discours de Gozlin, avait cherché à étouffer ses sanglots en se
cachant le visage dans les couvertures du lit :
mais, lorsqu'elle entendit le prélat avouer, avec
tant de vérité et de franchise, que Radegonde
était la femme qu'il avait préférée à toutes les
autres, qu'il l'aimait comme aux premiers temps
de leurs amours, son émotion devint si forte
que des soupirs, qui ressemblaient à des gémissements, parvinrent à l'oreille de Gozlin. Il demanda à l'ermite s'ils n'étaient pas seuls dans la

chambre, et d'où pouvaient provenir ces sons inarticulés, qui lui paraissaient trop faibles, trop doux pour sortir d'une poitrine d'homme.

Judith, alors se relevant, lui dit: «— O Gozlin! Gozlin! est-il vrai que Radegonde te soit toujours chère?...

— Dieu! quelle voix j'entends! s'écrie Gozlin. Est-ce une illusion de mes sens? Elle parlait, elle gémissait ainsi. Sort-elle du tombeau pour me reprocher mon injustice, ma barbarie?..... Ah! du moins, je verrai son ombre....»

Et il arracha violemment les langes qui enveloppaient son front et ses yeux, et il tenta de se soulever un peu; mais il retomba sur son lit.

Radegonde avait ouvert la robe d'ermite qui couvrait ses habits de femme, et jeté bas le capuchon qui cachait sa tête; elle se tenait debout sous les yeux de Gozlin.

« Regarde : c'est bien ta Radegonde que tu vois..... mais elle est à un autre, elle est à un héros.... C'est aujourd'hui *Judith*, la femme de Rollon!... »

Adalbert, qui était resté dans la chambre voisine, n'avait pas entendu, sans surprise, du bruit dans celle de Gozlin. Quelques mots inarticulés qui étaient parvenus à son oreille lui avaient fait craindre que son ami n'eût éprouvé quelque

crise fâcheuse, et il s'était décidé à interrompre la confession. Il ouvrit la porte à l'instant même où Judith, s'étant débarrassée des habits qui avaient servi à son déguisement, disait à Gozlin : « Bien qu'elle soit l'épouse d'un autre, Radegonde a rendu à Gozlin son estime, si elle ne peut lui rendre son amour.... » Elle aperçut alors Adalbert, et ajouta : « Notre fils que voilà sera le garant de notre réconciliation.... Viens, mon fils, dit-elle en s'avançant vers Adalbert et le prenant par la main, viens embrasser avec moi ton véritable père....»

Adalbert, dans la plus grande surprise, prit une des mains de Gozlin, qu'il baisa avec respect, tandis que Judith, ou plutôt Radegonde, replaçait sur son front le fatal appareil qui couvrait sa blessure.

« Ah! s'écria Gozlin, devais-je m'attendre à jouir encore d'un moment de félicité pure avant ma dernière heure! Radegonde, je puis donc te presser encore une fois contre mon sein; et dans le jeune homme dont j'avais remarqué, sans le connaître, les vertus, le courage, le sublime caractère, je trouve un fils!... O mes amis, appelez le comte Eudes; qu'il vienne : je veux qu'il fasse avec les Normands, avec l'époux de Radegonde, une paix durable; qu'il la cimente par l'union de sa sœur avec mon fils..... »

A ces derniers mots, Adalbert s'empressa d'aller lui-même trouver le comte Eudes, et de l'emmener avec lui dans la chambre de Gozlin. Et pour qu'il ne témoignât pas trop de surprise en voyant Judith auprès de lui, il lui expliqua d'avance comment sa mère s'était introduite dans le palais sous l'habit d'un ermite.

Dès que Gozlin eut appris que le comte Eudes était présent : « Noble comte, lui dit-il, c'est le ministre qui s'était sans cesse opposé à la paix que vous vouliez conclure avec les Normands, c'est Gozlin qui vous conjure aujourd'hui de terminer avec eux de trop longues querelles. Donnez à mon fils votre sœur bien-aimée, et assignez-lui pour dot la partie de la Neustrie que les Normands ont déjà conquise, une plus grande part encore. Appelez, dès demain, Rollon dans votre palais. Il se laissera convaincre, j'en suis sûr, par son épouse et son fils adoptif que vous avez devant les yeux, et il signera avec joie le traité que vous lui présenterez. »

Ce conseil était trop conforme aux intentions du comte Eudes pour qu'il élevât la moindre difficulté; et il se disposa à rentrer à l'instant même dans son appartement, pour s'occuper de la rédaction du projet de traité.

Quant à Judith, il l'invita à accepter, pour la nuit, un appartement dans le palais. « Vous y

serez servie, lui dit-il, par les femmes d'Adelinde, qui n'ont cessé d'y demeurer pendant son absence. Demain, votre illustre époux viendra vous trouver, et conclure en même temps une paix, que je ferai si avantageuse pour sa nation qu'il ne la refusera pas. »

Gozlin, après les violentes secousses qu'il avait éprouvées, avait besoin de repos. Judith lui fit de tendres adieux, et suivit le comte Eudes dans l'appartement qu'il avait désigné.

Mais Adalbert ne voulut point sortir de la chambre de Gozlin. Il s'étendit sur des coussins qu'il avait fait placer aux pieds de son lit.

CHAPITRE XXXVIII.

PAIX ET MARIAGES.

. . . . Mavortia signa rubescant
Floribus, et subtils unimentur frondibus hastæ !
. . . .
. . . . Procul igneus horror
Thoracum, gladiosque tegat vagina minaces !
. . . .
Tibia pro lituis, et pro clangore tubarum
Molle lyræ festumque canant, epulentur ad ipsas
Excubias, mediis spirent crateres in armis.
. . . .
Tu festas, Hymenæe, faces, tu, Gratia, flores
Elige; tu geminas, Concordia, necte coronas !
    Claudianus. De nuptiis Honorii et Mariæ.

« Que les drapeaux de Mars se décorent de fleurs, et les lances de verts feuillages !.... Loin d'ici l'horrible éclat des cuirasses d'acier, et que le glaive menaçant rentre dans le fourreau! Des flûtes au lieu de clairons, des lyres au lieu de trompettes ! et qu'elles ne fassent entendre que des accents d'amour, de volupté. Changeons même les corps-de-garde en salles de festins, et que des coupes pleines de vin brillent au milieu des armes..... Allume, ô Hyménée, tes joyeux flambeaux ; vous, Grâces, cueillez des fleurs, et que la Concorde en tresse de doubles couronnes ! »
    Claudien. Épithalame pour les noces
     d'Honorius et de Marie.

Perfruere vita cum uxore quam diligis.
    Ecclesiast., IX, 9.

« On ne jouit pleinement de la vie qu'avec une épouse que l'on chérit. »
    Salomon, dans l'Ecclésiaste.

Après le dernier combat livré aux Parisiens, Rollon s'était retiré dans son camp des Thermes.

Un message du comte Eudes lui apprit tout ce qui venait de se passer à Paris. Eudes l'invitait en même temps à se rendre près de lui, pour discuter ensemble les articles du traité de paix dont ces étranges événements devaient accélérer la conclusion.

Rollon savait depuis long-temps, de la bouche même de Judith, que l'évêque Gozlin avait été son premier amant, et même à peu près son époux; qu'il était le véritable père du jeune guerrier que tous les Normands croyaient le fils de leur chef. Il sentit quelque regret de ne pouvoir plus le leur présenter que comme son *fils adoptif.*

Quant à la réconciliation de Judith avec son ancien ami, il n'en éprouva aucun chagrin. Ce qui l'attachait fortement à cette femme, c'étaient les grandes qualités qu'il avait remarquées en elle : la fermeté de son caractère, la justesse de son esprit, la variété de ses connaissances. Mais cette passion qu'on nomme amour, il ne l'avait jamais ressentie, ni pour Judith, ni pour aucune autre femme.

Par les ordres du comte Eudes, on devait laisser entrer librement dans Paris tous les chefs de l'armée des Normands. Rollon se présenta devant l'une des portes, accompagné de Sigefroi, sans lequel il ne voulait point conclure le traité.

La porte lui fut aussitôt ouverte, et les Parisiens qui la gardaient les accueillirent avec respect et joie. Les acclamations d'une multitude d'habitants, qui s'était réunie sur leur passage, les suivirent jusqu'au palais.

Le comte Eudes et son frère le jeune Robert, Judith et son fils Adalbert, tous quatre réunis dans la salle des réceptions, les attendaient avec impatience. Judith, la première, s'avança vers son époux, en lui demandant la permission de lui baiser la main. « La main ! s'écrie Rollon : viens dans mes bras. N'es-tu pas toujours ma Judith, l'âme de mes conseils?... Et toi, ajouta-t-il en serrant la main d'Adalbert, continue d'être mon fils, le fils que je choisirais aujourd'hui même pour mon successeur et mon ami, si depuis long-temps je ne t'eusse adopté. »

On rédigea ensuite le traité de paix, dont aucune clause ne fut sérieusement débattue. Rollon promit d'abandonner avec son armée le comté de Paris ; mais il demanda et obtint que l'on agrandît de quelques domaines importants le territoire que les Normands occupaient déjà en Neustrie, près de la Petite-Bretagne. Ces domaines figuraient dans le traité comme la dot qu'apportait Adelinde au fils adoptif de Rollon ; et il était stipulé que le mariage se célébrerait dès le lendemain.

On en était là du traité, quand Sigefroi, prenant la parole, dit : « Voilà le fils de l'évêque Gozlin marié ; je ne souffrirai pas que sa fille reste sans époux. J'aime Godiva ; et, si je dois croire à ses paroles, elle ne répugnera pas à s'unir avec moi. Écrivez donc dans le traité que Sigefroi s'engage à prendre Godiva pour femme. Moins heureuse que son amie Adelinde, elle ne peut m'apporter de dot; mais.... »

Sigefroi fut interrompu dans son discours par un tumulte extraordinaire dont retentissaient les cours du palais. Des envoyés de l'empereur Charles-le-Gros qui, depuis plusieurs mois qu'il était en marche à la tête de son armée, était enfin parvenu jusque dans les environs de Saint-Denis, apportaient à Rollon un message important. Le peuple de Paris était envieux de connaître ce que contenaient les lettres de l'empereur. De là, le grand bruit qui se faisait entendre à l'extérieur.

Rollon décida que les envoyés devaient être admis, et déclara d'avance qu'il lirait tout haut la missive dont ils étaient porteurs. Ils entrèrent, accablés du poids de sept cents livres d'argent, qu'ils déposèrent aux pieds de Rollon. Le lâche Charles lui offrait cette somme à condition

que les Normands s'éloigneraient de plusieurs lieues.

Il faut dire que, la nuit précédente, il avait envoyé plusieurs espions sur les hauteurs de Montmartre, et que, d'après les rapports qu'ils lui avaient faits du nombre immense et de la fière contenance des ennemis qui entouraient Paris, il avait jugé qu'il serait fort imprudent de les combattre ; et il n'avait trouvé rien de mieux que de les faire renoncer, à force d'argent, à prendre Paris.* En effet, on avait tant de fois recouru à cet expédient, pour obtenir d'eux au moins des trèves, qu'il ne devait pas douter que, cette fois encore, il n'eût un plein succès.

Mais Rollon jeta avec mépris la lettre de l'empereur. « Notre traité, dit-il, est convenu s'il n'est signé : je n'accepterai point les propositions de l'empereur, bien qu'elles soient plus avantageuses. Que ses envoyés remportent leur argent. »

— « Je m'y oppose, dit vivement Sigefroi, ce sera la dot de Godiva. Je ne m'attendais pas à la recevoir des mains de l'empereur. »

Rollon sourit. Mais le comte Eudes et Judith jugèrent que cet argent ne pouvait avoir une meilleure destination. On répondit aussitôt à

* Voyez la note XLIX.

Charles-le-Gros qu'un traité de paix allait être signé à l'instant même par le chef des Normands; que, pour mieux cimenter l'alliance entre les deux nations autrefois ennemies, on avait conclu des mariages de quelques Françaises avec des Normands; qu'ils se célébreraient avec pompe; que s'il voulait en être témoin, il pouvait venir sans crainte, ainsi que toute sa cour, à Paris.

Les envoyés de l'empereur prirent alors congé de Rollon et du comte Eudes. Ils s'en allèrent, plus légers d'argent, mais tout joyeux de la bonne nouvelle qu'ils rapportaient à leur maître.

Sigefroi voulut partir aussi; mais c'était pour annoncer à Adelinde et Godiva la paix et les mariages qui devaient en être la suite. « Combien ne doivent-elles pas être inquiètes, dit-il, puisqu'elles sont restées seules au Mont-Valérien! C'est moi, c'est sous ma garde qu'elles reviendront à Paris. Je veux qu'elles y fassent une solennelle entrée. »

A peine on eut appris dans Paris la signature du traité de paix, que les cloches de toutes les églises s'ébranlèrent à la fois : les habitants sortirent de leurs maisons, et, pour témoigner leur joie, allumèrent sur les places publiques des feux, dressèrent dans les rues de longues tables, et y apportèrent tout ce qui leur restait de

provisions en vins et en comestibles. Des députés furent ensuite envoyés par eux vers les deux camps des Normands, pour inviter les guerriers à venir prendre part aux banquets et aux danses.

La joie n'était pas moins grande parmi les Normands : ils vinrent, pour la plupart, avec leurs femmes, qui les suivaient partout, se mêler à ces Parisiens qu'ils avaient si long-temps combattus. Les deux peuples n'en formèrent plus qu'un seul*. Toute la nuit, Paris ne retentit que de chants et de cris d'allégresse. Français et Normands semblaient avoir oublié que, deux jours auparavant, ils s'égorgeaient les uns les autres, avec fureur, avec rage.

Les prêtres seuls n'approuvaient point cette exaltation des Parisiens : ils ne leur pardonnaient point de boire et de rire avec des païens, de folâtrer avec des Normandes, et même parfois de les embrasser. Ils invitaient, mais en vain, tous ceux qui, dans la foule, croyaient en Jésus, à venir dans les temples rendre grâces aux saints, à qui seuls on devait, à les entendre, le salut de la cité. Jésus comme Odin, paradis et walhalla, de part et d'autre on oubliait tout : on n'eût pu croire, en voyant la concorde qui régnait parmi les deux peuples, qu'ils étaient de

---

* Voyez la note L.

religions différentes. Oh! dans ce jour de fête, que de Françaises purent attester que ces vigoureux hommes du Nord n'étaient point aussi barbares qu'elles se l'imaginaient; que de femmes normandes se reprochèrent d'avoir dédaigné si long-temps les Français comme une nation faible et dégénérée!

L'enthousiasme, le délire des Parisiens fut au comble, quand le matin, ils virent arriver, sur un char brillant d'or, Sigefroi entre les deux futures mariées, qui s'étaient parées de leurs plus beaux atours. La foule se pressait autour du char; on battait des mains, on les bénissait. Celle que surtout on voulait voir, c'était la jeune Adelinde, qui avait laissé, dans Paris, tant de malheureux qui se souvenaient de ses bienfaits. C'est au milieu des acclamations du respect et de la reconnaissance que le char entra dans le palais du comte Eudes.

Rollon avait fait préparer un banquet splendide sous cette vaste tente où il avait naguère assisté à une si ridicule conférence sur la religion. Les dignitaires de l'église, dont il voulait se faire des amis, les moines les plus distingués dans leurs ordres, et les chefs des guerriers, tant normands que parisiens, avaient été invités à la fête. Presque aucun n'y manqua.

Le comte Eudes, Rollon, Judith et ses deux amies, Adelinde et Godiva, y présidaient. Les femmes reçurent les félicitations de toute l'assemblée. Les scaldes de Rollon, et surtout le vénérable Egill, improvisèrent, en leur honneur, des chants scandinaves, dans lesquels ils exaltaient leur courage et leurs vertus. Parmi les prêtres chrétiens, le moine Abbon était le seul qui sût faire des vers; ce fut aussi le seul qui se trouva prêt à payer son tribut de louanges aux futurs époux. Il débita, avec emphase, le long épithalame latin qu'il avait autrefois composé pour le mariage manqué d'Adelinde avec le comte Grimoard *. Il ne lui fallut y changer que quelques mots. Au reste, cet épithalame, qu'il tenait tant à cœur de reproduire, n'était guère qu'une réminiscence, une copie même de celui que le poète Claudien avait jadis déclamé à Rome, aux noces d'Honorius et de Marie.

Les mariages convenus devaient être célébrés le lendemain même de cette fête; mais on crut devoir différer d'un jour, parce que l'empereur avait fait annoncer qu'il désirait assister à cette cérémonie.

En effet, Charles-le-Gros parut, à l'heure qu'il

---

* Voyez le chapitre IV, tome Ier.

avait indiquée, sur une des hauteurs qui environnent Paris. Il montait un cheval vigoureux, qui pourtant pliait sous son poids. Un groupe de femmes et de courtisans, en habits magnifiques, tous également à cheval, le suivaient, s'avançaient avec lui vers le grand pont. Là, dix députés des Parisiens lui présentèrent les clefs de la ville. Il les reçut avec un geste fier et gauche, qui excita le rire de plus d'un spectateur.

Auprès de l'empereur était l'impératrice Richarde qui, de temps en temps, jetait sur lui des regards de mépris ou plutôt de haine.

L'empereur et son cortége furent reçus dans le palais du comte Eudes avec égards, mais sans démonstrations humbles, ni serviles. Rollon considérait avec surprise cet épais souverain de la plus belle partie de l'Europe; il ne concevait pas comment des peuples, pour peu qu'ils eussent de la raison et des yeux, consentissent à rester soumis à une machine qui paraissait à peine animée. Pour Eudes, il n'était nullement fâché du désagréable effet que produisait la présence de Charles partout où il se montrait. Il avait déjà le pressentiment qu'un tel empereur ne tarderait point à être déposé; que ses vastes états seraient partagés; et il ne voyait dès lors personne qui pût l'empêcher, lui comte Eudes, de se déclarer roi des Français.

La chapelle du palais des Thermes était restée telle qu'on l'avait préparée pour le mariage d'Adelinde avec le comte Grimoard. Il parut très-convenable de la choisir pour la célébration des deux nouveaux mariages ; et l'abbé Ebles fut encore chargé de remplir les fonctions de prêtre dans la cérémonie.

Ce ne fut point seulement deux couples d'amants qu'il dut unir, dont il reçut les serments, mais bien quatre couples, comme nous l'allons voir.

On voudra bien se rappeler par quel motif impérieux la dévote Odille avait été forcée de s'éloigner du Mont-Valérien, et d'aller, avec Nitard, chercher un autre asile. Ce ne fut point dans un monastère que Nitard la conduisit : l'y aurait-on reçue dans l'état où elle se trouvait ? Il l'établit, comme Rollon l'avait prescrit, dans le château du Lover, qu'Adalbert, prisonnier à Paris, ne pouvait plus occuper. Là, elle donna le jour à un gros garçon qui lui parut ressembler à l'archange Gabriel qu'elle avait vu en songe. Il est difficile de savoir comment l'adroit Nitard parvint, pendant le séjour qu'il fit avec elle dans le château, à la déterminer à faire sanctifier par l'église le nœud secret qui déjà les unissait. Toujours est-il qu'au risque d'offenser les ombres des rois ses ancêtres, elle s'était décidée

à prendre pour époux Nitard qui, par ses bons services comme domestique, était parvenu à peu près au grade d'intendant de la maison de Judith.

Pendant les fêtes de la paix, le pêcheur Marc-Loup, profitant de la liberté que l'on avait de parcourir la campagne de Paris, était allé, avec Barbara qui ne le quittait jamais, au château du Lover. Ils y avaient trouvé Nitard et Odille, qui leur avaient fait part de la ferme intention où ils étaient de se marier.

« Que ne faisons-nous de même ? s'écria aussitôt Barbara en prenant une main de Marc-Loup. La paix est conclue. Tu ne pourras guère rester en sûreté à Paris quand les Normands s'en seront éloignés. Suis avec moi les Normands. Ils te récompenseront des services que tu leur as rendus pendant la guerre. Et moi, je suis presque certaine de reprendre ma place près d'Adelinde qui, lorsqu'elle habitait le palais des Thermes, me témoignait tant d'amitié. »

Marc-Loup réfléchit quelques instants, et il trouva que la proposition de Barbara était on ne peut plus sensée. « Touche là, dit-il à Barbara en lui tendant la main; tu seras ma femme. »

Tous quatre convinrent alors qu'ils iraient trouver Judith au palais du comte Eudes, et qu'ils lui demanderaient la permission de faire

bénir leurs mariages, le jour même où l'on célébrerait celui d'Adalbert.

Les deux nouveaux couples arrivèrent au palais, dans leurs plus beaux atours, quelques heures seulement avant celle qui avait été fixée pour les deux grandes cérémonies. Rollon et Judith les reçurent avec bienveillance, et approuvèrent, en souriant, l'intention où ils les voyaient de terminer, par de légitimes unions, de vieilles intrigues. « Oh! dit Rollon, venez; oui, venez avec nous à la chapelle des Thermes. Notre marche n'en sera que plus solennelle, plus imposante.... L'abbé Ebles aura quatre mariages à célébrer au lieu de deux! mais la peine n'est pas grande.... Et aussitôt après, mes amis, puisque vous voulez émigrer, nous quitterons Paris tous ensemble. La Neustrie occidentale nous attend. Là, nous nous ferons une nouvelle patrie. »

Tous consentirent volontiers à suivre Rollon en quelque contrée qu'il voulût les conduire.

On se mit en marche vers la chapelle des Thermes. Parisiens et Normands, tous semblaient s'être entendus pour se trouver sur le passage des heureux couples. La foule était immense. On y voyait une multitude d'hommes et de femmes

qu'un même sentiment de curiosité attirait, mais qui différaient étrangement de costume et de langage. Ils bordaient, des deux côtés, l'avenue qui conduit du palais au château des Thermes.

Des trompettes annoncèrent, par des fanfares, la présence des chefs des Normands et des Français.

Quand on vit paraître l'empereur et sa femme Richarde, on ne remarqua guère dans le premier que son énorme grosseur, mais on fut surpris de l'extrême beauté et des grâces de l'impératrice.

Venaient ensuite le comte Eudes, et Rollon qui le dépassait de la tête entière : ils se tenaient par la main. Des applaudissements, à leur aspect, se firent entendre dans tous les rangs.

On n'accueillit pas avec moins de faveur Judith, son fils Adalbert et Adelinde qui marchaient ensemble.

Les traits mâles et fiers de Sigefroi n'échappèrent point à la multitude, pas plus que la vivacité de sa Godiva, qui riait, qui envoyait des baisers à tous ceux qui la regardaient avec intérêt.

On ne connaissait Nitard ni Odille; et l'on fut surpris de les voir à la suite des grands personnages qui venaient de passer. L'accoutrement étrange de Nitard excita quelques rires, aussi bien

que l'air humble et contrit de sa compagne, qui paraissait être, ce qu'elle était en effet, une transfuge échappée de quelque couvent.

Quand les Parisiens virent ensuite Marc-Loup, qui était connu de tout le monde, donnant la main à Barbara qui l'était autant pour le moins, oh! que de quolibets furent lancés de toutes parts sur ce couple de futurs époux : « — Eh! Marc-Loup, la bonne pêche que tu viens de faire! » — « Barbara, vous avez donc fait mordre le pêcheur à l'hameçon! » On en disait bien d'autres que la décence empêche de répéter. Marc-Loup, impassible, n'en témoignait point d'humeur; il se contentait de sourire, et disait en lui-même : « Raillez, injuriez le pêcheur, bonnes gens; c'est trop juste, car vous avez été long-temps ses dupes. »

La chapelle n'étant pas très-vaste, la multitude, qui se pressait au dehors, ne put y être admise; aussi la cérémonie des mariages se fit-elle avec toute la gravité, la solennité prescrites en ces mémorables occasions. Les serments mutuels de fidélité furent prononcés, les anneaux furent échangés entre les conjoints, sans acclamations, sans trouble. Cependant, lorsque Sigefroi et Adalbert se présentèrent à l'autel avec leurs belles futures, l'abbé Ebles crut devoir

observer que les lois de l'Église ne lui permettaient guère d'unir des sectateurs d'une autre religion avec des chrétiennes. Mais le comte Eudes assura que l'intention de l'un et de l'autre était d'adopter la religion du Christ; qu'on pouvait déjà les considérer comme de zélés néophytes. Et le tolérant abbé ne trouva plus d'objection à faire contre des unions qu'approuvait la politique du comte de Paris.

L'abbé Ebles était d'ailleurs préoccupé par une idée, un projet que la sévérité de l'Église aurait bien autrement condamné. On sait qu'un de ses défauts était d'aimer excessivement les femmes, qui, le plus souvent, le payaient bien de retour, car il était d'une rare beauté. Or, il avait remarqué que l'impératrice Richarde avait continuellement les yeux sur lui, et que ces yeux-là avaient une expression qu'un homme aussi expérimenté pouvait facilement interpréter. Il s'était aussitôt proposé de profiter du séjour qu'elle devait faire à Paris, pour remplacer auprès d'elle son évêque Liutard; il savait que, près des femmes du caractère de Richarde, les absents ont toujours tort.

Judith avait pensé qu'il était convenable qu'après la cérémonie de leurs mariages, Adalbert et Adelinde, ainsi que Sigefroi et Godiva, vinssent

visiter l'évêque Gozlin, et recevoir sa bénédiction. On s'empressa donc de se rendre au palais, et de là dans l'appartement de l'évêque.

Il avait excessivement souffert pendant leur absence. Sa blessure s'était rouverte ; il avait perdu beaucoup de sang, aussi était-il très-faible. Mais quand il vit entrer le comte Eudes suivi de sa Radegonde et des nouveaux époux, il sembla se ranimer ; les traits de son visage se colorèrent un peu, il essaya de sourire.

« Je vous rends grâces, dit-il, comte Eudes,
« et vous, Radegonde et mes enfants, d'être venus
« me faire vos derniers adieux !... Que de souvenirs
« se pressent dans ma mémoire ! Je voudrais, en
« vous les révélant, m'offrir à vous, tel que je
« fus, avec mes vices, et aussi avec quelques qua-
« lités dignes d'estime et de louanges. Mais la
« mort est trop près de moi ; elle m'interdit
« les longs discours. Recueillez du moins le
« peu de mots qu'il m'est donné de proférer
« encore. Les paroles des mourants, dit-on,
« sont sacrées : ce sont des oracles qu'il faut res-
« pecter et conserver religieusement dans son
« cœur.

« Radegonde, le sort te doit des jours heureux
« pour tous les chagrins dont j'abreuvai ta vie.
« Déjà ton digne époux, Rollon, et notre excel-
« lent fils Adalbert t'aiment, t'honorent comme

« j'aurais dû t'honorer et t'aimer. Oh! vivez
« toujours unis, vivez dans notre douce patrie,
« où bientôt, je l'espère, Rollon ne sera plus
« un chef d'étrangers redoutables, mais l'un des
« souverains de notre vaste empire.

« Et toi, Godiva, mon aimable fille, toi que
« j'ai à peine entrevue, et que je ne pourrai
« jamais presser dans mes bras, le ciel m'est té-
« moin que si j'eusse vécu quelques années
« encore.... »

Ici la voix de Gozlin s'affaiblit tellement qu'on
n'entendait que des mots sans suite.... « Je
« vous bénis..... Vous souviendrez-vous de
« moi?..... Adalbert, transmets du moins à
« l'histoire..... Puisse mon nom ne pas périr
« avec moi!..... »

Le comte Eudes s'aperçut que son ministre,
son ami, touchait à son heure dernière. Il entraîna hors de la chambre Judith (ou plutôt
Radegonde) qui voulait en vain étouffer ses sanglots. Tous se retirèrent en versant des larmes.

Ce jour de l'hyménée, ce jour si vivement
attendu par Adalbert, finit dans la tristesse. C'est
ainsi qu'aux plus vives joies se mêle toujours
quelque amertume : tel est l'arrêt éternel de la
Providence.

Gozlin cessa de vivre cette nuit-là même. Il
mourut en grand homme, en sage. On l'entendit

former des vœux pour la prospérité et la gloire d'une patrie qu'il avait si long-temps défendue par son génie et par son bras ; mais il déplorait aussi les erreurs, tant religieuses que politiques, dans lesquelles une inexplicable fatalité entraîne incessamment et les rois et les peuples.

Rollon, fidèle à son traité avec Eudes, ne voulut pas retarder d'un seul jour le départ de ses troupes. On les vit toutes abandonner, dans le plus grand ordre, leurs deux camps, et s'acheminer vers l'occident de la Neustrie. Sigefroi et Adalbert étaient à leur tête.

Rollon suivait de près son armée, au milieu d'un détachement de ses troupes.

Les femmes étaient toutes dans d'excellentes litières : Judith avec Odille et Godiva, qui s'étaient réconciliées ; Adelinde avec sa Barbara, qu'elle avait reprise à son service.

Marc-Loup fermait la marche, monté sur un cheval vigoureux.

Quant à Nitard, il avait réclamé et obtenu l'âne et le singe qu'une année auparavant il avait été obligé d'abandonner, quand il partit furtivement de Paris. Il n'avait consenti à laisser aux prêtres que les reliques de sainte Marie l'Égyptienne. C'est sur cet âne, qu'il appelait un vieil ami, c'est avec son singe sur une épaule, qu'il

voulut suivre l'armée. « Mon âne, disait-il à ceux qui se moquaient de lui en le voyant passer, oui, mon âne et mon singe m'ont conduit sur la route de la fortune; je ne serai point ingrat envers eux. »

Après ce chapitre, on lit, dans le manuscrit de notre Chronique, quelques lignes qui révèlent le nom de l'auteur.

Les voici telles qu'on les y voit :

Explicit de GOZLIN u dou Siege de Paris.

Cest present oeuvre fu escript, au commandement du signor ADALBERT, comte de Rollonville,

Par frere Polycarpe JOCULAT, Chapelain de mon dict signor.

Commancié le jor de la Pentecoste de l'an 899, e finé le jor de l'Incarnation de l'an 900,

LAUS DEO.

Suivent plusieurs pages d'une écriture très-différente, qui contiennent ce que nous croyons devoir intituler CONCLUSION.

CHAPITRE XXXIX.

CONCLUSION.

Moi, Adalbert, comte de Rollonville, fils adoptif de Rollon, duc de Normandie; j'ai jugé convenable d'ajouter le présent chapitre à la Chronique que feu mon chapelain, frère *Polycarpe Joculat*, écrivait, il y a vingt ans, par mes ordres, et le plus souvent sous ma dictée.

Je dirai d'abord comment m'est venue l'idée d'entreprendre ce travail.

Le saint jour de Pâques de l'an 920, ayant résolu de fêter le jour anniversaire du baptême que reçut, il y a huit ans, Rollon, mon noble père, des mains de l'archevêque Francon, j'invitai tous les seigneurs normands qui environnent mes domaines, à un repas splendide, dans mon château de Rollonville.

La comtesse Adelinde, ma respectable femme, qui conserve encore, à cinquante ans, de la beauté et des grâces, parut avec éclat dans cette fête, entourée des neuf enfants qu'elle m'a donnés.

Vers la fin du repas, j'appelai des ménestrels qui nous réjouirent par des contes facétieux, dits *fa-*

bliaux, que tantôt ils chantaient, et quelquefois récitaient, en les entremêlant de gestes comiques et de tours d'adresse.

Il advint que l'un d'eux demanda silence pour chanter un *lai* qu'il avait mis en rimes la nuit précédente, et qui lui paraissait plus digne de notre attention que tout ce que nous avions entendu jusque-là.

Et aussitôt il nous chanta l'histoire d'un jeune Normand qui, déguisé en pélerin, était parvenu à enlever la fille d'un comte très-puissant, le jour même où elle devait aller à l'autel contracter un brillant mariage.

Dès les premières strophes de son lai, je reconnus que j'étais le héros de l'histoire; et, quoique le ménestrel y fît de moi un éloge continuel, je feignis d'être fâché que, sans que je l'y eusse autorisé, il m'exposât à devenir le sujet banal de cent fabliaux que ses confrères ne manqueraient pas de composer à son exemple, et dans lesquels, comme il l'avait fait lui-même sans s'en douter, ils défigureraient mes aventures. « Je ne connais, lui dis-je, qu'une histoire où elles aient été racontées avec exactitude, avec bonne foi. Elle est dans mes archives. »

J'ordonnai aussitôt à mon sénéchal Grifardon, d'aller chercher la Chronique de frère Polycarpe.

On me l'apporta; et j'imposai, pour punition, à l'imprudent ménestrel, de la lire à l'assemblée. Mais, comme je sentis qu'une si longue lecture

pourrait fatiguer l'attention, j'indiquai une vingtaine de chapitres qu'il devait passer.

Cette lecture parut intéresser mes convives beaucoup plus que je ne l'avais prévu. Après le dernier chapitre, ils étaient encore attentifs; et je vis qu'ils ne se croyaient pas arrivés à la fin. Les uns me demandaient ce qu'étaient devenus Sigefroi et sa Godiva; d'autres, comment Nitard avait pu faire consentir la fière Odille à se mésallier en le prenant pour époux. Les questions pleuvaient sur moi de toutes parts.

Je leur promis de satisfaire leur curiosité. Et c'est ce que j'ai exécuté, comme on va le voir.

A la première fête de famille, je ferai part à mes amis de ce Supplément à la véridique Chronique.

Rollon, comme l'a dit frère Polycarpe dans son dernier chapitre, exécuta fidèlement le traité de paix qu'il venait de conclure avec Eudes et l'empereur Charles-le-Gros : il quitta, sans délai, Paris, et conduisit son armée à Rouen. Mais, dans la route, une foule de ses guerriers l'abandonnèrent pour aller ravager la Bourgogne, où ils n'avaient point encore exercé de pillages. Il les

désapprouva hautement; car, ayant le projet de former en Neustrie un état indépendant, une espèce de royaume, il eût désiré que le nom des Normands cessât d'être en horreur aux populations de la Gaule, et qu'on ne vît plus en eux des brigands féroces et sans foi.

Aussi son premier soin fut-il d'établir le règne des lois dans les pays qui lui avaient été cédés, et que l'on commença dès lors à appeler *Normandie.* Aidé des conseils d'Egill, il rédigea de sages réglements d'administration. Le vol et le meurtre furent punis des peines les plus sévères. Des tribunaux furent institués pour prononcer sur les querelles qui pouvaient s'élever entre les Neustriens, premiers habitants du pays, et les hommes du Nord qui venaient le partager avec eux.

On vivait, en Normandie, grâces à Rollon, dans une telle paix, dans une telle sécurité sur la conservation de sa vie et de ses biens, que, de toutes les contrées voisines, des milliers d'émigrants venaient y chercher un refuge contre les vexations intolérables que leur faisaient éprouver leurs ducs, leurs comtes, et surtout leurs prêtres. L'affluence devint si grande, que Rollon sentit la nécessité de donner plus d'extension à ses états.

La limite du territoire qu'on lui avait livré,

n'avait jamais été exactement tracée; il se crut en droit d'y joindre quelques domaines à sa convenance. L'empereur Charles-le-Gros ne pouvait l'en empêcher; car il ne régnait plus : il avait été solennellement déposé par ses peuples même, et était mort couvert d'un juste mépris. Mais le comte Eudes, le frère de mon Adelinde, s'était fait couronner roi de France; et, en cette qualité, il s'opposa aux prétentions de Rollon. De là, des combats entre les Français et les Normands. Mon Adelinde en fut cruellement affligée ; car mon devoir était de combattre pour Rollon, mon père adoptif.

Mais Eudes mourut. La couronne de France, qu'il avait usurpée, rentra, je ne sais pourquoi, dans cette famille des descendants de Charlemagne, qui, depuis long-temps, ne produisait plus que des êtres indignes, par leurs vices ou par leur ineptie, de gouverner des peuples. Charles-*le-Simple*, qui devait son surnom à son peu de bravoure, à sa faiblesse, ne pouvait résister long-temps aux armes de Rollon. Il se vit forcé de lui adresser des propositions de paix. Les voici :

« Je donnerai à Rollon toutes les contrées qui
« s'étendent depuis la rivière d'Eure, jusqu'au
« mont Saint-Michel, où commence la Bretagne:
« je lui offre de plus en mariage ma fille *Giselle*.

« Mais il rendra hommage au roi de France pour
« le territoire que je lui abandonne; et de plus,
« il se fera chrétien, ma fille ne voulant s'unir
« qu'à un homme qui professe la même religion
« qu'elle *. »

L'archevêque Francon fut chargé d'aller proposer à Rollon un traité d'après ces bases. Ce prélat était un homme adroit et éloquent: il démontra que les clauses du traité seraient toutes à l'avantage de Rollon; que l'article qui l'obligeait à rendre hommage aux rois de France ne devait point blesser son orgueil; que ces *hommages* que, depuis peu, il était d'usage de stipuler comme obligatoires envers quiconque concédait une propriété, n'étaient pourtant que de vaines formalités sans importance.

Rollon se sentait très-porté à accepter les propositions de Charles, sauf une seule, et ce n'était pas celle qui l'obligeait à changer de religion: il ne tenait nullement à la religion des Scandinaves; peu lui importait de paraître adopter celle des chrétiens ou toute autre. Mais prendre une autre femme, se séparer de sa Judith! de cette femme dans laquelle, en toute occasion, il avait reconnu une si grande supériorité d'esprit! c'est à quoi il ne pouvait se résoudre.

* Voyez la note LI.

L'astucieux archevêque lui conseilla de consulter Judith elle-même : il avait appris que, depuis la mort de Gozlin, toujours mélancolique, distraite, elle ne s'occupait plus qu'avec répugnance des affaires publiques; qu'elle aspirait à passer le reste de ses jours dans la solitude.

Rollon la fit appeler.

Quand il lui eut fait part des propositions de Charles-le-Simple, les yeux de Judith s'animèrent; la plus vive satisfaction éclata sur tous ses traits.

« O Rollon! s'écria-t-elle avec une espèce d'enthousiasme, je te vois donc parvenu jusqu'où mes vœux et tous mes efforts tendaient à t'élever! Te voilà souverain! Je n'ai jamais connu d'homme plus digne de gouverner. On t'offre une autre épouse, jeune et belle sans doute, la fille d'un roi!... Rollon, n'hésite pas un instant; qu'elle soit ta femme. Elle, du moins, te pourra donner des enfants qui hériteront de la gloire de leur père. Une si noble race ne s'éteindra point... Moi, j'ai fini ma carrière. Vivre obscurément dans quelque coin de ce pays que tu as su rendre au calme, au bonheur; y vivre, s'il est possible, près du seul fils que le ciel m'ait donné, c'est là toute mon ambition, mon espoir. Rollon, répudie-moi sans crainte, sans regrets. Pour ton bonheur, et pour le repos de tes peuples, je demande qu'une autre me remplace... »

CHAPITRE XXXIX.

Elle dit. Rollon voulut en vain lui faire de douces remontrances, y joindre des caresses : elle s'échappa de ses bras et s'enfuit.

L'archevêque Francon, profitant alors du trouble dans lequel cette scène avait plongé Rollon, le fit consentir à une entrevue avec Charles-le-Simple, dans une petite ville * située sur les bords de la rivière d'Epte.

Le jour fixé pour cette entrevue, et les cérémonies qui devaient en être la suite, arriva. Rollon se rendit, sans trop de pompe, au lieu désigné par Francon. Il voulut seulement que je l'accompagnasse, moi, Sigefroi et deux autres chefs. Quelques centaines de guerriers normands tous armés formaient notre escorte.

Charles-le-Simple nous attendait sous une vaste tente ornée de draperies de couleurs éclatantes. Une foule de courtisans, magnifiquement vêtus, l'entouraient. Près de lui se tenait, sur un haut siége couvert de riches coussins, la jeune Giselle, remarquable par sa fraîcheur et par son air de candeur et d'innocence. Elle n'était vêtue que d'une robe blanche du lin le plus fin ; mais un voile, brodé d'or, couvrait à moitié ses cheveux

* Saint-Clair.

sur lesquels resplendissaient des pierreries d'un grand prix.

Devant la tente, on avait creusé un vaste bassin dont les parois étaient revêtues de larges dalles de marbre blanc, artistement jointes ensemble. L'eau la plus pure, puisée dans la rivière d'Epte, le remplissait jusqu'aux bords. Tels étaient les préparatifs que l'on avait faits pour le baptême du chef des Normands.

Quand Charles nous vit approcher de la tente, il s'avança vers nous, ayant à ses côtés l'archevêque Francon. Il tendit la main à Rollon qui, en la prenant, la serra fortement dans la sienne, et la secoua, ce qui causa quelque douleur au roi; car il était d'une constitution débile. Près de lui Rollon, dont les formes étaient colossales, ressemblait au géant Goliath près du jeune David.

Avant de procéder à l'exécution du traité de paix, il fallait que Rollon se fît chrétien; et l'archevêque, suivi de deux prêtres portant des cierges, alla d'abord bénir l'eau de la piscine. Il vint ensuite expliquer à Rollon les cérémonies auxquelles il devait se soumettre pour que son baptême fût efficace.

Quand on l'invita à se dépouiller de ses habits pour se plonger, nu, trois fois, dans la piscine, il fit un geste d'horreur, et jura qu'il ne

quitterait ni sa cotte-d'armes, ni sa cuirasse. L'indulgent archevêque se contenta alors de lui faire ôter sa chaussure, et Rollon entra dans la piscine. Ce fut là que l'archevêque lui frotta le front d'une huile consacrée, et prononça sur lui les fameuses paroles sacramentelles : *Ego te baptizo in nomine Patris, et Filii, et Spiritûs Sancti.*

Les guerriers de Rollon, qui connaissaient tous son caractère impatient, fougueux, ne pouvaient concevoir comment il se prêtait ainsi, sans se fâcher ou sans rire, à de si longues et de si humiliantes cérémonies. Mais le héros normand pensait, avec raison, qu'acquérir une province au prix d'un baptême, ce n'était pas la payer trop cher.

A peine Rollon était sorti de la sainte piscine, que les prêtres l'invitèrent à se revêtir de la robe des néophytes, et cette robe, il devait la porter toute une semaine : ainsi le prescrivaient les canons de l'Église. On déploya devant lui cette robe, qui était blanche et du tissu le plus fin : Charles-le-Simple l'avait fait fabriquer à grands frais pour en orner son gendre futur, dès qu'il aurait abjuré ses anciennes croyances religieuses. Rollon admira la beauté de la robe, ne voulut point s'en revêtir, mais promit de s'en parer dès qu'il serait de retour dans ses états avec la femme qu'on lui avait promise.

Ce fut entre mes mains que l'archevêque remit alors la précieuse robe ; et en même temps, il m'en montra quelques centaines d'autres, aussi blanches, mais bien moins fines, que l'on avait cru devoir tenir en réserve pour les guerriers normands qui, à l'exemple de Rollon, consentiraient à se laisser baptiser. Il m'invita même à proposer aux guerriers qui assistaient à la cérémonie de profiter de l'occasion pour se régénérer par le sacrement du baptême. Je ne demandais pas mieux. Je m'empressai de courir vers les troupes normandes qui formaient une enceinte autour de nous, et de proclamer, en déployant la superbe tunique blanche déposée dans mes mains, que tous ceux qui voudraient se baigner dans la piscine et recevoir la bénédiction de l'archevêque chrétien, auraient pour récompense une robe semblable à celle que je leur montrais. Mon discours fut accueilli par des cris de joie. Presque tous jetèrent bas leurs haches et leurs lances, se dépouillèrent de tous leurs vêtements, et s'élancèrent dans la piscine qui pouvait à peine les contenir. L'archevêque et les prêtres s'exténuaient à prononcer sur eux la formule qui les faisait chrétiens.

Dès qu'un nouveau baptisé sortait de la piscine, on lui délivrait la robe blanche des néophytes. Rollon, quand il vit les trois quarts au

moins de ses guerriers couverts de longues robes blanches, ce qui les faisait ressembler à des moines, ne put retenir un rire éclatant, quoiqu'il se fût bien promis d'être sérieux et grave jusqu'à la fin des cérémonies *.

Dès que tous ces baptêmes furent terminés, des hérauts sortirent de la grande tente, et invitèrent Rollon à se présenter devant sa future épouse. Charles-le-Simple le prit par la main et le conduisit lui-même vers sa fille.

Giselle, en voyant Rollon, rougit et baissa les yeux. Sans doute elle n'avait pu qu'admirer le héros normand, sa taille élevée, la noblesse de ses traits : mais des cheveux gris couvraient sa tête ; il avait plus de soixante ans, et elle n'en avait pas dix-huit !... Lui, il ne s'attendait pas à la trouver si belle, et, dans son âme, il sut très-bon gré à Charles du présent qu'il voulait bien lui faire.

On avait d'avance décidé que le mariage se célébrerait sans pompe, sans cérémonies. Aussi l'archevêque se contenta-t-il de faire placer sur une table un grand crucifix d'argent, devant lequel Rollon et Giselle se jurèrent union et fidélité. Après quoi, l'archevêque les bénit.

De tout ce qui avait motivé l'entrevue des deux princes, il ne restait plus qu'un acte à ac-

* Voyez la note LII.

complir : c'était la reconnaissance solennelle de Rollon comme *duc de Normandie.*

En y réfléchissant, Rollon avait calculé que lui donner une province qu'il possédait déjà en très-grande partie, ce n'était pas, de la part de Charles, un bien grand sacrifice. Il demanda, et très-vivement, que l'on joignît à la Normandie la Bretagne, ce qui parut embarrasser Charles et les seigneurs qui l'entouraient. Le roi n'osa pourtant refuser, et se contenta de répondre : « Je ne sais trop, en vérité, si je puis disposer de la Bretagne. Les ducs de ce pays se prétendent indépendants de ma couronne : ils me refusent hommage.....

— Oh! dit Rollon, laissez faire, je saurai bien, moi, l'obtenir d'eux; dans quelques mois je les aurai soumis. »

Charles n'eut plus rien à répliquer. Il céda Normandie et Bretagne; mais, il faut le dire, ce fut à contre-cœur. Il commençait à s'apercevoir que son gendre était bien ambitieux. Ce qui le consolait, c'est qu'il espérait, et en cela il ne se trompa pas, que du moins il ne l'aurait plus pour ennemi.

Ses courtisans lui firent entendre qu'après de si grandes concessions, il devait montrer quelque fermeté; et ils exigèrent, en son nom, que le nouveau duc fît, à l'instant même, au roi,

hommage des deux grandes provinces que l'on venait de lui céder. Rollon ne s'y refusa point. On lui dit alors de mettre ses deux mains dans celles du roi, et de lui promettre fidélité comme à son seigneur suzerain.

C'est ce qu'il fit sans trop de répugnance.

Mais ce n'était pas tout. On exigea qu'il mît un genou en terre, et que, dans cette attitude, il baisât un des pieds du roi. C'est à quoi le fier Normand ne voulait point accéder. En vain lui répétait-on que ce n'était qu'une formalité, une cérémonie. « Après une telle humiliation, s'écriait-il, que penseraient de moi mes braves compagnons? ils ne voudraient plus me reconnaître pour leur chef. »

Fatigué, enfin, des prières, des sollicitations de tous ceux qui l'entouraient, et, ayant jeté les yeux sur Giselle qui pleurait, il prend tout à coup un parti : il s'élance vers le roi, se courbe un peu pour lui prendre le pied, qu'il lève jusqu'à sa bouche. Le geste de Rollon fut si brusque, il leva le pied du roi si haut, que le débile Charles perdit l'équilibre, et tomba à la renverse *.

Je m'attendais, je l'avouerai, à voir tous les courtisans se jeter à la fois sur Rollon pour le punir d'une si grave offense faite à leur souve-

---

* Voyez la note LIII.

rain. Non; ils relevèrent, en riant, leur roi qui, lui-même, s'efforçait de sourire. La chute royale fut considérée comme un simple accident.

Cependant il régna, depuis, dans toute l'assemblée une espèce de gêne, de contrainte, dont Rollon s'aperçut. Il feignit d'être las de toutes les cérémonies de la journée, et demanda à retourner, avec sa Giselle et ses guerriers, tant païens que nouveaux chrétiens, au château d'où il était parti le matin pour se rendre à l'entrevue. Ni les Français, ni les Normands n'étaient fâchés de se séparer. On se salua de part et d'autre amicalement, et l'on se tourna le dos.

Chemin faisant, Rollon s'efforça de paraître aimable aux yeux de Giselle. Réussit-il à lui plaire? je ne saurais dire *.

Quelques jours après, Rollon nous conduisit à Rouen, où se trouvait le reste de son armée. Et ce fut là qu'il fit connaître à tous ses compatriotes les grands projets qu'il mûrissait depuis long-temps pour leur bonheur. Il réunit, dans le vaste palais qu'il avait fait construire, les chefs de ses cohortes, ainsi qu'un grand nombre de simples guerriers choisis dans ces mêmes cohortes, et il leur adressa ce discours :

* Voyez la note LIV.

« Mes chers compagnons d'armes, il est venu
« le jour où nous devons tous abandonner une
« vie aventureuse, qui, au milieu des plus grands
« dangers, ne nous procure que de fragiles avan-
« tages. Ne nous le dissimulons point; jusqu'à
« présent nous n'avons paru, aux yeux de tous
« les peuples, que comme des brigands sans
« principes et sans lois. Mais, puisque nous trou-
« vons place aujourd'hui dans ces contrées, que
« naguère nous avons cruellement ravagées, il
« est temps de nous y fixer pour toujours. Adop-
« tons les mœurs, et même, s'il le faut, le lan-
« gage de leurs anciens habitants. La vieillesse,
« qui s'avance pour la plupart d'entre nous,
« commande le repos. Jouissons en paix du fruit
« de nos victoires....

« Je ne veux pourtant contraindre en rien vos
« goûts, m'opposer aux projets que chacun de
« vous a pu former. S'il en est qui désirent re-
« tourner dans les pays qui nous ont vus naître,
« qu'ils le déclarent : j'ai recueilli de grandes
« richesses, je leur donnerai la part à laquelle ils
« ont droit.

« Si d'autres ne peuvent vivre ailleurs que
« dans les camps, que les armes à la main, qu'ils
« restent près de moi, j'aurai encore besoin de
« leurs bras, non contre les Francs avec qui dé-
« sormais je veux, s'ils sont fidèles à leurs trai-

« tés, rester toujours en paix, mais avec les
« Bretons, nation obstinée, qui, je le prévois,
« voudra se soustraire à ma domination.

« Quant à ceux d'entre vous qui sentent le be-
« soin, comme je le sens moi-même, de ne plus
« s'exposer aux plus rudes fatigues, qu'ils vien-
« nent me trouver; je partagerai, aussi également
« qu'il me sera possible, le territoire qui m'est con-
« cédé, entre les chefs qui m'ont servi; et eux-
« mêmes le diviseront ensuite entre les simples
« guerriers qui ont le mieux secondé leur courage.
« Et, puisque c'est aujourd'hui un usage presque
« universellement reçu, ils n'exigeront des vassaux
« qu'ils se seront donnés, que le même hommage
« que j'ai rendu moi-même au roi Charles. »

Ce discours fut accueilli par des acclamations de joie. De toutes parts on témoigna à Rollon reconnaissance et respect.

Un quart à peu près des guerriers voulurent rentrer dans leur patrie; et Rollon, avant leur départ, les combla de bienfaits. D'autres, en assez grand nombre, le supplièrent de les garder près de lui; il en forma une petite armée. Le reste des guerriers préférèrent d'aller finir leurs jours à la campagne, avec leurs femmes et leurs enfants; il leur distribua des terres, des châteaux, des seigneuries.

Quant à Sigefroi, il refusa de rester en Neus-

tric, où probablement on ne se battrait plus. Il partit pour l'Angleterre avec sa Godiva, qu'il aimait plus qu'au jour de son mariage. Il avait reçu du roi Athelstan, successeur de l'illustre Alfred, un message par lequel ce roi l'invitait à venir lui former une armée. J'ai appris, il y a un mois, qu'ayant été blessé dans un combat, il avait été enfin obligé de renoncer à la guerre; qu'il s'était retiré dans un comté de l'Angleterre dont Athelstan lui avait cédé la suzeraineté, pour récompense des services signalés qu'il lui avait rendus. Godiva ne lui a donné jusqu'à présent qu'une fille, mais qui est remarquable, comme sa mère, par la vivacité de son esprit, et surtout par sa longue chevelure *.

J'étais un peu surpris que, dans la grande distribution qu'il avait faite de terres et de châteaux, Rollon, que je devrais appeler à présent le duc de Normandie, m'eût complètement oublié; mais je supposais qu'il voulait me garder auprès de lui, pour l'aider dans l'administration de ses deux provinces. Adelinde eût préféré que je me retirasse de la cour, pour aller vivre avec elle dans quelque lieu écarté; avec elle et mes enfants, dont le nombre augmentait d'un chaque année. Je l'aurais bien voulu; mais je craignais de

* Voyez la note LV.

déplaire à Rollon, mon protecteur, mon père.

Un matin il me fit appeler. « Mon cher fils, me dit-il, depuis que le sort m'a fait presque aussi riche que les rois mes voisins, et certes plus puissant qu'aucun d'eux, s'il est vrai, comme je le pense, que la confiance et l'affection des peuples font seules la véritable puissance des hommes appelés à gouverner, je n'ai songé qu'à te placer dans une situation où pourraient ressortir les qualités, les vertus que je reconnais en toi. Si j'ai demandé, voulu la Bretagne, c'est que je comptais te faire duc de cette province, t'investir d'un pouvoir égal au mien. Mais ta mère Judith s'est opposée à mon projet. Elle veut se retirer avec toi et ta famille dans un château que j'ai fait construire pour elle sur les côtes de la mer, non loin de la petite rivière qui sépare la Normandie de la Bretagne. Un territoire de dix lieues au moins d'étendue, et couvert de forêts et de villages, entoure le château, en dépend : ce sera là ton domaine, Adalbert. Tu céderas à Nitard et à Marc-Loup deux petites terres qu'ils feront cultiver, et pour lesquelles ils te devront hommage. L'un et l'autre m'ont déclaré qu'ils désiraient être toujours tes vassaux et tes voisins. Eh bien ! Adalbert, parle : consens-tu à suivre ta mère dans le château que je lui ai destiné ?

—C'était le vœu de mon Adelinde, répondis-je,

et sa volonté est toujours la mienne. Mon seul regret sera de quitter un père...

— C'est assez, reprit Rollon. Point d'attendrissement, point de larmes... » Et il passa dans une autre chambre.

Nous partîmes, peu de jours après, avec ma mère, pour le château, que nous crûmes devoir appeler d'avance du nom de Rollon son fondateur *. La situation en était délicieuse. Les eaux limpides d'une petite rivière qui descendait d'une colline voisine entretenaient dans notre vaste parc une continuelle fraîcheur, et allaient, après avoir serpenté dans tous les environs, se jeter au loin, mais sous nos yeux, dans une petite baie où la mer était toujours tranquille. En entrant dans cette retraite, Judith se promit bien de n'en jamais sortir; et mon Adelinde se réserva un petit enclos où elle pourrait, avec ses enfants, cultiver des fleurs.

Pour moi, j'allai installer Nitard et son Odille dans le domaine que Rollon m'avait désigné, et qui n'était pas éloigné d'un mille de notre château. Dix serfs étaient préposés à la culture de cette petite terre, qui nous parut très-fertile. Oh! que Nitard fut satisfait, et même un peu

* *Rollonis villa* (Rollonville).

vain, d'avoir, à son tour, des serviteurs à ses ordres, on pourrait dire des esclaves !

Quant à Marc-Loup, il me demanda de l'établir sur le bord même de la petite baie. Son ancien métier de pêcheur lui était toujours cher, il voulut le reprendre, et il doit s'en féliciter ; car, en visitant les rochers de la côte, il en a trouvé un sur lequel s'attachent de préférence des huîtres d'une espèce particulière, et d'un goût excellent. Le banc de ces huîtres paraît inépuisable : depuis plusieurs années, il ne cesse d'en expédier de fortes provisions de toutes parts, à Rouen, à Falaise, même à Paris ; et toujours elles semblent renaître en plus grande abondance. Aussi toute cette côte, auparavant déserte, inhabitée, est-elle couverte aujourd'hui de vingt groupes au moins de cabanes de pêcheurs qui vivent dans l'aisance et la joie [*].

Je reviens à Nitard. — Je le vis, un jour, entrer chez moi d'un air très-sérieux, ce qui ne lui était pas ordinaire. « — Je viens d'apprendre, me dit-il, que par la mort du roi Eudes, le frère de votre belle Adelinde, lequel n'a point laissé d'enfants, la couronne de France va retourner dans la maison de Charlemagne. Odille veut absolument que je fasse valoir mes droits au trône.

---

[*] Ne serait-ce point là l'origine de la ville de *Cancale* ?

— Comment, Nitard, serait-ce parce que tu es le mari d'une fille de Charles-le-Chauve? mais elle doit savoir que ses droits à elle-même sont nuls; que la loi Salique exclut les filles...

— Ce n'est point cela; mais je suis moi-même de l'illustre famille...

— Toi, Nitard! explique-moi cela.

— Mon nom aurait dû déjà vous l'expliquer. Le moine qui venait chez ma pauvre mère, et à qui certainement je dois le jour, voulut que je portasse son nom de Nitard. Eh bien! ce bon moine, mon père, était né d'une concubine du fameux Nitard, l'ami de Charlemagne, et à qui ce grand empereur donna sa fille Berthe en mariage. Vous voyez que je tiens indirectement à la famille carlovingienne. C'est ce que je développai fort bien à Odille, au temps de sa première grossesse, et ce qui la détermina à me donner sa main. Elle sentit qu'elle ne se mésalliait pas. Qu'en pensez-vous?»

Si je n'eusse connu le caractère de Nitard, et si je n'eusse vu errer sur ses lèvres certain sourire narquois, j'aurais cru qu'il était devenu fou. Mais je me contentai de rire, et bientôt Nitard ne pouvant retenir plus long-temps sa gravité d'emprunt, m'accompagna d'un rire plus éclatant encore que le mien.

Nitard reprit tout à coup son sérieux.

« — Plaisanterie à part, je me crois vraiment un descendant de ce Nitard d'autrefois. N'est-il pas auteur de je ne sais quel ouvrage?...

— Oui, d'une histoire des guerres entre les trois fils de Louis-le-Débonnaire *.

— Eh bien, j'éprouve un désir extrême de devenir historien comme mon aïeul. C'est bien dommage que je ne me souvienne plus qu'imparfaitement des leçons de grammaire et d'écriture que me donnait le moine Nitard mon père : il y a long-temps que j'aurais entrepris d'écrire vos aventures et les miennes...

— Dispense-toi de ce soin, Nitard. Frère Polycarpe a écrit notre histoire. Je te la lirai quelque jour ; et tu verras que tu y joues un rôle important. Ton nom passera à la postérité.

— Eh ! répliqua Nitard, que de héros ont mérité, moins que moi, que leurs noms fussent conservés dans l'histoire. »

C'est ainsi qu'entouré de vieux amis dont je connaissais l'humeur, le caractère; d'une femme que j'aime toujours, quoiqu'elle ait perdu sa fraîcheur avec sa jeunesse; d'enfants qui me respectent et qui m'aiment parce que je fus leur instituteur, et que je suis juste et indulgent, je

---

* Voyez la note LVI.

coule des jours tranquilles dans ma solitude de Rollonville. Les tempêtes qui bouleversent encore le monde n'arrivent pas jusqu'à moi.

Je n'ai éprouvé qu'un seul chagrin depuis que je suis étranger au bruit des cours et du monde. Ma mère Judith est morte il y a deux ans.

Il est encore présent à ma mémoire l'instant où elle me fit approcher de son lit pour me dire :

« Je meurs sans crainte et sans remords. Je n'ai jamais pu croire aux fables que débitent les prêtres de toutes les sectes ; mais j'adore cet être suprême que notre faiblesse ne peut définir ni comprendre, l'être qui a créé l'univers. J'ai toujours pensé que, pour le bonheur de la société, il fallait être juste et humain, et j'ai pratiqué l'humanité et la justice. Mon fils, que ces deux vertus ne t'abandonnent jamais. Je n'ai point d'autres adieux à te faire. »

Je lui ai fait élever un tombeau sur une colline, où, dans les dernières années de sa vie, elle se promenait, une grande partie du jour, rêveuse, mais non triste ; et j'y ai gravé cette épitaphe qu'elle-même s'était faite, et où elle exprimait ses opinions sur la vie à venir :

LA MORT N'EST QU'UNE MÉTAMORPHOSE :
JE VIS TOUJOURS ; MAIS J'AI CHANGÉ DE FORME.

FIN.

NOTES
DU TOME DEUXIÈME.

NOTES.

NOTE XXXVI.

Elle offrait le scandaleux tableau de cette Rome *qu'on nomme* la Sainte. — Page 93.

On ne lit point sans dégoût, dans les historiens, tout ce qu'ils racontent des débauches, des désordres de Rome, aux viiie et ixe siècles. Le scandale qu'offrait, en ce temps, une ville qui aurait dû, à ce qu'il semble, être l'asile des vertus et des bonnes mœurs, dura long-temps après, et n'a jamais cessé qu'à de rares intervalles. J'ai fixé, comme point de départ, le viiie siècle, parce que c'est l'époque où les papes, étant parvenus à établir leur suprématie sur les principaux monarques du monde, à persuader aux peuples qu'ils étaient les seuls distributeurs des grâces, des faveurs de la Providence, pouvaient jouir en paix du fruit de leurs intrigues et de leurs jongleries. Rome, qui recevait tribut de tout le monde chrétien, avait retrouvé l'opulence dont elle avait tant abusé au temps des premiers césars; et, comme autrefois, elle en abusa. On vit se renouveler chez les grands ces scènes licencieuses, ces crimes qu'a retracés le pinceau de Tacite, et, dans les classes inférieures, ces scènes de voluptés ou plutôt de débauches dont on trouve le tableau dans Pétrone.

Les papes, loin de s'opposer à ces débordements, semblaient souvent les encourager par leur conduite privée. L'histoire a conservé les noms de plusieurs des courtisanes qui, au ixe siècle, partagèrent, pour ainsi dire, le trône pontifical. Voltaire (et l'on ne peut l'accuser cette fois de

chercher à dénigrer les papes, car il ne fait que résumer ce qu'ont dit de graves historiens), Voltaire cite les noms de quelques maîtresses de papes au ixe siècle. « *Théodora*, dit-il, mère de *Marozie*, qu'elle maria depuis au marquis de Toscanelle, et d'une autre *Théodora*, toutes trois célèbres par leurs galanteries, avait, à Rome, la principale autorité. *Sergius* n'avait été élu que par les intrigues de Théodora la mère. Il eut, étant pape, un fils de *Marozie* qu'il éleva publiquement dans son palais. Il ne paraît pas qu'il fût haï des Romains qui, naturellement voluptueux, suivaient les exemples plus qu'ils ne les blâmaient*. »

Je m'étonne qu'aucun de nos jeunes auteurs dramatiques, à présent qu'il est permis d'introduire sur la scène les prêtres, les papes, aussi bien que les rois, n'ait encore songé à puiser le sujet de quelque drame dans l'histoire si connue des deux Théodora et de Marozie.

NOTE XXXVII.

Marina, *histoire morale.* — Page 103.

Les *actes* recueillis par les Bollandistes, et les divers recueils de légendes, offrent plusieurs exemples de filles ou de femmes qui, prenant des habits d'homme, allaient vivre dans des couvents de moines. Notre premier historien, Grégoire de Tours, raconte aussi une histoire presque semblable à celle de Marina, mais il donne à l'héroïne le nom de *Pappula*. «... *Totondit comam capitis*, dit-il, *indutaque virili habitu, Turonicum diœcesin adiens, in congregationem se contulit monachorum : ibique jejuniis, orationibusque degens, virtutibus deinceps multis emicuit. Erat tanquam vir inter viros, nec ulli erat cognitus sexus ejus. Parentes autem requirentes eam, nunquam reperire potuerunt...... Tri-*

---

* Voyez l'*Essai sur les mœurs des nations*, t. I, ch. 35.

ginta autem annos in monasterio fuit a nullo agnita quid esset*.»

L'histoire de *Marina*, telle qu'elle est racontée dans notre chronique, me paraît plus vraisemblable. Ce n'est point une dévotion outrée qui la porte à entrer dans un couvent de moines : elle cède aux ordres d'un père. Et elle a bien plus de mérite que tout autre, en s'obstinant à cacher son sexe; car elle a toujours près d'elle le seul homme avec lequel elle eût désiré de s'unir. Aussi l'Église a-t-elle eu raison d'en faire une sainte; son nom figure honorablement dans le calendrier.

NOTE XXXVIII.

Elle aperçut sous des arbres qui bordaient la route des Casinæ, *un jeune homme.* — Page 106.

On appelle à présent, à Florence, les *Cascine* une promenade champêtre, non loin de la porte *del Prato*. C'est un petit bois délicieux, qui s'élève sur les bords de l'Arno.

On ne doit pas être surpris de voir le jeune *Félix* se livrer, dans Florence, à l'*étude des lois*, dans un temps où, partout ailleurs, il n'y avait guère d'études d'aucun genre. Déjà l'Italie, au ixe siècle, faisait quelques efforts pour sortir des ténèbres de l'ignorance, sinon des serres de la superstition; et les papes, il faut le dire à leur gloire, favorisaient ce premier élan vers les lumières. Ils l'eussent réprimé s'ils avaient pu prévoir qu'un jour ces mêmes lumières qu'ils cherchaient à répandre leur seraient funestes; que, par elles peut-être, tomberait en poudre, s'anéantirait leur trône qu'éleva l'hypocrisie, le mensonge, et que soutient encore aujourd'hui l'erreur, ou plutôt un vil intérêt.

* Greg. Turon. *De gloria confessorum*, cap. 16.

NOTE XXXIX.

Déjà ma DIVINE NOURRICE *n'était plus penchée sur ma couche... Elle m'a dit de loin : Lève-toi, et marche.* — Page 128.

Cette vision du moine *Félix* rappelle un fabliau dans lequel la Vierge guérit aussi un moine en l'allaitant. Ce fabliau intitulé : *Miracle de Notre-Dame*, a été mis en vers par *Gautier de Coinsi*, poète du XIIe siècle, dont je crois avoir dit quelque chose dans une autre note. Il y a tant de naïveté dans le récit qu'il fait du miracle, on y peut prendre une idée si juste de la sotte crédulité de nos pères, qu'une ou deux citations n'en paraîtront pas ici déplacées.

Un moine d'un couvent dont Gautier de Coinsi ne dit point le nom, est mourant de la plus horrible des maladies. Un chancre lui dévore le visage ; et le poëte n'épargne point les couleurs pour le peindre tel qu'il devait être, hideux, effroyable.

Mais il avait eu, toute sa vie, autant d'amour que de vénération pour Marie,

« La douce Mère au Roi de gloire. »

Quand les oraisons du chœur étaient finies, il restait dans une chapelle

« Où une ymage avoit moult bele
De ma Dame Sainte Marie. »

et là il récitait dévotement

« Ses oraisons, sa litanie. »

Et pourtant le mal du moine empire à tel point que ses

confrères lui donnent l'extrême-onction, et se préparent à l'enterrer.

> « L'ame en est, font pluseurs[1], alée ;
> Non est encor, li autre dient :
> A grant doutance l'enneulient[2],
> Car ne sevent s'est mors ou vis ;
> Tant a enflé et gros le vis[3],
> Qu'il n'i pert[4] ielz, ne nez, ne bouche.
> Moult à envis[5] chacuns i touche. »

C'est alors que lui apparaît

> « La douce Mère au Roi de gloire,
> Qu'il ot en cuer et en mémoire,
> A lui s'apret[6] blanche et florie
> Plus que n'est flor qu'a espanie[7]
> La rousant rousée de may.
> ....
> La haute Dame glorieuse,
> L'umble, la douce, la piteuse,
> Moult doucement lez[8] lui s'apuie,
> Toutes les plaies li essuie
> D'une toaille[9] assez plus blanche
> Que noif[10] negie n'est sor branche. »

La Vierge lui dit ensuite :

> « Por ce que m'as de cuer servie,
> « Souffrir ne puis que plus languisses,
> « Ne si honteusement fenisses :
> « Par tant verras com bien je t'aim. »
> A tant de son savoros saim[11]
> La douce Dame, la piteuse,
> Trait sa mamelle savoureuse,
> Se li boute dedenz la bouche,
> Et puis moult doucement li touche
> Par sa dolor et par ses plaies. »

---

[1] Disent plusieurs. — [2] L'oignent, *l'enhuilent* (si ce mot était français). — [3] Le visage. — [4] Qu'il n'y paraît yeux. — [5] Malgré soi, *invitus*. — [6] Se montre, *apparet*. — [7] Qu'a épanouie. — [8] A côté, *ad latus*. — [9] D'une serviette. — [10] Neige. — [11] Sein.

Je n'ai pas besoin de dire que le moine est aussitôt guéri ; qu'il sort de son lit plus dispos et plus beau que jamais il n'avait été.

> « Ce dit chacuns qu'il li est vis [1]
> Qu'il a assez plus cler le vis [2],
> Plus biau, plus net et plus plaisant
> C'onques [3] n'avoit éu devant [*]. »

Si l'on reprochait au frère *Félix* de notre chronique d'avoir décrit avec trop de chaleur et de passion la beauté du sein de la dame miraculeuse qu'il avait vue en songe, il pourrait répondre que le très-dévot Gautier de Coinsi n'a pas peint avec plus de froideur et de retenue la *mamelle savoureuse* de la Mère du *Roi de gloire*.

NOTE XL.

Nous sortîmes en silence, mais en frémissant, de ce lieu d'horreur (du monastère dont EBBA était l'abbesse). — Page 177.

Le nom d'*Ebba* est célèbre dans l'histoire de l'Église. Baronius, dans ses *Annales ecclésiastiques*, avait rapporté l'anecdote étrange qui lui valut une si haute renommée ; et Fleury se crut obligé de la répéter dans son impartiale et sage histoire.

C'est en Écosse qu'était situé le monastère dont les religieuses se coupèrent le nez, pour que les Danois, les trouvant ainsi défigurées, songeassent plutôt à fuir qu'à attenter à leur honneur. Il fallait que leur abbesse Ebba eût sur

---

[1] Qu'il lui semble, qu'*il lui est avis*. — [2] Le visage. — [3] Que jamais il.

[*] Le fabliau du *Miracle de Notre-Dame, qui gari un moine de son let* (lait), se trouve dans la nouvelle édition des Fabliaux et Contes publiés par Barbazan, t. II, p. 427.

elles bien du pouvoir, qu'elle eût employé une bien persuasive éloquence pour les faire consentir à se défigurer d'une manière si cruelle.

Ce fait, de la vérité duquel je doute, malgré les témoignages d'une foule d'historiens, a pour date, dans leurs livres, la fin du IXe siècle. Il est donc possible que Rollon qui se trouvait à cette époque en Angleterre, et qui commandait les Danois, ait blâmé ses compatriotes de la cruelle vengeance qu'ils avaient tirée des religieuses.

NOTE XLI.

Il s'en présenta une foule (d'Anglo-Saxons) *qui voulaient le suivre* (Rollon) *en Neustrie : leur roi* ALFRED *consentit à leur émigration.* — Page 187.

La vie d'Alfred, dans l'histoire d'Angleterre, a tout l'intérêt d'un roman. Mais il faut dire qu'on ne reconnaît pas comme bien prouvées quelques-unes des aventures que l'on attribue à ce roi, qui fut tout à la fois savant et guerrier. Il n'en apparaît pas moins comme un phénomène brillant, dans le siècle orageux et barbare où il florissait.

Son alliance avec Rollon qui, pour le secourir et le replacer sur le trône, abandonna pour quelque temps ses expéditions en France, n'est guère admise comme authentique par les historiens anglais. Cependant la coopération du héros normand aux combats et aux succès d'Alfred contre ses sujets, est racontée dans une chronique dont un passage est cité en tête de notre XXVIIIe chapitre, et par Robert Wace dans son grand poème sur les ducs de Normandie. Je me contenterai d'apporter ici en preuves quelques vers de ce poète :

« Li roiz (Alfred) a humblement Rou (Rollon) requist et proié
Ke des Engleiz le veng, ki l'ont tant damagié,

Et de trestot son regne li donra la meitié.
De kank' il a requis li a Rou otreié *. »

Alfred, grâces à Rollon, et après mainte victoire, est de nouveau reconnu pour roi par les Anglo-Saxons; et Rollon alors se prépare à revenir en France.

« Dez ke Rou out sa gent tote el rei accordée,
Et de sis anemiz la terre deslivrée,
El rei rendi son regne, n'en volt aveir jornée;
Fierement l'en seisi par un soe espée.
....
« Vostre terre, dist-il, vos rent par cel mien gant ;
« De tote vostre terre nule rienz ne demant,
« Ne de tot vostre aveir, fors solement itant :
« S'il a en vostre terre nul hom combattant,
« Ki voit à mei venir, mielz ke il n'a querant,
« Otréiez k'il i vienge. » Li roiz dist : « Jel' graant **. »

Si Rollon emmena avec lui, à son retour en France, un grand nombre d'Anglo-Saxons, il perdit aussi plusieurs Normands, et même des chefs distingués, qui se firent baptiser pour rester en Angleterre. « On engagea secrètement les Danois à se convertir, et, quelques jours après, on vit leur chef, *Gudrun*, et trente de ses officiers se faire baptiser solennellement. Alfred leur servit de parrain.

* Le *Roman de Rou*, par *Robert Wace*, t. I, p. 70, v. 1388 et suiv. Il y aurait trop de mots à expliquer dans les vers que je cite; je préfère d'en donner la traduction littérale. « Le roi Alfred a humblement requis « et prié Rollon de le venger des Anglais qui l'ont si maltraité, et lui « a promis de lui donner la moitié de son royaume. Ce qu'il a requis, « Rollon le lui a octroyé. »

** « Dès que Rollon eut réconcilié le roi avec son peuple, et qu'il eut délivré le pays de ses ennemis, il lui rendit son royaume, et ne voulut pas même en garder un arpent (une *journée* d'homme). Il l'en saisit en lui donnant fièrement son épée...... « Ce don, lui dit-il, est un garant « que je vous rends toute votre terre, et que je ne vous en demande rien, « rien de tout ce que vous possédez, excepté ce que je vais dire : s'il y « a dans le pays quelque homme propre aux armes, qui veuille venir « avec moi, espérant qu'il s'en trouvera mieux, permettez qu'il vienne. » Le roi dit : « Je l'accorde volontiers. » — *Ibid.*, vers 1409 et suiv.

Gudrun, devenu néophyte et appelé désormais Adelstan, porta, comme Rollon fit dans la suite, des vêtements blancs, pendant huit jours, reçut des effets précieux, et eut en fief l'Est-Anglie et le Norfolk, où les Danois conservèrent long-temps leur langue et leurs mœurs... C'était une victoire que de convertir un chef de bande aussi féroce ; et les prêtres, qu'il avait chassés de leurs diocèses et de leurs abbayes, durent regarder comme un triomphe de faire entrer un ennemi aussi acharné dans le sein de l'Église*».

Les diverses citations que contient cette note peuvent servir à faire connaître la composition des armées normandes. On s'est étonné que des pays tels que le Danemark, la Suède, la Norwège, qui n'ont jamais eu qu'une assez faible population, aient pu vomir sur l'Europe ces innombrables armées qui dévastaient à la fois l'Angleterre, les Gaules, l'Espagne et l'Italie. Mais on voit qu'à peine un noyau d'aventuriers du Nord débarquait dans une contrée quelconque, il se grossissait de tous les hommes de cette contrée qui avaient de l'attrait pour la vie errante et le pillage.

NOTE XLII.

O mon Dieu ! où pourrais-je fuir !... Quand j'aurais les ailes de la colombe, et que je volerais par-dessus les mers, aux extrémités du monde, je t'y trouverais toujours. — Page 249.

Quiconque s'est un peu familiarisé avec nos livres saints, s'apercevra que, dans le discours qu'adresse l'évêque Gozlin à Rollon, pour l'engager à adopter la religion chrétienne, les figures, les expressions même, sont tirées de deux psaumes de David**. L'évêque convertisseur ne pouvait guère

---

* Histoire des expéditions maritimes des Normands, par M. *Depping*, t. I, p. 226.

** Le psaume XVIII, *Cœli enarrant gloriam Dei* ; le psaume CXXXVIII, où l'on trouve au 7ᵉ verset : *Quo ibo a spiritu tuo*, etc.

trouver ailleurs que dans les psaumes, de ces pensées fortes, pittoresques, qui laissent dans les imaginations une impression profonde. Peut-être tous les peuples devraient-ils s'accorder à reconnaître les psaumes comme seuls modèles des hymnes à chanter dans les temples, dans les mosquées, dans les églises. Ce serait là le fond, la matière d'une *liturgie universelle*. Il est bien entendu pourtant que l'on supprimerait, dans ces prières publiques, tout ce qui, dans les poésies du roi juif, appelle la colère du ciel sur les nations qui, tout en reconnaissant et servant Dieu, l'adorent autrement que les Hébreux.

Oh! que les chrétiens ont rabaissé, dans leurs chants d'église, ce Dieu que David invoquait dans de si sublimes cantiques. Les hymnes que l'on chante dans les églises chrétiennes, composées en des temps d'ignorance, sont à peu près toutes d'une inconcevable platitude, tant par les idées que par le style. Il est vrai que, depuis l'établissement du christianisme, ce n'était plus un être suprême, le créateur, le modérateur du monde que les poètes devaient chanter; mais, et de préférence, un petit enfant au maillot, couché sur de la paille; puis cet enfant devenu grand, suspendu à un gibet; et enfin sa mère, toujours vierge, mais dont toute la vie ne fut qu'une longue suite d'infortunes. Tout cela peut être fort touchant, mais ne peut guère échauffer, inspirer les hommes à hautes pensées, *magna sonaturos*. Aussi, voyez comme les poètes de ces premiers temps du christianisme traitent les sujets qu'ils puisent dans Luc ou Matthieu. Le poète Fortunat fait-il un poème sur l'accouchement de la Vierge? il la compare à une porte fermée qui ne s'ouvre que pour Dieu seul :

Hæc porta est clausa, in quam intrat vir nemo, nec exit,
Ni Dominus solus, cui quoque clausa latent.*

Au lieu de ces psaumes de David où, en s'adressant à toutes les nations, il s'écrie : *Cantate Domino canticum*

---

* Fortunat. *De partu Virginis*, vers 51.

novum quia mirabilia fecit*, vous entendez, dans les églises des catholiques, de prétendues hymnes en mauvaise et plate prose *rimée*, où l'on vous présente le tableau d'une mère qui regarde avec douleur son fils attaché à une croix :

> *Stabat mater dolorosa,*
> *Juxta crucem lacrymosa,*
> *Dum pendebat filius,* etc. **

Le pape a bien raison de s'opposer à ce que des novateurs traduisent, dans une langue que les auditeurs peuvent comprendre, tout ce qui compose la liturgie romaine, ces hymnes, ces proses latines, que plus de la moitié des fidèles ne comprendront jamais. Il n'est point d'homme, si ignorant qu'on le suppose, qui ne reconnût, dans la traduction, toutes les niaiseries, les inconvenances, les platitudes qu'offrent ces chants qu'il admirait sur parole.

NOTE XLIII.

Nos drotters ont, sur l'esprit des SCANDINAVES, *la même influence qu'ont sur les peuples chrétiens, les évêques, les prêtres et les moines.*—Page 251.

Le scalde Egill explique très-bien, dans son discours, quelle était l'ancienne religion des Scandinaves; mais il avoue qu'il ne peut fixer l'époque où cette religion, si simple, si pure dans son principe, si raisonnable, fut presque entièrement modifiée, altérée dans ses plus sages dogmes. Un savant Suédois *** a émis, à ce sujet, une opinion que je trouve on ne peut plus fondée. Quelque long que soit le passage du livre dans lequel il la développe, je le citerai, parce qu'il me paraît jeter le plus grand jour non-seulement sur la question

---

* Psalm. David. XCVII, verset 1.
** Prose de la Vierge, qui se chante le dimanche de la Passion.
*** M. *Graberg de Hemso*, proconsul de LL. MM. Suédoise et Sarde au Maroc.

qui nous occupe, mais aussi sur toute l'histoire ancienne de la Scandinavie, pays qui comprenait, comme on sait, le Danemarck, la Suède et la Norwège.

Il commence par prouver, à l'aide d'anciens documents historiques, que les Scandinaves, comme toutes les nations germaniques, gauloises, etc., tirent leur origine de l'Asie; ce qui est aujourd'hui presque universellement reconnu : on n'hésite plus à regarder l'Asie comme le berceau du genre humain. Il n'y a donc rien d'étonnant dans les rapports nombreux que l'on trouve tant entre les religions qu'entre les anciennes langues des Scandinaves, des Germains, des Gaulois, et la religion et l'ancienne langue des peuples de l'Inde. (Quant aux idiomes, ce n'est pas d'aujourd'hui que l'on a reconnu que l'ancien scandinave, comme l'ancien allemand, avait la plus grande affinité avec les langues indiennes, surtout avec le samscrit, la plus ancienne de ces langues, le samscrit que l'on ne parle plus dans l'Inde, mais dont on conserve de nombreux monuments.)

Pour entendre bien le passage que je vais citer, il faut savoir que l'auteur pense et prouve, autant que l'on peut prouver des événements historiques que n'appuie aucun texte bien précis d'auteurs contemporains, qu'il y eut, vers la fin du IVe siècle de notre ère, une émigration d'Ases, à la tête desquels était *Sigge Fridulfson* (fils de Fridulf); qu'ils vinrent, après de longs détours et un pénible voyage (l'auteur les suit pas à pas), s'établir dans la Scandinavie, pays qui fut toujours très-peu peuplé, quoi qu'en aient dit les historiens, mais où vivait principalement de la chasse et de la pêche, et depuis plusieurs centaines de siècles peut-être, une nation de mœurs patriarcales, qui, comme les émigrés qu'elle accueillait dans son sein, était aussi venue très-anciennement des contrées orientales. Cette nation reconnut bientôt dans Sigge, le chef de ces émigrés, un *génie supérieur*, des qualités divines, et lui donna le nom d'*Odin* (le Soleil), que portait une des divinités qu'elle adorait avant l'arrivée de ce héros étranger.

« Les Scandinaves, avant l'arrivée de Sigge, dit l'auteur que j'ai signalé, quoique privés de temples et d'idoles, rendaient un culte distingué à trois divinités, représentant trois grandes puissances ou actions de la nature, qui était en même temps l'objet et le théâtre de leur culte. Les arbres, les rochers, les fleuves et quelques pierres en forme d'autels, leur rappelaient plus particulièrement la présence de la divinité qu'ils voulaient invoquer.

....

« *Thor*, dont le culte se trouvait répandu depuis l'océan Atlantique jusqu'au centre de l'Asie, était la première et la plus grande divinité des Scandinavés, avant Sigge. C'était la force invincible personnifiée. Leur second dieu était celui du feu et de la lumière; il s'appelait *Hlód* ou *Lodin*, et quelquefois *Alfader* (Père de tout). Il paraît qu'on a cru qu'il était père de Thor et de tous les autres dieux. A ces deux divinités indépendantes l'une de l'autre, ils joignaient une troisième qui procédait des deux premières; son nom était *Freyr*, et on croit qu'elle représentait la lune, et qu'elle présidait aux opérations de la nature féconde et générative. Ces trois dieux furent encore appelés, *Har*, le sublime; *Jafnar*, l'égal de Har; et *Thridie*, le troisième. On reconnaît sans difficulté ici la triade des anciens gymnosophistes et du chamanisme moderne; car il n'est plus permis aujourd'hui de douter que la croyance religieuse, comme la langue primitive de la Scandinavie, n'ait tiré son origine des contrées arrosées par le Barampouter et le Gange.

....

«Tel était l'état des idées religieuses des peuples de la Scandinavie, lorsque Sigge Fridulfson y introduisit l'odinisme et le culte des idoles, et qu'il y bâtit le premier temple......

« Au lieu d'abolir tout-à-fait les usages des Scandinaves, il ne fit qu'accroître leurs superstitions, en introduisant un grand nombre de divinités nouvelles, représentées par des idoles et adorées dans des temples. Il institua au surplus une fête des sacrifices en l'honneur d'Odin, dieu suprême

de la guerre, et réunit dans sa personne les deux charges de souverain pontife et de chef suprême des armées. En un mot, il fit, en très-peu de temps, d'un peuple grossier (mais si doux et pacifique, que, du temps même de Tacite, il était gouverné par une femme) une nation belliqueuse, mais remplie des superstitions qui rendent toujours les hommes inquiets et féroces. Entre autres institutions, il ordonna qu'on brûlât désormais les morts d'un rang ordinaire, tandis qu'il fallait ériger sur les tombeaux de ceux d'un ordre plus élevé, des cippes ou petites colonnes, et sur ceux des grands et des princes, de ces collines sépulcrales dont on rencontre encore aujourd'hui un très-grand nombre dans la Suède.

« Quant aux idées sur l'état des âmes après la mort, la métempsycose n'était pas un point de croyance universelle. La majorité de la nation admettait un séjour de délices pour les bons et un lieu de supplices sans fin pour les méchants. Le nom du premier était *Glésis-Vold* et *Udansaikr* (terre des immortels), et celui du dernier, *Surtur* (séjour de la noirceur ou des ténèbres). Sigge eut le talent de faire remplacer tout cela par son *Valhalla*, ou lieu de festin des guerriers tués sur le champ de bataille; mais il ne put ni anéantir ni changer les idées des Iotes* sur le supplice éternel des méchants : car la crainte laisse dans le cœur des hommes des impressions bien autrement profondes que l'espérance; et l'adroit réformateur vit bien qu'il fallait accommoder son système aux idées existantes trop difficiles à détruire. C'est ainsi que les fables de l'Edda** et de l'Odinisme contiennent beaucoup de mythes étrangers à la doctrine des Ases. Les dieux des éléments, tels que *Hlœr* ou *Ægir*, et *Loke* appelé *Utgarda*, ou l'exilé, après l'introduction de l'odinisme, dont il était l'ennemi implacable; ceux du Courage, de l'Éloquence, des Vertus pacifiques;

---

* Ou *Gutes*, peuple gothique de la famille germanique, établi dans la Scandinavie dès les temps les plus reculés de l'histoire.

** C'est le code mythologique des anciens Scandinaves.

Hel, ou la mort, les *Nornes*, ou Parques, et les *Alfes*, ou Génies, appartiennent tous à la mythologie des Iotes, peut-être même à celle des Finnois et des Lapons.*. »

NOTE XLIV.

Oh! n'en doutons pas, les noms des douze guerriers *parisiens qui défendirent tout un jour une tour mal fortifiée contre une armée entière... passeront à la postérité la plus reculée.*—Page 263.

La prédiction s'est à peu près accomplie. Grâce au moine Abbon, nous avons, après mille ans, tous les noms de ces braves guerriers. « Décrire, dit-il, les combats glorieux dans lequel ils succombèrent, ce serait chose difficile; mais voici leurs noms : Hermanfroi, Hérivée, Hérilang, Odoacre, Hervic, Arnold, Soli, Gozbert, Uvidon, Hardrad, Eimard et Gossuin. Ils périrent; mais que d'ennemis les accompagnèrent dans la tombe! »

> *Difficile est dictu bellum, sed nomina subsunt :*
> *Ermenfredus, Eriveus, Erilandus, Odaucer,*
> *Ervic, Arnoldus, Solius, Gozbertus, Uvido,*
> *Ardradus, pariterque Eimardus, Gozsuinusque,*
> *Seque neci plures sociarunt ex inimicis***.

L'auteur de l'*Histoire des Expéditions maritimes des Normands*, après avoir donné à l'héroïsme des douze Parisiens des éloges mérités, ajoute avec raison : « Paris n'a honoré leur courage par aucun monument. Pourquoi le pont Saint-Michel ne s'appelle-t-il pas *le Pont des Douze**** ? » Je forme le même vœu.

---

* Voyez *la Scandinavie vengée de l'accusation d'avoir produit les peuples barbares qui détruisirent l'empire de Rome;* par J. Graberg de Hemso, etc. Lyon, 1822, un vol. in-8°, p. 127 et suiv.

** Abbo, lib. I, v. 524 et seq.

*** M. Depping, *Histoire des expéditions maritimes des Normands*, II, 5, 9.

Un jeune littérateur, qui a cru, à tort sans doute, que ce trait d'histoire, glorieux pour les Parisiens, était oublié, vient tout récemment d'en faire le sujet d'un opuscule qui n'est pas sans intérêt. Mais il a joint au fait principal quelques circonstances que j'en élaguerais volontiers. Le vieil Abbon l'avait raconté avec une emphase presque ridicule; l'auteur moderne en a peut-être atténué l'effet en s'écartant parfois de la vérité de l'histoire*.

NOTE XLV.

Ses roues (de la machine de guerre) *s'engravaient de plus en plus. Elle continua de rester immobile au milieu des milliers de guerriers qui l'entouraient.* — Page 266.

C'est encore Abbon que je citerai dans cette note. Il a voulu décrire les machines de guerre que construisaient les Normands pour ébranler les murailles des villes et citadelles; mais, il est, en cet endroit, plus obscur, à ce qu'il me semble, que dans tout le reste. On en va juger.

> *Ergo bis octonis faciunt, mirabile visu!*
> *Monstra rotis ignara modi compacta triadi*
> *Roboris ingentis, super ariete quodque cubante,*
> *Domate sublimi cooperto. Nam capiebant*
> *Claustra sinus, arcana uteri, penetralia ventris,*
> *Sexaginta viros, ut adest rumor, galeatos***.

Les historiographes, pour qui il était très-important d'entendre bien ce passage, sont divisés sur la question de savoir si ce furent trois machines que construisirent les Normands, ou une machine seulement composée de trois étages. Pour moi, j'adopte le sens qu'y a trouvé le dernier

---

* Cet opuscule, par M. Émile de Girardin, se trouve dans le recueil intitulé : *Le livre des Cent-et-un*, t. V, p. 229. Paris, 1832, in-8°.

** Abbon. Poem. I, v. 205 et seq.

traducteur d'Abbon. Voici comme il a rendu ces vers énigmatiques.

« Les Danois fabriquent alors, chose étonnante à voir! trois machines montées sur seize roues, d'une grandeur démesurée, faites avec des chênes immenses et liés ensemble. Sur chacune est placée un bélier que recouvre un toit élevé; dans les cavités de leur sein, et dans l'intérieur de leurs flancs, elles pouvaient renfermer et tenir cachés, disait-on, soixante hommes armés, et la tête couverte de leurs casques. »

NOTE XLVI.

Oh! ce n'est pas au couvent qu'il faudrait la conduire, mais à la chapelle de SAINT NICOLAS! — Page 284.

Pour qui connaît les attributions du saint dont il s'agit ici, le mot de Godiva qui renvoie Odille à la chapelle de saint Nicolas, n'a pas besoin d'interprétation. C'est dans la chapelle et devant l'autel consacré à ce saint que se célébraient les mariages.

Saint Nicolas a joui de tout temps, mais surtout dans le moyen âge, d'une immense réputation de douceur et de bénignité. Dès le XIIe siècle, les poètes le chantaient dans leurs hymnes; il était même souvent le héros de très-longs poèmes. Il nous en reste un, dont les manuscrits sont très-rares, composé en son honneur par Robert Wace, à qui l'on doit le fameux *Roman de Rou*. Et ce n'était pas seulement à cause de la protection que le saint accordait aux nouveaux mariés qu'on l'honorait d'une manière particulière, mais parce qu'il secourait efficacement tous ceux qui se trouvaient dans d'imminents dangers. Entre autres miracles que ce saint a opérés, Robert Wace cite celui-ci : un vaisseau, assailli par une tempête allait périr; tout l'équipage alors invoque saint Nicolas :

> Dont commencent tut à crier
> Deu et ces Sein et reclamer;

Mult 'se cleiment cheitif et las ;
Sovent dient : saint Nicolas,
Socure, saint Nicolas sire,
Si tels es com nos oum dire.

« Tous commencent donc à prier Dieu et ses saints. Plusieurs, dans l'excès de la fatigue et du danger, crient : « Saint Nicolas! secourez-nous, monsieur saint Nicolas, si vous êtes aussi bon qu'on le dit. »

Un homme alors apparaît au milieu de la nef, et leur dit :

« Jeo suis que tant me avet apelé. »
Isnel pas le orage cessat,
Et saint Nicolas s'en alat.

« Je suis celui que vous avez tant appelé. » — Aussitôt l'orage cessa; et saint Nicolas s'en alla. »

Quand on lit de tels vers, on ne doit pas être étonné de l'extrême fécondité des poètes de ces siècles-là. Souvent il ne leur fallait pas une année pour composer des poèmes de vingt à trente mille vers[*].

NOTE XLVII.

A chaque coup que portait GERBOLD, *il renversait un ennemi.* — Page 304.

Les Normands, dans le dernier assaut qu'ils donnèrent à la ville de Paris, l'attaquèrent, ce qu'ils n'avaient point fait jusque-là, du côté de la pointe orientale de l'île, là où s'élève la cathédrale. Pour protéger cette partie de la cité, très-mal fortifiée, les Parisiens ne trouvèrent rien de mieux à faire que d'y transporter la châsse de sainte Geneviève. Mais un guerrier, à qui Abbon donne le titre de *miles* (ce qui alors signifiait *chevalier*), se met à la tête de cinq Parisiens seulement, et parvient à repousser les Normands. Le poète nous

---

[*] Voyez l'*Histoire littéraire de la France*, t. XVII, p. 633.

le dépeint comme *petit de taille, mais grand de courage*; ce qui ne l'empêche pas d'attribuer tout le succès à la sainte. Ce passage du poème est assez curieux : j'en donnerai le texte et la traduction.

> *Virgo Dei Genovefa caput defertur ad urbis,*
> *Quo statim meritis ejus nostri superarunt;*
> *Inde fugaverunt etiam pinnis procul illos.*
> *Robore qui multus fuerat, sed corpore parvus,*
> *Gesserit hoc miles quinis comitatus ab armis*
> *Gerboldus; nusquam cujus petiit catapultæ*
> *Sanguinei rostrum siccam sine fluminis unda.*

« Les reliques de Geneviève, la vierge du Seigneur, sont portées alors à l'entrée de la ville ; et sur-le-champ, grâce aux mérites de cette sainte, les nôtres obtiennent l'avantage, et chassent loin d'eux, à coups de traits, les assiégeants. Ce succès, celui qui parut l'obtenir, ce fut Gerbold, grand de courage, mais petit de taille; il n'était accompagné que de cinq hommes armés. Jamais il ne déchargea la gueule de sa catapulte sans rougir la terre de flots de sang[*].

NOTE XLVIII.

*Ce général (*SIGEFROI*) avait un grand défaut, c'était d'être très-avide d'or et de présents.* — Page 311.

Abbon parle vaguement, dans son poème, du traité particulier qu'avait fait Sigefroi avec le comte Eudes. Le chef normand s'était engagé à quitter le siége de Paris, avec les troupes qu'il commandait, et avait reçu, en conséquence, *soixante livres* d'argent pur :

> *. . . . . Denas capiens argenti*
> *Sex libras nitidi* [**].

---

[*] ABBON. Poema, lib. II, v. 247 et seq.
[**] ABBO, lib. II, v. 41.

Mais comme Sigefroi n'avait sous ses ordres qu'une partie de l'armée assiégeante, l'autre partie qui n'avait point été payée, continua le siége ; et ce ne fut que lorsque l'empereur Charles-le-Gros eut lâchement consenti à un second sacrifice pécuniaire, plus considérable encore, que tous les Normands abandonnèrent les environs de Paris, pour aller plus loin ravager d'autres terres, et exiger de nouvelles rétributions.

NOTE XLIX.

Il (l'empereur Charles) *n'avait trouvé rien de mieux que de les faire renoncer* (les Normands), *à force d'argent, à prendre Paris.* — Page 333.

L'historien des *Expéditions maritimes des Normands* fait, sur la lâche conduite de Charles-le-Gros, des observations que je ne dois pas négliger de consigner dans cette note.

« En octobre (886), l'armée impériale arriva aux environs de Paris. Au lieu de débloquer la ville, elle alla camper sur le Mont-Martre... L'empereur était appelé à jouer le rôle de Camille dans Rome envahie ; mais les vertus des Romains étaient inconnues à ce siècle barbare. Charles-le-Gros n'engagea aucun combat, ne fit aucune tentative pour repousser l'ennemi, et, sans seconder l'intrépidité des braves Parisiens, il conclut un des traités les plus honteux dont l'histoire de ces temps fasse mention... Mais il ne faut pas oublier que Charles-le-Gros n'était qu'un étranger en France, et qu'on ne pouvait exiger de lui un courage que les grands du royaume même n'avaient point. Ils ne s'étaient pas montrés pendant l'année du siége ; il paraît qu'ils ne se joignirent point à l'armée de Charles-le-Gros. Celui-ci consentit à payer aux Normands sept cents livres pesant, à condition qu'ils s'en iraient après avoir librement exercé leurs ravages le long de la Seine, au-delà de Paris, jusqu'en Bourgogne. Une chronique nous apprend qu'il abandonna

ce pays à leur fureur, parce que les habitants y étaient peu fidèles à son gouvernement. Peut-être était-ce une vengeance qu'il tirait du parti bourguignon attaché à Boson son ennemi. Ainsi les Parisiens avaient inutilement soutenu, pendant dix mois, toutes les calamités d'un siége, et déployé en vain un courage digne d'un meilleur sort. Rien ne récompensa le sacrifice qu'ils avaient fait au salut de la France, en arrêtant, avec les plus grands périls, un essaim de pirates qui avaient tenté de remonter la Seine*. »

NOTE L.

Les deux peuples n'en formèrent plus qu'un seul. — Page 335.

On est étonné de voir les Français s'unir si étroitement, aussitôt après le traité de paix, avec ces Normands qu'ils devaient regarder comme des barbares sans probité, sans foi; car, si l'on en croit les chroniques du temps, ils ne respectaient point les traités les plus solennels, violaient tous leurs serments. Et pourtant, c'est là un fait que l'on ne saurait révoquer en doute, Abbon, témoin oculaire, l'a consigné dans son poème.

> *Unde forum, fœdus pariter commune fiebat,*
> *Una domus, panis, potus, sedes, via, lectus.*
> *Commixtum sibimet populum mirantur utrumque***.

« Par suite du traité, amis et ennemis se réunissaient sur une place qui leur était commune à tous; ils avaient les mêmes maisons, un seul pain et une seule boisson, s'arrêtaient dans les mêmes lieux, suivaient les mêmes routes et partageaient les mêmes lits. Voir ainsi les deux peuples

---

* Histoire des expéditions maritimes des Normands, par M. *Depping*, t. II, p. 14.
* Abbon. Poema, lib. II, v. 417.

mêlés ensemble, c'était pour tous un sujet d'étonnement. »

Il est impossible qu'une si intime union eût pu s'opérer entre ces peuples, si les Normands eussent été tels que les dépeignent les historiens de ces temps-là. Mais je pense, depuis long-temps, que les Normands ont été calomniés, sous plusieurs rapports au moins par les moines auteurs des chroniques qui nous sont parvenues. Quiconque ne croyait pas à la Trinité et à la Vierge était, aux yeux de ces fanatiques, un monstre, un *fils de Satan* (c'est le nom qu'Abbon donne souvent aux Normands).

NOTE LI.

Ma fille (GISELLE) *ne veut s'unir qu'à un homme qui professe la même religion qu'elle.* — Page 354.

Robert Wace, dans *le Roman de Rou*, raconte toute l'histoire du mariage de Rollon avec la fille du roi Charles-le-Simple. Il s'agissait de conclure tout à la fois un traité de paix avec les Normands et un mariage qui devait être garant de son exécution. Voici les conditions du traité qu'un archevêque fut chargé de porter à Rollon, qui ne pouvait manquer de les accepter :

> « Se Rou voit paienuie guerpir et regnoier,
> Et come crestien se face bauptizier,
> Et paix voille tenir et me voille aveir chier,
> Gille, une moie fille, li donrai à moillier,
> Et la terre marine, s'il s'i vout otrier,
> Dez u Oure curt treskal Mont-Saint-Michel.
> N'a gaires meillor terre soz la chape del ciel;
> De là nos soelt venir la grant plenté de miel.
> Ainsi seionz amis sainz orguil et sainz fiel. »

Ces vers n'ont guère besoin d'interprétation. Mais, comme il faudrait pourtant en expliquer un assez grand nombre de mots, je les répéterai ici en français moderne.

« Si Rollon veut abandonner et renier le paganisme, et

que, comme chrétien, il se fasse baptiser; s'il veut maintenir la paix entre nous, et m'avoir pour ami, je lui donnerai pour femme Giselle ma fille, ainsi que tout le pays, s'il le veut accepter, que borne la mer (toute la Neustrie armoricaine), depuis la rivière d'Eure jusqu'au mont Saint-Michel. Il n'y a guère de meilleur pays sous le dôme du ciel; c'est de là que nous vient du miel en abondance. Soyons donc amis, sans orgueil et sans fiel. »

NOTE LII.

Rollon *ne put retenir un rire éclatant, quoiqu'il se fût promis d'être sérieux et grave jusqu'à la fin des cérémonies.* — Page 360.

Les *robes blanches* que l'on donnait aux Normands qui consentaient à recevoir le baptême, avaient pour eux beaucoup d'attrait : la plupart se faisaient chrétiens pour avoir la robe blanche, et quelques-uns venaient recevoir plus d'une fois le baptême, pour se procurer plusieurs robes. Voici une anecdote qui prouve que l'abus a long-temps existé.

« Le moine de Saint-Gal rapporte que Louis-le-Débonnaire, et, à son exemple, les seigneurs de sa cour faisaient de riches présents aux Normands qui demandaient à recevoir le baptême; qu'une année, aux fêtes de Pâques, ces pirates vinrent en si grand nombre qu'il ne se trouva pas assez d'*habits blancs* pour en donner à tous, comme c'était la coutume de ce temps-là; qu'on en fit faire à la hâte, et qu'un seigneur normand, ayant regardé l'habit qu'on lui apportait, le jeta, en jurant, et en disant que c'était au moins la *vingtième fois* qu'il était venu se faire baptiser, et que jamais on ne lui avait présenté un si vilain habit. Telles sont malheureusement la plupart des conversions dont les missionnaires se glorifient [*]. »

---

[*] Saint-Foix, *Essais historiques sur Paris*, t. II, p. 227, 5ᵉ édition.

NOTE LIII.

Le débile CHARLES *perdit l'équilibre et tomba à la renverse.*
— Page 362.

Est-ce pour atténuer l'insulte que Rollon fit à Charles-le-Chauve, que des historiens ont dit que ce ne fut point lui qui renversa le roi en lui baisant le pied, mais un Normand qu'il avait chargé de le représenter en cette occasion? Il y a des gens qui craignent singulièrement de voir la dignité des rois humiliée, avilie! Il me paraît pourtant avéré que c'est bien à Rollon même qu'il faut attribuer la grossière insulte dont Charles eut à souffrir. Robert Wace, qui vivait au XIIe siècle, et n'a fait que répéter, dans son poème sur les ducs de Normandie, ce qu'avaient consigné dans leurs annales les historiens les plus exacts de son temps, dit en propres mots :

> Rou devint hom li roiz et sis mainz li livra;
> Quant dut li pié beisier, baissier ne se daingna.
> La main tendi aval [1], li pié el rei leva,
> A sa buche le traist et li rei enversa [2].
> Assez en ristrent tuit [3] et li rei se drescha [*].

NOTE LIV.

Réussit-il à lui plaire (à GISELLE *)? je ne saurais dire.*
— Page 363.

Sur cette grave question tout ce que je puis répondre, c'est que Giselle donna à Rollon de justes sujets de jalousie.

---

[1] Par en bas. — [2] A sa bouche le tira et le roi renversa. — [3] Tous en rirent beaucoup, et le roi se releva.

[*] Robert Wace, *Roman de Rou*, t. 1, v. 1904.

Il est à croire qu'avant de devenir, par son mariage, duchesse de Normandie, Giselle avait eu en France des amants qu'elle n'avait pas oubliés. Un beau jour, deux chevaliers français se rendent à Rouen, on ne sait sous quel prétexte, et trouvent moyen de s'introduire dans le palais même du duc Rollon, qui alors était absent. Giselle les accueille, leur fait fête, les retient auprès d'elle. Mais des courtisans informent secrètement le duc de ce qui se passe dans son palais : il se hâte de revenir. Et il faut bien qu'il trouvât les chevaliers coupables; car, comme dit Robert Wace :

>   Li dus les fist prendre, et en marchié mener;
>   Véant toz [1], el marchié lor fist li chief coper [2].
>   La duchoise s'en dut d' ire et de duil desver [3];
>   De treiz jors ne de quatre ne vout rien gouster.
>   Li reis méisme Carles s'en vout mesler,
>   Mez li baronz les firent d'ambes parz [4] accorder [*].

Dans le récit de cette aventure galante et triste, Robert Wace, dont nous venons de citer les vers, a été beaucoup plus circonspect et discret que les deux historiens qui lui servent ordinairement de guides, qu'il copie presque toujours mot à mot (Dudon de Saint-Quentin et Guillaume de Jumièges).

NOTE LV.

GODIVA *ne lui a donné qu'une fille, remarquable, comme sa mère, par la vivacité de son esprit, et surtout par sa longue chevelure.* —Page 366.

Quelque imposante que soit pour moi l'autorité du comte

---

[1] Tous voyant (en présence de tout le monde). — [2] Il leur fit couper la tête. — [3] De colère et de douleur délirer. — [4] Des deux parts.

[*] Robert Wace, *Roman de Rou*, t. I, v. 1963 et suiv.

Adalbert, j'ai peine à croire, comme il le dit dans son Supplément à la Chronique de frère Polycarpe, que Sigefroi, après avoir épousé Godiva, vint s'établir avec elle en Angleterre. Je ne vois aucune trace de ce fait dans les historiens.

Ce qui pourrait cependant y donner une ombre de vraisemblance, c'est que le nom de *Godiva* se retrouve cité avec honneur dans l'histoire d'Angleterre, et que c'est principalement à cause de la belle chevelure de la femme qui le portait, qu'il y est devenu célèbre.

L'historien Rapin Thoiras raconte que Léoffrick, comte de Mercie, avait établi sur la ville de Coventry un impôt très-onéreux. Les habitants de cette ville étaient au désespoir. Godive, femme de Léoffrick, compatissant à leurs peines, supplia le comte de les délivrer d'une charge qu'ils ne pouvaient supporter. Il n'y consentit qu'à une condition fort extraordinaire ; ce fut qu'elle traverserait la ville en plein jour, toute nue. Godive se soumit à cette bizarre condition. S'enveloppant de sa longue chevelure qui pouvait cacher ses charmes à tous les yeux, elle parcourut, sans vêtements, la ville entière. N'oublions pas de dire qu'avant de commencer sa promenade, elle avait fait défendre aux habitants de paraître dans la rue ou aux fenêtres. Ce trait d'histoire, assez singulier, était peint sur les vitres de la principale église de Coventry.

Ceux qui croient que les qualités physiques et morales peuvent se transmettre des pères et mères aux enfants, pendant une longue suite d'années, même des siècles, ne répugneront point à reconnaître dans Godive, comtesse de Mercie, une descendante de la *Godiva* qui joue un si grand rôle dans notre Chronique.

NOTE LVI.

Ce Nitard *n'est-il pas auteur de je ne sais quel ouvrage?*— Page 371.

C'est en effet un Nitard qui a composé l'ouvrage en quatre livres, intitulé : *De Discordia filiorum Ludovici pii*, etc., que l'on trouve dans le recueil des historiens de la France.

Il était fils d'Angilbert, riche seigneur, qui avait épousé Berthe, fille de Charlemagne. C'est ce qu'il nous apprend lui-même en parlant de son père et de l'un de ses frères, qui se nommait Harnide. *Qui (* Angilbert *) ex ejusdem magni regis filia, nomine Beretha, Harnidum fratrem meum et me Nithardum genuit.*

La plaisante prétention du Nitard de notre Chronique à la succession d'un descendant de Charlemagne ne pouvait être fondée que dans la supposition qu'il était né d'un fils de Nitard l'historien. On sent bien que je ne chercherai pas à établir cette généalogie.

FIN.

ERRATUM.

Tome II, page 304, ligne 24, à la pointe *occidentale*, lisez : à la pointe *orientale*.

TABLE

DES CHAPITRES ET DES NOTES

DU TOME DEUXIÈME.

CHAPITRES.   Pages.
XXI. Godiva l'orpheline........................ 1
XXII. Une Furie............................. 34
XXIII. Une Prophétie......................... 76
XXIV. La Curieuse........................... 90
XXV. Marina................................ 101
XXVI. Le Vœu de Chasteté.................... 121
XXVII. Une autre Vierge mère................. 141
XXVIII. Le roi Alfred........................ 169
XXIX. L'Embuscade.......................... 191
XXX. Le Singe accusateur..................... 203
XXXI. Les Négociations....................... 214
XXXII. Une Scène sur le grand Pont............ 226
XXXIII. La Conférence....................... 239
XXXIV. Les douze Braves de Paris.............. 257
XXXV. La Séduction.......................... 273
XXXVI. Un dernier Combat.................... 290
XXXVII. La Confession 313
XXXVIII. Paix et Mariages.................... 329
XXXIX. Conclusion........................... 349

NOTES DU TOME DEUXIÈME.

NOTES.
XXXVI. Sur les désordres de Rome dans le moyen âge 375
XXXVII. Sur *sainte Marine*...................... 376
XXXVIII. Sur l'Italie au IXe siècle............... 377
XXXIX. Sur un ancien Fabliau.................. 378
XL. Sur *Ebba*, abbesse d'un couvent d'Irlande..... 380
XLI. Sur une Convention entre Rollon et le roi Alfred. 381
XLII. Sur les Psaumes de David................. 383

NOTES.   Pages.
XLIII. Sur la Mythologie *scandinave*.................. 385
XLIV. Sur les *douze Héros* parisiens................ 389
XLV. Sur les *Machines de guerre* des Normands..... 390
XLVI. Sur le culte de *saint Nicolas*............... 391
XLVII. Sur un chevalier parisien du nom de *Gerbold*. 392
XLVIII. Sur *Sigefroi*, l'un des chefs normands..... 393
XLIX. Sur l'empereur *Charles-le-Simple*........... 394
L. Sur l'union momentanée des Francs et des Normands... 395
LI. Sur les propositions de paix faites à Rollon...... 396
LII. Sur l'avantage que les Normands trouvaient à se faire baptiser....................................... 397
LIII. Sur l'Hommage que rendit Rollon à Charles-le-Simple.. 398
LIV. Sur les Galanteries de *Giselle*, femme de Rollon. *Ibid.*
LV. Sur une Comtesse *Godive*..................... 399
LVI. Sur l'Historien *Nitard*..................... 401

FIN DE LA TABLE DU TOME DEUXIÈME.

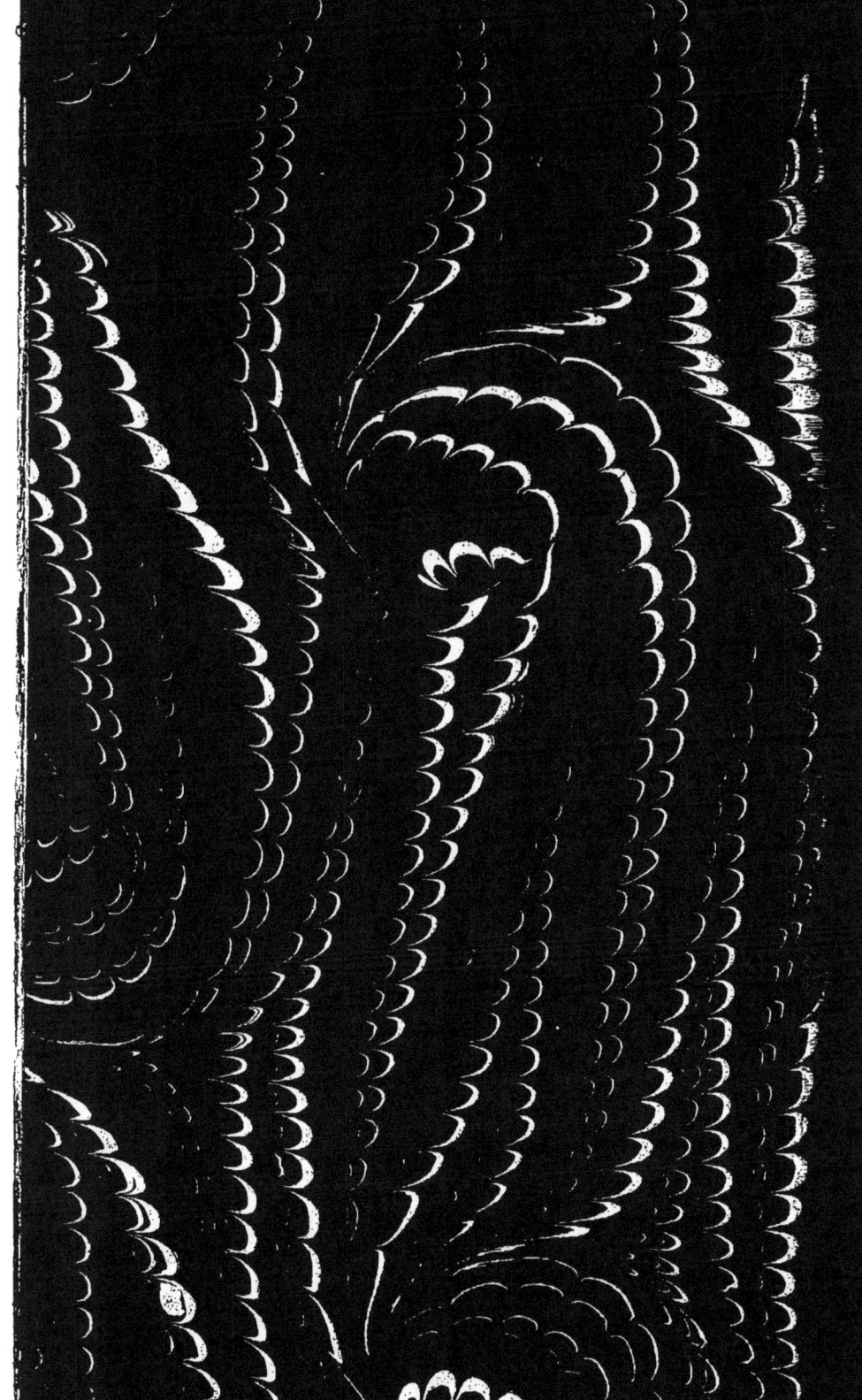

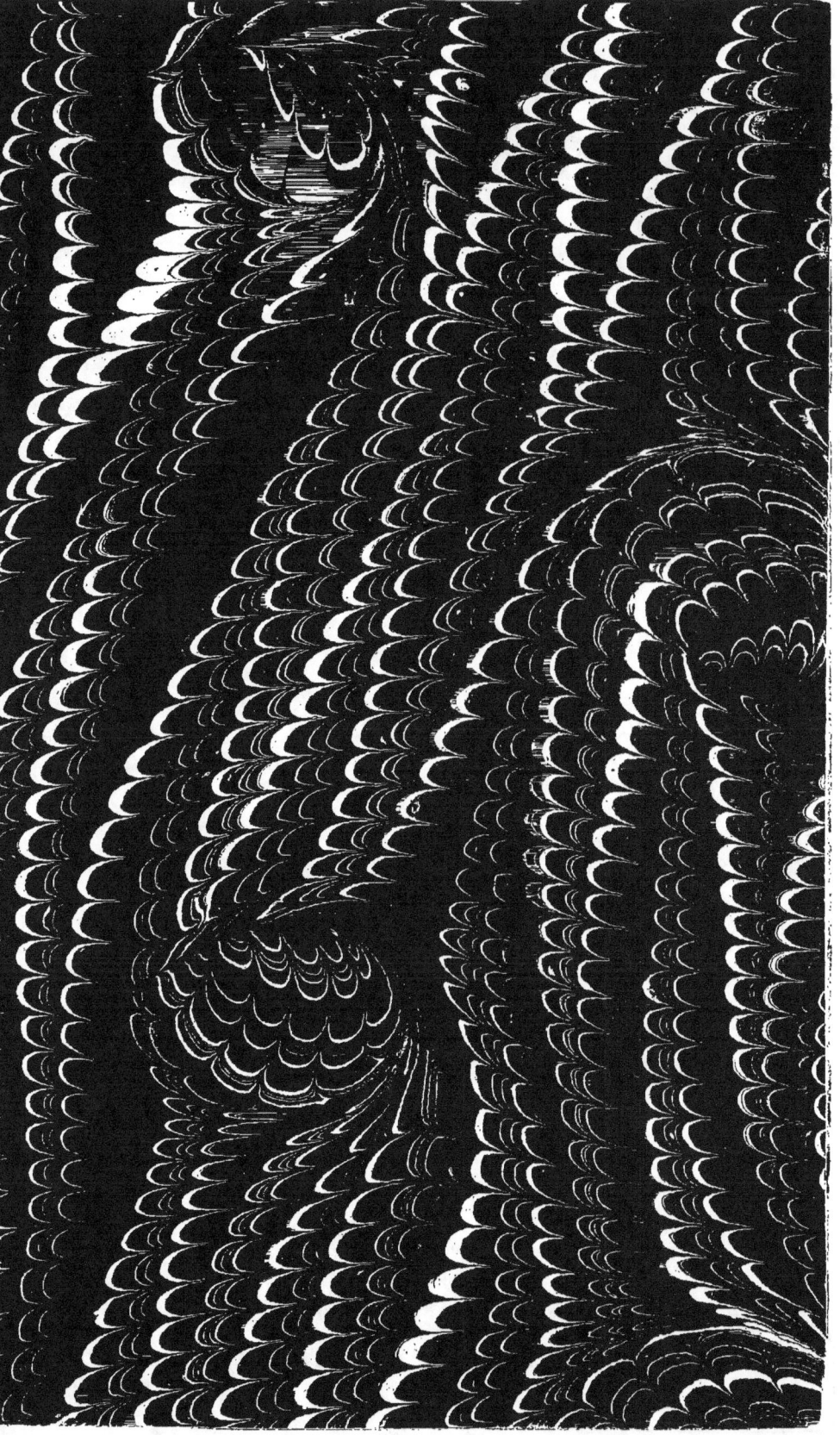